本书受国家社会科学基金一般项目"制度性交易成本……(17BJL010)以及湖北省社科基金后期资助项目……业高质量发展的机理与路径研究"(HBSKJJ20233208)的资助和支持

制 度 性 交 易 成 本 降 低

助力

民营企业高质量发展的机理及路径研究

李 慧◎著

中国财经出版传媒集团

经济科学出版社

Economic Science Press

图书在版编目（CIP）数据

制度性交易成本降低助力民营企业高质量发展的机理
及路径研究／李慧著 . —— 北京：经济科学出版社，
2024.5
　ISBN 978 - 7 - 5218 - 5839 - 6

　Ⅰ．①制…　Ⅱ．①李…　Ⅲ．①民营企业 - 企业发展 -
研究 - 中国　Ⅳ．①F279. 245

　中国国家版本馆 CIP 数据核字（2024）第 081214 号

责任编辑：白留杰　凌　敏
责任校对：蒋子明
责任印制：张佳裕

制度性交易成本降低助力民营企业高质量发展的机理及路径研究
ZHIDUXING JIAOYI CHENGBEN JIANGDI ZHULI MINYING QIYE
GAOZHILIANG FAZHAN DE JILI JI LUJING YANJIU
李　慧　著
经济科学出版社出版、发行　新华书店经销
社址：北京市海淀区阜成路甲 28 号　邮编：100142
教材分社电话：010 - 88191309　发行部电话：010 - 88191522
网址：www. esp. com. cn
电子邮箱：bailiujie518@ 126. com
天猫网店：经济科学出版社旗舰店
网址：http：//jjkxcbs. tmall. com
北京密兴印刷有限公司印装
710×1000　16 开　17 印张　300000 字
2024 年 5 月第 1 版　2024 年 5 月第 1 次印刷
ISBN 978 - 7 - 5218 - 5839 - 6　定价：68. 00 元
（图书出现印装问题，本社负责调换。电话：010 - 88191545）
（版权所有　侵权必究　打击盗版　举报热线：010 - 88191661
QQ：2242791300　营销中心电话：010 - 88191537
电子邮箱：dbts@ esp. com. cn）

前　言

随着企业生产要素成本的增加，制度性交易成本的高低成为影响企业进入退出与发展的关键因素，制度性交易成本的降低决定着未来企业发展潜力的释放。消除制约企业发展的制度障碍，有助于实现企业的高质量发展。为此，本书运用 2002～2017 年宏观层面区域、中观层面行业以及微观层面上市企业的数据，采用 GMM、Logit 和 probit 等模型，从区域和行业两个层面分别研究了制度性交易成本对企业进入退出、民营企业全要素生产率以及民营企业创新的影响及作用机制，旨在研究不同区域和行业间制度性交易成本差异导致的民营企业高质量发展水平的差异。然后以商事制度改革为例，阐释商事制度改革如何通过降低制度性交易成本来促进企业高质量发展。

本书在理论分析和实证研究的基础上得出如下研究结论：

第一，从理论上阐释产生制度性交易成本的主要原因是经济发展中特殊制度的存在。特殊制度对于经济中的不同群体具有不同的适用性，使企业在进入退出和发展过程中面临着有限准入社会秩序与竞争非中性问题，增加了企业的交易成本，从而产生制度性交易成本。从交易成本与制度性交易成本的关系、交易成本对经济发展影响的逻辑机理出发，从理论上分析制度性交易成本对经济增长的可预知效应以及对企业进入退出和民营企业高质量发展的影响。接下来，在此理论基础上从政府干预程度、要素市场规制、知识产权保护程度、法治水平和公共设施成本方面构建指标进行 2002～2017 年中国 30 个省份的地区制度性交易成本的测度。研究数据表明：（1）总体上看，制度性交易成本在 2008 年以前下降较快，2008 年之后大致保持在固定水平，难以下降，甚至还略有上升；（2）具体来看，制度性交易成本主要在公共设施成本方面下降较多，在政府干预程度方面较高且下降困难，在要素市场干预、知识产权保护以及法治水平方面仍有很大改善空间；（3）从地区发展来看，制度性交易成本存在地区差异，东部地区制度性交易成本低且下降幅度较大，中部地区制度性交易成本适中，而在经济欠发达的西部和东北地区制度性交易成本较高，其中西部地区下降幅度最大，东北地区下降幅度最小。

第二，在制度性交易成本影响企业进入退出的理论分析框架下，实证检验制度性交易成本对企业进入退出的影响。从地区和行业层面分析制度性交易成本对企业进入退出的影响，并分析在不同区域和行业间的影响差异。研究发现：（1）地区和行业制度性交易成本均显著负向影响企业的进入退出，制度性交易成本的存在，扭曲了优胜劣汰的竞争机制，阻碍企业的自由进入和退出。（2）制度性交易成本对企业进入退出的影响具有区域差异。在东部、中部和东北三个区域中，制度性交易成本显著负向影响企业进入率，而在西部地区影响不显著；只有在东部地区，制度性交易成本显著负向影响企业退出率。（3）制度性交易成本对企业进入退出的影响具有行业差异。在高制度性交易成本的行业，制度性交易成本对企业进入率影响不显著，而在低制度性交易成本行业中，制度性交易成本显著负向影响企业进入率；在所有行业中，制度性交易成本都显著负向影响企业退出率，在低制度性交易成本行业中的影响更大。

第三，在制度性交易成本影响企业全要素生产率的理论分析框架下，分别研究了地区和行业制度性交易成本对民营企业全要素生产率的影响以及民营企业进入这一作用机制是否存在，并解释不同区域和行业间制度性交易成本对民营企业进入行为及民营企业全要素生产率的影响差异。研究结论表明：（1）地区和行业制度性交易成本均显著负向影响民营企业全要素生产率，制度性交易成本通过影响民营企业进入从而影响民营企业全要素生产率的中介机制存在。（2）制度性交易成本对民营企业全要素生产率的影响和作用机制具有区域差异。东部、中部和西部地区制度性交易成本显著负向影响民营企业全要素生产率，且影响作用递减；东北地区的影响不显著。而在作用机制地区异质性研究中，只有东部和中部地区，存在地区制度性交易成本通过影响民营企业进入从而影响民营企业全要素生产率的中介机制；而在西部和东北地区不存在，地区制度性交易成本可能通过其他机制影响民营企业全要素生产率。（3）制度性交易成本对民营企业全要素生产率的影响和作用机制具有行业差异。制度性交易成本对低制度性交易成本行业的民营企业全要素生产率的影响，大于高制度性交易成本行业的民营企业全要素生产率的影响。分行业异质性的检验证明，在制度性交易成本高的行业中，民营企业进入中介效应不存在，制度性交易成本可能通过其他机制影响民营企业全要素生产率；而在制度性交易成本较低的行业中，民营企业发挥部分中介效应。

第四，在制度性交易成本影响企业创新的理论分析框架下，分别研究了地区和行业制度性交易成本对民营企业创新的影响以及民营企业进入这一作用机制是否存在，并解释不同区域和行业间制度性交易成本对民营企业进入行为及民营企业创新的影响差异。研究结论表明：（1）地区和行业制度性交易成本均显著负向影响民营企业创新，中介机制检验表明制度性交易成本通过促进民营企业进入而促进民营企业创新水平的提升。（2）制度性交易成本对民营企业创新的影响和作用机制具有区域差异。东部、中部地区制度性交易成本对民营企业创新存在显著负向影响；西部和东北地区制度性交易成本对民营企业创新的影响为负，但不显著。制度性交易成本对不同融资约束民营企业研发创新的影响也不同，制度性交易成本对高融资约束民营企业研发创新存在显著的负向影响；对低融资约束民营企业研发创新的影响不明显。制度性交易成本对不同类型的申请专利的影响具有差异，制度性交易成本对实用型专利和外观设计专利存在显著的负向影响；而对发明专利的影响作用不明显。（3）制度性交易成本对民营企业创新水平的影响具有行业差异，高技术行业制度性交易成本对民营企业创新存在显著负向影响；低技术行业制度性交易成本对民营企业创新的影响为负，但不显著。行业制度性交易成本对不同融资约束民营企业研发创新的影响具有差异，行业制度性交易成本对高融资约束民营企业研发创新存在显著的负向影响；对低融资约束民营企业研发创新的影响不明显。

第五，商事制度改革是降低制度性交易成本的重要举措，本书以具体的商事制度改革为例进行分析。首先，研究了商事制度改革对企业全要素生产率的影响，结果表明商事制度改革有助于企业全要素生产率水平的提升，中介机制表明商事制度改革对企业全要素生产率的促进作用主要来源于制度性交易成本的降低，商事制度改革对企业全要素生产率的政策效果存在异质性，对中小微型企业和高融资约束企业的促进作用更大。然后，考察了商事制度改革对企业 ESG 表现的影响。研究发现，商事制度改革的实施有助于提升企业 ESG 表现。商事制度改革的实施有助于企业降低融资约束，增加研发投入，提高企业进入率，从而促进 ESG 水平的提升。商事制度改革对企业 ESG 表现的政策效果存在异质性，具体表现为，商事制度改革对国有企业、高技术行业企业以及高污染行业企业 ESG 表现的促进作用更大。

第六，在上述理论分析和实证结论的基础上，从根本上寻找真正促进民营企业高质量发展的制度因素与改革路径，提出优化制约民营经济高质量发展的制度环境和降低制度性交易成本的对策。主要从特殊制度的产生和向普遍制度的转变这两个方面进行思考并提出建议，具体建议有：（1）简政放权，推进"放管服"改革，进一步深化商事制度改革；（2）提高法治化程度，建设法治政府与法治化的营商环境；（3）让市场发挥决定作用，进一步推动要素市场改革；（4）实施竞争中性原则，健全公平竞争市场环境。

本书创新之处在于：（1）更清晰地界定了制度性交易成本的产生和实质，并归纳出制度性交易成本对经济增长的可预知效应，以及对企业进入退出和民营企业高质量发展的影响；（2）从制度性交易成本视角研究制约民营企业高质量发展的根本原因，为研究民营企业高质量发展提供新的分析视角；（3）从区域和行业两个层面定性和定量分析了制度性交易成本对民营企业高质量发展的影响及其作用机制，较全面地考察了制度性交易成本对民营企业高质量发展的影响机制与效果。

本书研究能丰富制度性交易成本的产生、实质及经济效应等相关理论和实证研究，补充企业进入退出和民营企业领域的研究，拓展新制度经济学理论在中国的研究与运用。从更深层次的理论上分析了制约民营企业高质量发展的制度原因，为下一步制度改革提供参考，更好地促进规范、公平市场环境的形成，对于民营企业的健康持续发展、中国供给侧结构性改革以及经济高质量发展具有重要的现实意义。

李　慧

2024 年 4 月

目　录

第一章

绪　　论

一、研究背景及意义

（一）研究背景

当前我国面临着保护主义上升、世界经济低迷、全球市场萎缩的外部环境，为加快形成以国内大循环为主体、国内国际双循环相互促进的新发展格局，必需牢牢把握扩大内需这个战略基点，推动经济平稳运行。在此世界经济增长低迷与国内经济下行压力不断加大的背景下，大力发展民营经济、做好支持民营企业改革发展工作具有十分重要而紧迫的现实意义，有助于激发我国经济增长内生动力，实现经济高质量发展。发展民营经济是实现我国2020年全国两会报告中所提出的"保就业、保基本民生、保市场主体"的重要途径之一。作为我国国民经济中的重要组成部分，民营经济一直都为经济和社会的发展贡献了巨大力量。

一方面，民营经济在促进创业就业、提升技术创新、支付国家税收、承担社会责任、开拓国际市场等方面都作出了巨大贡献，促进了经济发展。数据显示，截至2020年底，我国民营企业数量已经超过4000万家，中国民营企业500强的整体规模和质量都有了明显提高，其对经济发展贡献了50%以上的税收；60%以上的国内生产总值；70%以上的技术创新成果；80%以上的城镇劳动就业；90%以上的企业数量。在世界500强企业中，我国民营企业由2010年的1家增加到2018年的28家。另一方面，发展民营经济可以使人民拥有财产权、实现对美好生活的需要。发展民营经济能让人民拥有财产性收入，激励其进行更大规模的投资和创新，为社会创造更多财富。

但是，中国民营企业在发展过程中一直都面临着各种严峻的挑战和问题。一方面原因是民营企业自身存在着许多问题，如经营方式粗放、负债过高以及环保、质量、信用等问题；另一方面，主要是因为民营企业面临的制度环境较差；如市场准入壁垒高、产权无法保障、融资困难、税费较高等。这种制度环境限制了经济主体的公平竞争和决策自由，阻碍了企业的自由进入退出行为，尤其是对民营企业的影响较大。民营企业为了进入市场、获取资本、土地、劳动力等生产要素、寻求产权和法律保护，往往通过各种非正式制度、政治关联或寻租行为来获取政策上的便利，这无疑增加了民营企业由于制度和政策引起的交易成本。在我国经济转型时期，民营经济发展的潜力远没有发挥出来的原因主要是制度层面的。2015 年末，针对中国中低端产品产能过剩和中高端产品供给不足的现状，政府提出要加强供给侧结构性改革，以制度性改革创新供给、释放新需求，其核心是降低制度性交易成本和税费。制度性交易成本也被称为"制度成本"，学术界对其概念和界定有所异议。但制度性交易成本的高低反映包括法律法规和政府效率在内的政府制度质量的好坏，并且是一种社会资源的低效甚至无效的耗费，会影响企业运行成本和效率，这一观点基本能达成共识。

近年来党和国家不断深化行政审批制度改革，推进"放管服"改革、优化营商环境。政府审批程序有所简化、收费不断减少，微观企业主体面临的制度环境、政策环境、营商环境都在逐渐改善。历年世界银行发布的《全球营商环境报告》显示，我国营商环境整体排名逐年上升，2018 年和 2019 年营商环境整体排名进入全球 190 个经济体前 50 名，连续两年被评为全球营商环境改善幅度最大的十大经济体之一。在中国开办企业便利度排名从 2015 年的 136 名上升到 2018 年的 28 名，开办企业所需的手续、时间和成本每一年都在不断改善，改进幅度分别达到 63.6%、72.6% 和 42.9%。在准入便利、进退有序的营商环境下，每年都有大量新企业进入市场，尤其是以私营企业为主的民营经济进入市场数量较快增长。总体上看，2013 年商事制度改革后，我国日均新设企业数量超过万户，且呈加速增长态势。每千人拥有企业数量也快速增长，每年以 18.7% 的速度增长，较商改之前提高 8.9%。私营企业数量由 2015 年的 1908.23 万户增加至 2017 年的 2726.3 万户，累计增加了 818.07 万户；相比 2016 年增加了 417 万户，同比增长 18%，依然保持高速增长。具体来说，全国各省份私营企业的新注册数量也逐年增加，但区域间存在差异。在营商便利度较高的经济较发达的沿海地区，私营企业新登记数量较多。例如，2015～2017 年，广东省每年新设私营企业数量分别为 58.32 万户、75.16 万户和 84.35 万户；2017 年广东省新设私营企业数量是 2013 年商事制度改革时新设私营企业数量的 2.54 倍。而在营商便利度较低的经济欠发达地区，私营企业新登记注册数量较少。例如海南省、云南省和广西壮族自治区在 2017 年私营企业新登记注册数量分别为 3.63 万户、10.63 万户和 10.4 万户。随着制度改革的推进，企业退出数量也有所增加。原工商总局于 2015 年开始在各地试点企业简易注销登记改革，这简化了企业注销程序，使 2015 年注销企业数量高达 78.85 万户，比 2014 年增长 55.86%。2017 年在全国范围内全面开展这项改革，各地成效显著，简化了注销程序，缩短了注销时间，提升了市场主体退出便利度，使企业退出成本大幅降低。

近些年的一系列简政放权改革政策优化了我国的营商环境，企业进入便利度大增，企业退出有所改善，然而我国民间投资增速却并未大幅增加，甚至还在下滑。据国家统计局数据，2013～2016 年，民间投资增速分别为 23.1%、18.1%、10.1% 和 3.2%；2017～2018 年民间投资增速有所回升，分别为 6% 和 8.7%；2019 年民间投资增速为 4.7%；而 2020 年由于新冠疫情的影响民间投资增速更是下降严重。同时，相关调研表明企业对于简政放权改革并没有明显的获得感。据 2015～2017 年中国企业家调查系统发布的中国企业经营者问卷跟踪调查报告，认为简政放权改革对企业的积极影响"较小"或"没有影响"的企业家占比分别为 70.3%、72.6% 和 77.3%。其中 2017 年持这样观点的民营企业占比为 77.7%。2016 年的中国企业经营者问卷跟踪调查报告显示，认为"三去一降一补"中降成本改革"成效很大"或"成效较大"的企业家占比为 10.9%；而对后一年改革和转型方面亟待取得的突破调查显示，选择"提高政府办事效率"的企业家占比为 51.3%，其他选择比重较高的还有"处理僵尸企业""完善法治环境""进一步简政放权"等。2017 年调查显示，针对"下一步可以在哪些方面降低企业成本的判断"，总体上有 34.9% 的企业家选择了"简政放权减少交易成本"；在东部、中部和西部地区这一比例分别为 33.8%、35.4% 和 38.4%。2021 年中国企业经营者问卷跟踪调查报告显示，较高比重的企业家认为企业经营发展中遇到的最主要困难仍然是成本上升的问题，包括人工成本、社保税费负担、融资成本等。可见，在供给侧结构性改革之下，制度性交易成本仍然是制约企业发展的重要因素。因此，我们需要研究与思考，这些年的制度改革以及营商环境的改善到底是否真的降低了制度性交易成本、促进了企业的投资与发展？

综上所述，本书想要探讨如下具体问题：行政审批改革、"放管服"改革等改善了营商环境，但企业在现实经济活动中面临的制度性交易成本是否也有所降低，如何进行制度性交易成本的衡量？制度性交易成本所引致的企业这一额外成本如何影响企业的进入退出行为？制度性交易成本如何影响民营企业高质量发展以及通过怎样的路径影响民营企业？本书试图从区域和行业两个层面研究制度性交易成本对企业进入退出的影响，并以民营企业为例，研究制度性交易成本对民营企业高质量发展的影响情况和具体作用路径，从而找到真正能从根本上促进民营企业高质量发展的制度改革之路。

(二) 研究意义

民营企业是市场经济中的重要主体，制度性交易成本会增加民营企业的成本，影响民营企业发展，进而影响整个地区或行业的经济发展。因此，本书从微观层面研究不同地区和行业的制度性交易成本对民营企业微观经济活动的影响，不仅可以从理论上理清制度性交易成本与民营企业高质量发展的关系，而且对促进民营经济高质量发展和经济高质量发展也具有重要的借鉴意义。

1. 理论意义。作为创造中国经济增长奇迹的主要动力源泉，民营企业在创业就业、技术创新、承担社会责任与缴纳国家税收等方面都表现非常突出。民营企业发展的研究一直以来都是学术界研究的重点问题。制度因素是制约民营企业发展的重要因素。近年来，随着供给侧结构性改革的推进，制度性交易成本这一概念被提出，成为学术界研究的重要热点问题，大量文献从不同视角研究制度性交易成本，但是对于制度性交易成本的界定不清晰且有差异，更鲜有文献运用制度性交易成本来研究民营企业的发展问题。不同于以往从要素投入等视角分析民营企业发展的研究，本书运用新制度经济学理论，系统分析制度性交易成本对民营企业高质量发展的影响及其具体作用机制，从区域和行业层面全面认识制度性交易成本对民营企业高质量发展的影响。研究具有重要理论意义：

首先，丰富了制度性交易成本的产生、实质及经济效应等相关理论和实证研究，补充了企业进入退出和民营企业领域的研究，拓展了新制度经济学理论在中国的研究与运用。以往关于制度性交易成本的界定都很模糊且具有差异，本书指出制度性交易成本是由只适用于特定群体的具有人格化交易和有限准入秩序特征的特殊制度所产生的交易成本，使制度性交易成本可以更容易、更清晰地被界定和识别。同时根据交易成本的可预知效应理论分析了制度性交易成本对经济增长的可预知效应。在制度性交易成本影响经济增长的理论分析框架下，基于中国特殊的转型经济背景，从地区和行业两个层面分析制度性交易成本对企业进入退出以及民营企业高质量发展的影响，能丰富企业进入退出领域和民营企业领域的研究，从根本上分析影响企业进入退出、市场竞争秩序以及民营企业高质量发展的制度原因。特殊制度广泛存在于转型经济体中，由此产生的制度性交易成本在转型经济体中也较高。基于中国经济发展的现实背景进行研究，能拓展新制度经济学理论在中国的研究和运用。

其次，从更深层次的理论上分析了制约民营企业发展的制度原因，从制度性交易成本根本原因上解释了不同区域和行业间民营企业发展的差异。区域和行业间民营企业发展的不均衡，是由于区域和行业间制度性交易成本的差异。制度性交易成本差异的深层次原因在于特殊制度在经济发展中主导地位的不同，使制度变迁过程中出现了不同的社会秩序。低制度性交易成本地区和行业实行的是由普遍制度主导的更加开放的权利社会秩序和非人格化交易；中等制度性交易成本地区和行业实行的是普遍制度适中的相对次弱的权利社会秩序；高制度性交易成本地区和行业形成的是由特殊制度主导的权利限制准入社会秩序和人格化交易。区域和行业间制度性交易成本的差异导致了不同地区和行业内部民营企业进入与投资行为的差异，最终使中国区域间和行业间民营企业的全要素生产率和创新水平具有差异。本书研究为降低制度性交易成本、从根本上寻求促使民营企业高质量发展的制度改革提供了理论依据。

2. 现实意义。近年来，世界经济增长低迷，国际经贸摩擦加剧，国内经济下行压力也不断加大。转变经济发展方式、激发经济增长内生动力势在必行，其中关键在于大力发展民营经济。发展民营经济可以促进创业就业与技术创新，承担社会责任与大部分国家税收，增加居民财富，从而转换经济增长动力，实现经济高质量发展。发展民营经济最重要的是优化制约民营经济发展的制度环境，降低制度性交易成本。本书从制度性交易成本角度分析其影响民营企业发展的经济效应，从根本上寻找促进民营企业高质量发展的制度因素与改革路径，具有重大现实意义。

首先，对于民营企业的健康持续发展、中国供给侧结构性改革以及经济高质量发展具有重要的现实意义。民营企业发展中面临的制度性交易成本过高、行政审批事项环节过多、时间过长，会增加微观企业主体负担，限制企业投资渠道，抑制企业发展活力；同时，行政审批行为不规范，自由裁量权过大，办事不透明，会产生腐败寻租现象，不利于社会经济良性发展。在现实经济发展过程中，民营企业经常通过与政府建立政治关联或寻租腐败等非正式制度来寻求替代保护性，以防止私有产权受到侵犯，获取便利进入壁垒较高的行业。这些都增加了企业的制度性交易成本，不利于民营企业的进入与发展。研究制度性交易成本对于民营企业的影响能从根本上寻找制约民营企业高发展的因素，促进民营企业与宏观经济的健康持续发展。

其次，可以解释我国现实经济中的矛盾现象，为下一步制度改革提供参考，更好地促进规范、公平市场环境的形成。行政审批改革、"放管服"改革等一系列简政放权制度和政策变革，简化了行政审批程序，改善了营商环境，在促进企业进入、鼓励投资、减少腐败等方面都具有重要作用。但在我国经济现实中存在矛盾现象，为什么大多数企业对于简政放权改革并没有很明显的获得感？为什么营商环境改善了，而民营企业投资却并没有大幅增加？本书从制度性交易成本角度进行研究，可以解释这一矛盾现象，为我国下一步制度改革提供参考，有助于更好地规范市场秩序、维护公平竞争市场环境，让企业进入退出变得顺畅，促进市场主体正常的新陈代谢，推动民营企业高质量发展和经济高质量发展。

二、国内外研究现状评述

针对研究目的和主题，本书从以下几方面进行国内外相关文献的梳理和评述：一是制度性交易成本的相关研究；二是关于企业进入退出的相关研究；三是关于企业高质量发展的相关研究；四是关于制度性交易成本与企业进入退出的研究；五是关于制度性交易成本与企业高质量发展的研究。国内外学者已有的研究进展为本书研究思路和框架的建立提供了借鉴与启示，本书将在此基础上进一步拓展研究空间，进行更深入的研究。

（一）制度性交易成本的相关研究

1. 关于制度性交易成本内涵的研究。新制度经济学理论以交易成本为核心范畴与理论基础，在此基础上分析和研究了各种制度现象，产生和发展了各种相关理论。制度性交易成本与交易成本既有联系又有区别。

有学者认为交易成本就是制度成本。交易成本是"经济制度的运行费用"，包括制度的确立、实施、监督和变革成本等。广义上的交易成本是一系列制度成本，包括寻找信息、谈判、确立和实施合约，界定和行使产权，监督管理以及改变制度的成本，广泛存在于各种经济社会中，是一切不直接发生在物质生产过程中的成本（张五常，1992）。

然而，制度性交易成本与上述概念仍然有些区别。制度性交易成本（institutional transaction costs，ITC）这一概念由美国学者汤姆逊（Thompson）在

1998 年和 1999 年的两篇文章《公共政策分析的交易成本框架》和《收益成本分析之外：制度性交易成本和水质量管制》中首次提出。他认为政策深度影响一国政治、经济和法律制度诸多方面，公共政策在执行过程中会对社会福利产生影响，支持公共政策而使社会福利遭受的损失就是制度性交易成本。与汤姆逊（Thompson）的制度性交易成本概念类似，科尔比（Colby，1991）也认为应考虑政策执行对社会福利的影响，他将在寻求获得国家批准水权转让过程中发生的由不透明政策实施所引起的成本称为政策诱致性交易成本（policy induced transaction cost，PITC），包括律师费、诉讼费、政府部门支出、工程和水文研究费用等。科尔比（Colby，2004）等从立法角度分析了资源和环境政策制定和执行中产生的七类交易费用。艾瑞克和鲁道夫（Eirik & Rudolf，2006）从企业角度探讨了市场型、管理型和政治型三种交易费用，建立、运行、维持和改变基本制度框架的费用就是政治型交易费用。斯特曼（Stamer，2006）指出，政府强加的繁琐的制度会带来大量非市场交易成本，使企业家从事腐败等非正式经济活动。这里的非正式交易成本就是制度性交易成本的一部分。

概括来讲，国外学者对制度性交易成本的研究较少，并没有提出标准的定义，一般都解释为公共政策引致的成本。在我国，制度性交易成本是在 2015 年供给侧结构性改革所提及的概念，降低制度性交易成本是供给侧结构性改革的任务之一。此后，众多学者进行了制度性交易成本的相关研究，降低制度性交易成本问题成为研究热点问题。但是目前很多研究是各类报纸的政策解读，对制度性交易成本的内涵理解存在着许多差异，缺少制度性交易成本对经济发展的影响研究，对于降低制度性交易成本问题的学术性研究仍存在较大研究空间。

与制度性交易成本概念类似的有体制成本。体制成本是举凡经济体制确立、运行和改变所耗费的资源（周其仁，2017）。目前我国学术界对于制度性交易成本有很多定义，例如企业受制于政府制定的各种制度工具所带来的成本，包括税费负担、融资制度成本以及其他蕴含于规章制度运行过程中的交易成本等（林火灿，2015；程波辉，2017；常耀中，2016，2017；杨志勇，2016；武靖州，2017；彭向刚，2017）、企业因遵循政府制定的各种不合理制度例如审批环节过多、检查评比过滥等而产生的成本（卢现祥，2017）、企业承受的政府各种税收、行政事业性收费以及为应对繁杂规则产生的机会成本、寻租成本、维权成本等（沈伯平和陈怡，2019）、经济主体为遵守制度规定而产生的非生产性成本（杨艳和车明，2020）。这些制度性交易成本定义较为模糊且具有差异，缺少一般性，无法解释大量的不同领域的制度性交易成本，甚至与制度降低交易成本的理论相矛盾。

2. 制度性交易成本的测度研究。国外大多数研究都认为，制度性交易成本是公共政策引致的成本，故一般采用比较时间成本的分析方法进行测算（Desoto，1989；Thompson，1999；Colby，1991；McCann，2005；Nilsson，2009）。1989 年的秘鲁有着复杂的、不透明的法律和法规，在秘鲁开办企业所需的时间是佛罗里达州的 1000 多倍（Desoto，1989）。比较美国西部三州（罗拉多州、新墨西哥州、犹他州）水转让政策耗费的时间以及等待机构审批所花的时间能间接测度水转让政策产生的交易成本（Colby，1991）。通过比较美国与德国两个国家纺织工厂污染排污许可政策的交易与限制程度，能发现两国之间制度性交易成本的显著差异（Thompson，1999）。麦肯（McCann，2005）在科尔比（Colby，1991）和汤姆逊（Thompson，1999）初始研究模型的基础上进行了修改，运用威廉姆森（Willemsen，1979）的交易成本分类方式，分为事前和事后政策执行成本，其中事前的成本是对隐性成本的测量；事后是对显性成本的测量，相对较容易估算。詹科夫等（Djankov et al.，2002）搜集信息，调查了 85 个国家开办一个企业所需的注册程序、时间和费用，发现不同国家间的情况差异非常大，有的国家如莫桑比克和意大利开办企业所需的程序、时间和费用较大；而加拿大则非常少。在此基础上，世界银行营商环境小组（doing business）对世界上众多国家开办企业所需花费的时间和费用进行了调查，具体化和量化了进入规制。调查发现，较重的进入规制存在于经济落后的国家和地区；而发达国家和地区则相反。除此之外，世界银行跨国投资小组（investing across borders）量化了世界各国对于外商直接投资活动的政府规制（胡凯和周鹏，2011）。

还有一些学者从其他角度对制度性交易成本进行测度。虽然难以对制度性交易成本进行直接准确的度量，但可以通过企业投资、利润及生产性活动的变化进行间接衡量（卢现祥，2017；卢现祥和朱迪，2019）。冯俏彬等（2018）认为，制度是由政府供给的，制度性交易成本是企业因制度而产生的支出，因此可以用政府支出来进行衡量。杨艳和车明（2020）认为制度性交易成本是经济主体为遵守制度规定而产生的非生产性成本，不会增加最终产出，通过投入—产出效率的高低可以间接衡量制度性交易成本的高低。

（二）企业进入退出的相关研究

作为市场经济的重要特征之一，企业进入退出通常与企业的生产率联系在一起，关于企业进入退出的研究主要分为两类：一是关于企业进入退出（企业更替）与生产率动态演化的研究；二是影响企业进入退出的因素研究。

1. 关于企业进入退出（企业更替）与生产率动态演化的研究。"创造性破坏"理论表明，高生产率企业进入能促进企业竞争，加快低生产率企业退出，这种进入退出更替过程会提高整体生产率（Schumpeter，1934），不断促进经济增长。一直以来，这一问题都是学术界的关注热点。很多学者对此进行了理论研究。约万诺维奇（Jovanovic，1982）建立了生产率差异、企业更替成长的产业均衡模型，表明在不完全信息条件下，生产率高的企业能继续成长和存在，生产率低的企业最终退出。霍本海恩（Hopenhayn，1992）构建了关于竞争性产业的动态随机模型，研究企业进入退出的长期均衡，并分析进入沉没成本对企业进入退出的影响，表明高进入沉没成本不利于企业进入退出。埃里克森和派克（Ericson & Pakes，1995）构建产业演化模型，分析开放市场中企业进入退出、竞争如何影响企业和产业生产率，并证明进入成本和企业生产率都会影响企业行为。市场进入能促进高生产率企业的研发创新（Aghion et al.，2001），高生产率企业的进入能提升市场整体生产率，同时通过市场竞争淘汰低生产率企业从而提高市场生产率（Lentz & Mortensen，2008）。在迪克西特—斯蒂格利茨（Dixit-Stiglitz）垄断竞争的分析基础之上，增加企业异质性的产业发展均衡分析表明，沉没成本使最低生产率企业退出；较低生产率企业在国内市场生产；最高生产率企业进入国际市场（Melitz，2003）。

企业进入退出更替行为优化了资源在低生产率和高生产率企业间的优化配置，能提高总体生产率。在上述理论分析的基础上，学者们进行了大量实证验证。有学者发现企业进入退出更替和市场份额再配置能显著提高全要素生产率（Foster et al.，1998；Hahn，2000）。帕维克里克（Pavcnik，2002）研究表明企业退出带来的资源配置能提高制造业行业综合生产率。企业进入退出更替能提升 TFP，也能提升劳动生产率，尤其对转型国家影响程度更大（Disney et al.，2003；Bartelsman et al.，2004）。国内学者利用北京中关村科技园区企业数据的研究发现，企业的进入退出能促进行业整体生产率、企业劳动生产率及 TFP 的提高（张维迎等，2003；周黎安等，2006）。企业进入退出演化引起的资源配置能解释中国工业生产率增长的一半，企业的纯进入对中国制造业 TFP 增长的贡献有 2/3（李玉红等，2008；Brandt et al.，2012）。然而，也有学者发现企业进入退出更替对提升生产率的作用不大。关于美国、智利与哥伦比亚的研究表明，企业进入退出更替对提升制造业

TFP 的贡献很有限，甚至不显著（Baily et al. , 1992；Liu & Tybout, 1996）。企业进入退出更替对提升制造业劳动生产率的影响也较小（Griliches & Regev, 1995）。对制造业生产率增长的大部分贡献都来源于企业自身效率的提高，由企业进入退出带来的贡献占比为15% ~ 25%（Bartelsman & Doms, 2000；Foster et al. , 2001；Baldwin & Gu, 2003）。玛丽和弗雷泽（Mary & Fraser, 2009）关于摩洛哥的研究表明，企业进入退出更替对提升制造业 TFP 和劳动生产率的贡献不明显。国内学者也发现，企业进入退出带来的更替影响和竞争效应对生产率增长具有促进作用，对制造业生产率增长的大部分贡献都来源于企业自身成长，企业进入退出引起的资源配置作用较小并且有很大的提升空间（毛其淋和盛斌，2013；杨汝岱，2015；吴利学，2016）。除此之外，也有学者认为，在经济发展的不同时期，企业进入退出更替对制造业劳动生产率增长的作用程度不同（Roberts & Thompson, 2009）。

2. 关于企业进入退出影响因素的研究。

（1）市场化因素。在市场机制的作用下，企业进入退出能促进资源配置效率提升，促进生产率增长。学术界进行了大量关于企业进入退出影响因素的研究。通常从影响企业利润和成本两方面的因素进行研究，如利润水平、行业成长性、固定成本和在位企业障碍等因素对企业进入退出的研究（Orr, 1974；Caves & Porter, 1976；Arauzo-Carod & Segarra-Blasco, 2005）。也有从企业家决策的微观角度进行的研究，认为企业家通过衡量自身收入和被他人雇佣的机会成本来决策企业是否进入市场（Santarelli & Vivarelli, 2007）。

（2）制度因素。除了关于市场化因素对企业进入退出的研究之外，学者们对制度因素影响企业进入退出也进行了大量研究，有很多相关文献。制度因素在企业进入退出过程中发挥重要作用，既有关于正式制度对企业进入退出的研究，例如准入规制、产权和契约保护、腐败等因素（Djankov, 2002；Barseghyan, 2008；Friedman et al. , 2000）；也有关于非正式制度对企业进入退出的研究，例如社会资本和文化传统等因素（North, 1991；Aidis & Estrin, 2006）。企业进入壁垒是产业组织理论中的重要内容，一般从市场壁垒、行为壁垒和管制壁垒三方面进行研究（杨蕙馨和郑军，2006）。芝加哥学派重视管制壁垒，认为政府管制壁垒才是真正的进入壁垒（Stigler, 1968；Demsetz, 1982）。在成熟的竞争性行业中，市场壁垒较多，管制壁垒体现在政府管制性行业中。我国民营企业面临的管制壁垒较多，比市场壁垒更难消除（汪伟和史晋川，2005）。企业进入壁垒和退出壁垒对企业进入退出具有重要作用（杨天宇和张蕾，2008）。此外，还有税收激励、银行业市场结构、金融契约执行效率和行政审批改革等因素对企业进入的研究（贾俊雪，2014；吴晗和段文斌，2015；李俊青等，2017；毕青苗等，2018）。

我国政府在很多方面对企业市场退出都有干预，对企业退出具有影响，如行政进入壁垒、金融抑制、金融效率、融资约束、劳动力流动管制、财政补贴、关税、企业与政府打交道频率等（斯蒂格利茨，1998；Wang et al.，2012；简泽等，2013；马光荣和李力行，2014；黎日荣，2016；Mao & Sheng，2017）。市场化水平以及土地出让市场化都能促进企业进入，促进低生产率企业退出，降低高生产率企业退出的概率（臧成伟，2017；杨先明和李波，2018），而市场分割会对企业进入退出产生影响，降低生产率（王磊，2019）。

（三）企业高质量发展的相关研究

学者们对于企业高质量发展的内涵和定义、测度与评价方法以及影响因素等方面进行了广泛的研究。本书通过对相关文献进行梳理，主要从企业高质量发展的内涵、测度与评价以及影响因素这三个方面进行综述。

1. 关于企业高质量发展内涵的研究。中国经济已经步入了新的发展阶段，需要从高速增长模式向高质量发展模式转变。经济高质量发展包括宏观层面的经济高质量发展、中观层面的产业高质量发展和微观层面的企业高质量发展（任保平，2018；黄速建等，2018）。企业作为宏观经济发展的微观主体、中观产业发展的基本组织，企业高质量发展是实现宏观经济高质量发展的基础，为实现高质量发展，需要进行供给侧结构性改革并注重企业的高质量发展，提升微观层次的经济发展质量至关重要（汪同三，2018）。然而，学术界对于高质量发展的研究多聚焦于宏观层面的经济高质量发展，包括高质量发展的经济学研究（金碚，2018）、理论阐释与实践取向（任保平，2018）、路径研究（任保平和李禹墨，2018；刘友金和周健，2018）、驱动因素研究（郭淑芬和郭金花，2019）等，缺少对微观层面企业高质量发展的专门研究。

为明确企业高质量发展的概念必须先界定高质量发展的内涵。高质量发展的本质特征是走特色道路，满足人民多方面需求，强调创造发展优势，追求经济发展质量与效率的优先（金碚，2018）。高质量发展体现了新发展理念的指导，以创新、协调、绿色、开放和共享为核心特征（任保平和文丰安，2018；赵剑波等，2019）。同时，高质量发展也应当服务于社会经济和人民生活，提高人民的满意度和幸福感（张军扩等，2019；Jiang et al.，2021；

刘志彪，2018）。此外，学者们还将高质量发展视作高效、公平和绿色可持续发展的一种形式，具有激发社会创造力和活力的作用（Zhang et al.，2022）。

随着研究的深入发展，学者们从微观层面探讨了高质量发展的内涵，提出了企业高质量发展这一概念。与高质量发展相类似，企业高质量发展是新常态下企业发展的新状态，企业以追求可持续发展与持续价值创造为目标，需要提供高质量的产品和服务，强调经济价值和社会价值创造的高水平、高层次和高效率，重视形成可持续增长的能力，是企业竞争力的重要来源（黄速建等，2018；Atta Mills et al.，2020）。同时，企业高质量发展也侧重于提高运行效率和创造更多价值（Lee et al.，2023）。

2. 企业高质量发展测度与评价的相关研究。企业高质量发展的测度方法大致可分为两种：单指标评价法和多指标综合评价法。单指标评价法，基于高质量发展的内涵，选取某一变量用来表征企业高质量发展。多指标综合评价法，选取能够表征企业高质量发展的多个指标，构建具体的多维的评价体系，测度出表征企业高质量发展的综合指标。

（1）单指标评价法大致有中间变量替代法、企业全要素生产率代替法、劳动生产率代替法、结果变量替代法这几种。

①中间变量替代法。一些研究从企业高质量发展的动机和行为角度出发，选择衡量企业高质量发展的某个中间指标，如创新投入、企业管理质量等。夏冰和吴能全（2020）主张将企业的经营水平和盈利能力作为衡量企业高质量发展的重要标准，并因此选择采用资本增值能力与流动性水平来代表企业高质量发展。肖土盛等（2022）用企业创新来衡量企业高质量发展的水平，从企业创新投入、创新产出和创新效率这三个维度进行具体分析。创新是高质量发展的本质，企业创新是促进企业高质量发展的关键动力与支撑，因此，企业创新也是衡量企业高质量发展的重要指标（王文涛和曹丹丹，2020）。

②企业全要素生产率代替法。当前，在我国经济从要素驱动转向创新驱动的高质量发展阶段，提高全要素生产率不仅是实现高质量发展的关键途径，同时也是核心指标之一来评估高质量发展情况（王一鸣，2020；高培勇等，2020）。张广胜和孟茂源（2020）指出全要素生产率受到如技术、要素、管理、生产方式、制度等多方面因素的共同影响。所以，近年来很多文献都将全要素生产率作为企业高质量发展的代理指标（刘艳霞，2022；陈昭和刘映曼，2019；石大千等，2019；黄渤等，2023；张兆国等，2024）。

③劳动生产率代替法。根据王业斌和许雪芳（2019）的观点，劳动生产

率虽然在信息的丰富性和综合性方面不如企业全要素生产率，但具有较强的可比性，并且计算相对简单。此外，李永友等（2018）指出劳动生产率与企业全要素生产率之间存在长期稳定的正相关关系。巴特尔斯曼（Bartelsman，2013）等的研究发现，随着经济体的发展，劳动生产率和企业全要素生产率之间的差异越来越小。因此，很多研究采用劳动生产率来衡量企业高质量发展，例如石大千等（2019）以劳动生产率作为高质量发展的代理变量，研究了城市文明对企业高质量发展的影响效应。

④结果变量替代法。陈丽姗和傅元海（2019）指出传统财务指标和经济增加值效率均能反映企业发展质量，经济增加值率因为克服传统财务高质量发展指标忽略资本成本的缺陷，其适合作为评价企业是否为股东创造价值以及企业是否实现高质量发展的指标。邵传林（2021）用企业人均利润（per capita profit）、研发创新（R&D）和资产收益率（ROA）等指标衡量企业高质量发展。

（2）多指标综合评价法。唐红祥等（2019）在探讨制造业发展质量及其与国际竞争力之间的关系时，提出用经济发展质量、经济发展效率和经济发展动力这三个子系统来评估制造业的发展质量。黄速建等（2018）则从社会价值驱动、资源能力突出、产品服务一流、透明开放运营、管理机制有效、综合高质量发展卓越和社会声誉良好七个方面对企业发展质量进行评价，但并未进行定量测度。师博和张冰瑶（2020）就实体经济高质量发展分基本面和社会生态成果两方面，构建了实体经济高质量发展综合评价指标体系。马宗国和曹璐（2020）选择效益、创新、绿色发展、开放和共享等多个指标构建了企业高质量发展的评价体系。张涛（2020）建立了包含创新、绿色、开放、共享、高效和风险防控六个维度的宏微观一体化高质量发展测度体系，在微观层面上构建了 17 个一级指标和 34 个二级指标，使用层次分析法，计算并报告月度企业高质量发展水平。李小青和何玮萱（2022）从创新、协调、绿色、开放、共享、发展等多维度，设计相应指标，构建综合指标体系。

3. 企业高质量发展影响因素的相关文献。影响企业高质量发展的因素非常多，大致可以从宏观经济环境和企业微观特征两大方面进行梳理。

首先，在宏观经济环境方面，有政府政策、金融市场、技术发展、国际环境等因素的影响。陈昭和刘映曼（2019）研究了政府补贴对企业发展质量的影响。从总效应来看，政府补贴抑制了企业发展质量的提升，但是政府补贴也通过激励企业创新进而对企业发展质量产生了正向影响，企业创新发挥的正向间接效应弱化了政府补贴直接效应的负向影响，具体表现为遮掩效应。

郭涛和孙玉阳（2021）研究表明适度的环境规制设计可以促进企业高质量发展，限制落后产能，倒逼企业技术创新，改善资源配置状况，淘汰停滞不前的低生产率企业，为高生产率企业高质量发展提供良好的外部环境。吕越等（2021）研究了市场分割对企业高质量发展的影响，发现市场扭曲会显著抑制企业研发创新水平。而优化营商环境能显著促进企业高质量发展（陈太义等，2020）。税收政策也会影响企业高质量发展，杨林和沈春蕾（2021）以中小板和创业板上市公司企业为例进行研究，发现减税降费有利于提高中小企业全要素生产率并提升价值创造能力，赋能中小企业高质量发展。金融市场的发展有助于缓解融资约束，能促进出口企业质量提升，整体上促进了企业发展质量提升（Asteriou and Spanos，2019；张倩肖等，2021）。数字金融能够显著促进实体企业高质量发展（张超等，2022）。同样地，数字经济对企业高质量发展也存在影响，企业数字化转型通过技术层面和公司治理层面提升企业全要素生产率（刘艳霞，2022）。互联网资本具有促进民营企业高质量发展的积极效应（王文涛和曹丹丹，2020）。李雄飞（2023）分析表明经济政策不确定性对民营企业高质量发展起到负向作用。此外，国际环境也会影响企业高质量发展，对外合作关系方面，国外的技术封锁为国内城市集聚科研人才提供了契机（孙文浩等，2020）。

其次，在企业微观特征方面，主要受产权性质、内部控制、企业声誉、股权结构、董事网络、资产负债率、员工关系、创新、社会责任等方面的影响。产权性质是影响企业高质量发展的重要因素，当创新和控制成本的动机很强时，私有制一般应优先于公有制，私营和外资性质企业对中国出口质量增长产生重要正向贡献（Shleifer，1998）。内部控制、媒体关注能显著提升企业全要素生产率，促进企业高质量发展（张广胜和孟茂源，2020）。企业声誉也是影响企业高质量发展的重要因素（杜创，2020）。范玉仙和张占军（2021）研究了混合所有制改革对企业高质量发展的影响。吴成颂和程茹枫（2021）研究了董事网络对微观企业高质量发展的影响，分析表明董事网络有助于制造业企业高质量发展，越处于董事网络核心位置，企业发展质量越高，具体表现为董事网络中心度加快了技术进步与提升了纯技术效率。施本植和汤海滨（2019）实证研究了企业资产负债率对企业高质量发展的影响，发现二者存在显著的倒"U"形关系。融资约束也会阻碍企业高质量发展。肖曙光等（2020）研究表明融资约束对企业全要素生产率理论上存在倒"U"形影响关系，融资约束过度或不足都会酿成效率灾难。孔祥贞等（2020）研究表明融资约束能显著降低企业出口产品质量。李粮（2021）研究了如何从非正式制度视角引导同事关系进而促进企业高质量发展的实现。创新对企业的高质量发展至关重要，企业需要研发关键核心技术以提高竞争力（陈丽姗和傅元海，2019；张培丽，2019）。社会责任也是影响企业高质量发展的重要因素，制造业的社会贡献度和环境保护度对高质量发展水平有显著影响，社会贡献度越高、废水排放强度越低，高质量发展综合得分越高（李春梅，2019）。研究还发现，企业通过绿色技术创新等手段提升企业的 ESG 表现有助于促进企业的高质量发展（黄钞等，2023）。

（四）制度性交易成本与企业进入退出的研究

德索托（Desoto）在《资本的秘密》一书中提到，发展中国家的法律（有关所有权的正式法律）就是一种"布罗代尔钟罩"，正规的法律制度只适用于少数有特权的人，而广大的穷人被排斥在外，无法从正规的所有权制度中受益。这种法律制度的"钟罩"隔离广泛存在于发展中国家，影响了发展中国家的财富积累。德索托（Desoto）以秘鲁国家为例，说明了"钟罩"内外的差别。1989 年的秘鲁有着复杂的、不透明的法律和法规，在秘鲁开办企业所需的时间是佛罗里达州的 1000 多倍，仅是那些具有政治和经济特权的人能优先获得企业进入资格，无权无势的人则要付出包括税费、非税成本、政府官员支出、公共设施成本在内的巨额成本，因此产生了大量的非正式经济（Desoto，1989）。詹科夫（Djankov，2002）研究发现，高进入规制成本国家的腐败和非正式经济更严重，不利于公共或私人产品质量提升。在此研究的基础上，众多学者进行了后续的影响研究。进入规制会对企业进入产生影响，在这方面有很多利用跨国数据的研究。进入规制不利于企业进入和产品市场规模的扩大（Scarpetta et al.，2002；Desai et al.，2003；Branstetter et al.，2014），企业进入所需登记注册的程序越复杂、最低注册资本金越高，越不利于企业进入（Dreher & Gassebner，2013）。尤其是在资源密集型行业等进入门槛原本就高的行业中，进入规制对企业进入的抑制作用更大，小规模的企业也更不容易进入，同时，高进入成本不利于在位企业人均工业增加值的提升（Klapper et al.，2006）。詹科夫（Djankov，2008）研究表明进入成本每增长 1%，能降使企业进入率降低 0.32%，在无严格管制的国家企业降低的企业进入率能达到 5%。菲斯曼和萨里亚·阿连德（Fisman & Sarria. Allende，2004）研究发现进入规制扭曲了产业结构，在高自然进入障碍的行业中，进入规制不影响企业数量和规模；而在低自然进入障碍的行业中，进入规制不利于企业进入和企业规模扩大。然而，通过对进入规制程序的改革，能降低进入成本，促进企业进入数量的增加（Kaplan et al.，2007；Monteiro & Assuncao，2007；Fisman & Wang，2015），利用墨西哥数据的研究表明简化商业注册制度的改革能使企业进入率增加5%（Bruhn，2008）。

我国学者关于制度性成本对企业进入退出的研究也很多。金玉国（2008）估算了中国政治性交易成本，并发现，政治性交易成本影响企业的契约安排、提供产品和服务的数量。相比于发达国家，在我国开办企业的程序更复杂、所需时间更长。世界银行报告显示，2016年在我国开办企业需要9项程序、28.9天，远多于美国6项的开办程序和5.6天的时间。高行政审批强度会降低居民创业倾向以及创业规模，不利于企业进入（张龙鹏等，2016）。我国近年来的行政审批改革和商事制度改革等都是为了降低制度性因素引起的成本。研究也表明，行政审批改革能促进企业的进入，在设立行政审批中心的地方，企业市场进入率能显著提高2%～25%（夏杰长和刘诚，2017；毕青苗等，2018）。商事制度改革政策的实施也能显著降低企业制度性成本，提高企业市场进入率，增加新进入企业的增长率，提高地区的创业水平（张莉等，2019；夏杰长和刘诚，2020，黄亮雄等，2020）。

（五）制度性交易成本与企业高质量发展的研究

1. 制度性交易成本与企业全要素生产率的研究。交易成本（制度性交易成本）高昂的国家，大多数生产效率低下、经济技术落后，原因在于它们使用一种"不好"的制度—汲取型制度（Acemoglu & Johnson，2005；卢现祥和李小平，2008；缪仁炳和陈志昂，2002；夏杰长和刘诚，2017；周其仁，2017）。鲍莫尔（Baumol，1990）认为企业家在生产性活动和非生产性活动之间的选择受到制度质量的影响，好的制度能促使企业家更多地从事生产性活动，促进经济增长。索柏（Sobel，2008）对此进行了实证检验，验证了好的制度能鼓励企业家从事生产性活动，促进经济增长。科瓦奇（Kovac，2015）量化了交易成本对跨国经济的影响，认为减少交易成本能促进经济增长。因此，由政府规制、政府管制和产权制度等形成的制度差异是影响各国产出和高质量发展差异的原因（Acemoglu & Johnson，2005）。能促进经济增长的非人格化的开放准入秩序制度就是好的制度，在这种制度下的制度性交易成本较低，所有主体都能公平公正地参与市场竞争，促进经济高质量发展。在人格化的有限准入秩序制度下，不同主体在经济活动中的规则和权限具有差异，制度性交易成本较高，不利于经济高质量发展。

无论是交易成本还是制度性交易成本，成本越低，企业市场交易活动在内的组织越发达，政策法规在内的制度效率质量越高。制度性交易成本被认为是影响企业运行成本和效率的重要内容。国内外学者（Djankov，2002；Loayza et al.，2005；Barseghyan，2008；Dawson，2013；Fisman et al.，2014）等研究发现，市场关系被人为扭曲和异化后很容易引起制度性交易成本上升。在企业进入、产品市场和劳动力市场等方面的规则，都不利于经济增长（Loayza et al.，2005）。巴塞吉扬（Barseghyan，2008）发现高进入壁垒不利于产出和全要素生产率的增长，进入成本每增加1%，将会使人均产出和全要素生产率分别减少29%、22%。道森（Dawson，2013）研究发现，不必要的监管能降低总产出和全要素生产率。然而，降低企业进入成本有利于社会平均劳动生产率的提高（Dulleck et al.，2006）。在交通运输、电力燃气、通信等领域，进入规制改革能明显促进企业的投资（Alesina et al.，2005）。国内学者也有大量相关的研究。张军（1994）研究表明在计划经济体制下，政府对市场的巨大干预导致国有企业效率低下。由于在产权、法律和融资等方面的制度不完善，我国中小企业面临的来自政府行为因素的交易成本很高，例如经营许可、营业执照等准入费用、融资成本、税费等都较高，也使企业的政治关联或关系成本支出增加，这些都成为阻碍企业发展和盈利的重要因素（金路明，1999；陈及，2000；陈光潮，2004；Fan，2007）。行政审批制度改革能降低制度性交易成本，使企业增加投资规模，同时会促进企业创新水平的提升，促进经济增长（范少君，2015；夏杰长和刘诚，2017；王永进和冯笑，2018）。民营企业对于制度性交易成本的作用较为敏感，设立行政审批中心，降低制度成本，能明显提升民营企业生产率（李兰冰等，2021）。

2. 制度性交易成本与企业创新的研究。从制度基础观的视角解释企业创新已经成为一种重要范式（Peng et al.，2008）。知识产权保护和投资者保护的法律环境、完善金融市场的融资环境、市场监管以及行政环境等制度环境能影响企业创新。例如，知识产权保护能保证企业在一段时间内拥有新产品的垄断权并由此获得垄断利润，激励企业开展更多的创新活动；而当一国产权保护不足时，模仿和侵权行为随之增加，就会侵蚀企业创新收益、削弱创新激励，最终导致创新投入和产出的下降（Katz and Shapiro，1987；Antonet et al.，2006）；投资者保护通过影响企业获得创新资金的难易程度进而影响一国创新活动（鲁桐和党印，2015）；金融体系的发展能够有效解决企业创新过程中的信息不对称问题，发现企业创新价值，引导投资，提高创新投资效率和资金匹配效率，同时通过契约激励，降低研发人员的道德风险和代理人的监管成本（King and Levine，1993；Morales，2003；Chowdhury and Maung，2012）；产品市场监管主要通过采取反垄断、放松市场准入等措施降低市场集中度、保证企业在公平的环境中竞争，进而激励企业开展创新活动（Barbosa and Faria，2011）；行政环境对企业技术创新的影响也不容忽视，良好的行政环境有助于降低企业在生产和创新过程中的交易成本，推动创新活动的开展（鲁桐和党印，2015）。

制度性交易成本作为制度环境的反映，其高低直接关系着企业创新环境的好坏，影响着企业创新行为。制度性交易成本越低，则企业创新环境越适宜，创新的潜力和成果就越大。反之，企业创新环境则越差，不利于企业创新活动。在中国经济改革不断深化的进程中，特别是简政放权、"放管服"、行政审批制度改革、商事制度改革等一系列改革措施，都有利于降低制度性交易成本，为企业营造良好的制度环境，促进企业创新。

我国实施的简政放权、"放管服"、行政审批、商事制度改革等一系列政策如何影响企业创新，受到学界的大量关注。张景华和刘畅（2021）基于2008～2016年上市企业数据，研究发现简政放权越彻底，企业制度性交易成本越低，对创新活动的激励效应愈加显著。邓悦等（2019）基于2018年中国企业—劳动力匹配调查的微观数据，研究发现"放管服"改革降低了制度性交易成本，提升了企业创新高质量发展。王永进和冯笑（2018）以各地行政审批中心成立为"准自然实验"，利用DID实证方法探讨了行政审批改革与企业创新的关系，研究发现行政审批改革降低了企业的制度性交易成本，从而促进企业进行研发和技术创新。何晓斌等（2021）利用2010年全国私营企业调查数据发现了类似的观点。夏杰长和刘诚（2020）以是否设立市场监管局两方面来测度商事改革，研究发现商事改革进展较好的地区，制度性交易成本越低，越有利于地区创新水平提升。李小平和余东升（2021）基于2010～2018年中国A股上市企业数据，也发现商事制度改革降低了制度性交易成本，有助于企业创新水平的提升。降低制度性交易成本能降低企业的进入门槛，促进企业进入。企业的进入导致在位企业面临更大的进入威胁和竞争压力，可能倒逼企业提升研发创新水平以摆脱"竞争"、避免破产倒闭，新企业的市场进入极大激发了在位企业技术创新的热情，在位企业将试图通过提高创新水平来应对潜在威胁和保持领先地位（Amici et al.，2016；Aghion et al.，2005；2009）。

（六）文献述评

从上述文献研究可以看出，制度性交易成本概念在我国经济发展进入新常态并提出供给侧结构性改革的背景下逐渐产生，新制度经济学对制度性交易成本尚无明确的说明。制度性交易成本是促进我国当前经济转型、激发市场活力和降低企业成本的重要内容，已成为国内学术界的研究热点。不同学者从不同角度对制度性交易成本的概念、表现方式和经济影响效应等方面的内容进行了研究。但是从研究的效果上看，制度性交易成本的研究规范性和系统性方面仍然有很大的提升空间。首先，从核心概念上看，学术界缺乏对制度性交易成本一般性且共识的界定，对制度性交易成本概念界定较为模糊且不一致，使制度性交易成本的度量方法存在较大分歧。其次，制度性交易成本影响整个宏观经济以及微观企业的理论机制与实证研究仍然较为缺乏。最后，针对制度性交易成本影响民营企业高质量发展的研究较为缺乏。以中国为研究对象的分析企业进入退出与生产率影响的大多数文献没有充分考虑政府干预对企业进入退出市场更替的干扰，尤其更缺少从制度性交易成本角度进行研究的文献。而民营企业的研究较多与政治关联相关，缺少制度性交易成本对民营企业高质量发展的影响研究。

国内外学者关于制度性交易成本的现有研究为本书提供了理论与文献基础。本书以制度性交易成本对民营企业高质量发展的影响为研究重点，在现有研究的基础上进一步清晰界定了不合理的制度和制度性交易成本，认为制度性交易成本是由人格化交易的特殊制度引起的交易成本，并进行相关的测度和实证研究，系统分析制度性交易成本对民营企业高质量发展的影响及具体影响机制。本书所要研究、界定的制度性交易成本是由特殊制度所产生的交易成本，体现在企业进入、经营发展和退出过程的整个生命周期内所面临的不合理或不公平的外部制度环境，例如过高的准入壁垒、过多的要素市场管制、不公平的产权和法律保护等制度。这种有限准入社会秩序与竞争非中性下的特殊制度将会给企业带来巨大的交易成本，产生制度性交易成本。制度性交易成本的存在会阻碍企业正常自由地进入退出市场，使企业缺少公平的市场竞争环境，也不利于企业全要素生产率的提高以及企业创新。民营企业对于制度性交易成本的作用最为敏感。因此，以民营企业为例，分析制度性交易成本对民营企业高质量发展的影响很有必要。

关于企业高质量发展的测度方法，其中，单指标法具有较强的客观性和可操作性，在研究我国企业高质量发展问题时比较常见。然而，单指标评价方法也存在局限性，因为选取中间变量只能反映企业为实现高质量发展所做的努力，难以准确衡量企业高质量发展的水平。多指标综合评价法，由于所选取的变量相对全面且具有代表性，可以反映企业发展的多个方面，能全面地反映企业的高质量发展水平。然而，由于企业高质量发展的概念模糊且宽泛，缺乏固定的判断标准，也有一些学者认为在选择指标时，多指标综合评价法存在主观性较强、体系差异大以及数据较难获取等问题，因此不同的指标选择可能导致对高质量发展的度量存在差异，并且指标的客观程度值得商榷。本书综合了前人的研究，主要从民营企业全要素生产率、民营企业创新这两大方面来衡量民营企业高质量发展水平。首先，采用企业全要素生产率来作为衡量企业高质量发展的变量，这是因为这个指标能够综合反映技术、制度、企业家才能、规模报酬、产业结构、对外开放等难以量化的因素对企业发展的贡献。其次，采用企业创新来衡量企业高质量发展。创新对企业的高质量发展至关重要，企业需要研发关键核心技术以提高竞争力，创新是高质量发展的本质。很多研究都将企业创新看作是衡量企业高质量发展的重要指标。

三、研究内容与基本思路

（一）研究内容

本书主要研究制度性交易成本对民营企业高质量发展的影响，从区域和行业两个层面研究研究制度性交易成本对民营企业高质量发展的影响及具体作用路径，共分为六章，研究的主要内容如下：

第一章绪论。主要介绍文章的研究背景、研究意义、文献综述、主要研究内容和研究方法，文章的结构安排以及可能的创新点和研究不足等相关内容。文献综述部分首先是总结制度性交易成本的相关研究，为准确界定和衡量制度性交易成本提供分析基础；然后是梳理企业进入退出的相关文献，从企业进入退出影响企业发展以及影响企业进入退出的因素两个方面进行梳理；最后梳理了制度性交易成本影响企业进入退出和企业高质量发展方面的文献，为制度性交易成本对企业进入退出的影响研究以及对民营企业高质量发展的影响研究和机制分析提供理论依据。

第二章理论分析。首先是制度性交易成本相关理论阐述，从理论上总结制度性交易成本的分析范式，包括制度性交易成本的产生、实质与经济影响等内容。其次是制度性交易成本影响企业进入退出与企业高质量发展的理论分析，阐述了传统经济学理论中对于企业进入退出问题的分析以及制度性交易成本影响企业进入退出的理论分析，并阐述制度性交易成本影响民营企业高质量发展的理论逻辑。

　　第三章制度性交易成本测度与分析。根据企业在进入市场、获得要素、获取产权及法律保护过程中面临的属于有限准入秩序和人格化交易的特殊制度，从区域层面构建指标来衡量制度性交易成本，并分析不同年份地区制度性交易成本的变化以及不同区域之间制度性交易成本的差异情况。然后，运用行业数据构建行业层面的制度性交易成本，并分析不同年份行业制度性交易成本的变化以及不同行业之间制度性交易成本的差异情况。

　　第四章制度性交易成本与企业进入退出。在第一章理论分析的基础上，从区域和行业两个方面分别进行制度性交易成本影响企业进入退出的实证分析，分析制度性交易成本如何影响企业进入退出，然后分析了不同区域和不同行业间制度性交易成本对企业进入退出的差异影响。

　　第五章制度性交易成本与企业全要素生产率——以民营企业为例。第一节从地区层面验证了制度性交易成本对民营企业全要素生产率的影响及作用机制。首先，从地区层面分析制度性交易成本对民营企业全要素生产率的影响，并考察制度性交易成本影响民营企业全要素生产率的区域差异，以及地区制度性交易成本对不同生产率民营企业的影响差异。其次，检验地区制度性交易成本通过影响民营企业进入从而影响民营企业全要素生产率的中介机制是否存在，以及是否会由于地区制度性交易成本差异性而呈现出民营企业进入行为和全要素生产率的差异性。第二节从行业层面验证了制度性交易成本对民营企业全要素生产率的影响及作用机制。首先是从行业层面分析制度性交易成本对民营企业全要素生产率的影响，并考察制度性交易成本影响民营企业全要素生产率的行业差异，以及行业制度性交易成本对不同生产率民营企业的影响差异。然后检验行业制度性交易成本通过影响民营企业进入从而影响民营企业全要素生产率的中介机制是否存在，以及是否会由于行业制度性交易成本差异性而呈现出民营企业进入行为和全要素生产率的差异性。

　　第六章制度性交易成本与企业创新——以民营企业为例。第一节从地区层面验证了制度性交易成本对民营企业创新的影响及作用机制。首先，从地区层面分析制度性交易成本对民营企业创新的影响，接下来进一步验证制度性交易成本影响民营企业创新的作用机制，然后考察了制度性交易成本影响民营企业创新发展的区域差异，制度性交易成本对不同融资约束民营企业研发创新的影响；以及制度性交易成本对不同类型的申请专利的影响。第二节从行业层面对制度性交易成本影响民营企业创新，以及制度性交易成本通过民营企业进入中介机制从而影响民营企业创新发展这两方面的问题进行验证。然后考察了制度性交易成本影响民营企业创新水平的行业差异，以及行业制度性交易成本对不同融资约束民营企业研发创新的影响。

第七章降低制度性交易成本的案例分析——以商事制度改革为例。商事制度改革是降低制度性交易成本的重要举措，这一章内容以具体的商事制度改革为例，首先，研究了商事制度改革对企业全要素生产率的影响，以及商事制度改革通过降低制度性交易成本影响企业全要素生产率的作用机制；然后，分析了商事制度改革对企业 ESG 的表现及具体作用机制。

第八章主要结论与思考。在供给侧结构性改革背景下，探讨制度性交易成本对民营企业高质量发展的影响具有重要现实意义。从民营企业进入视角研究制度性交易成本对民营企业高质量发展的具体作用路径，并研究不同区域以及不同行业之间的差异，得出制约当前民营企业高质量发展的具体制度困境，对降低制度性交易成本、促进民营企业高质量发展的制度改革路径作出总结和思考。

（二）基本思路

制度性交易成本的高低是影响企业进入退出与发展的关键因素，民营企业对制度性交易成本的作用最为敏感，制度性交易成本的降低决定着未来民营企业经济发展的潜力释放，消除制约民营企业发展的制度障碍，有助于激发经济增长内生动力、促进经济高质量发展。本书运用新制度经济学中交易成本存在的可预知效应理论，分析了制度性交易成本对经济增长的可预知效应。在此分析框架下，首先从区域和行业两个层面分别研究制度性交易成本对于企业进入退出行为的影响；然后以民营企业为例，研究制度性交易成本对民营企业高质量发展的影响及影响机制，旨在研究不同区域间与不同行业间的制度性交易成本差异导致的民营企业高质量发展差异，将当今制度经济学最新发展应用到中国的实际发展环境中，以期对当前的现实问题能够有更客观的研究和更深刻的思考。因此，本书的研究思路围绕这些内容来展开：

首先，从理论上分析交易成本与制度性交易成本的关系，总结制度性交易成本的分析范式，包括制度性交易成本的内涵、实质与经济影响效应等内容。

其次，构建理论框架，分析制度性交易成本影响企业进入退出以及民营企业高质量发展的具体理论机制。

再次，构建计量模型进行实证验证分析，检验制度性交易成本对企业进入退出行为的影响。以民营企业为例，研究制度性交易成本对民营企业高质量发展的影响及作用机制，并解释为什么在不同区域和行业间制度性交易成本对民营企业进入行为与民营企业高质量发展的影响存在差异。

最后，在上述理论分析和实证结论的基础上，探讨真正促进民营企业发展的制度改革路径，并提出未来进一步研究动向（见图 1-1）。

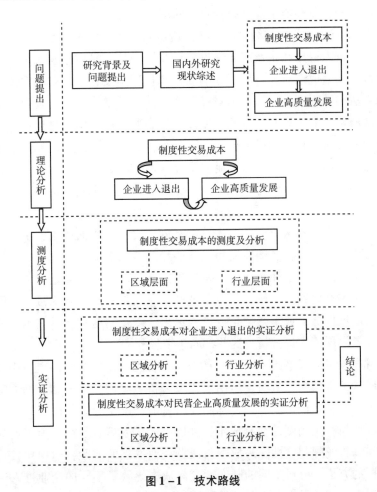

图 1-1 技术路线

四、研究方法及数据说明

（一）研究方法

在研究过程中，根据不同的研究问题和需要，选取合适的研究方法。本书采用的研究方法如下：

1. 制度分析方法。不同于传统新古典经济学理论通过资本、劳动、技术等生产要素投入解释经济发展差异的分析，基于新制度经济学理论运用典型的制度分析方法，分析经济发展差异背后的制度因素。制度分析方法并没有否认传统生产要素投入对经济发展的影响，而是以制度为研究重点，解释经济发展差异和企业高质量发展差异背后的深层次原因。

2. 演绎与归纳分析相结合的方法。通过回顾现有关于制度性交易成本及其影响企业进入退出和企业高质量发展的文献，从交易成本与制度性交易成本的关系、交易成本对经济发展影响的逻辑机理出发，采取逻辑演绎和归纳分析的方法归纳制度性交易成本对经济增长的可预知效应，以及对企业行为和企业高质量发展的影响。以此为基础，结合新制度经济学理论，并运用归纳分析的方法对导致不同民营企业高质量发展水平的制度环境差异进行总结，明确降低企业制度性交易成本、促进民营企业长期发展的制度改革路径。

3. 定性与定量分析相结合的方法。本书综合运用定性分析和不同定量分析工具相结合的方法，展开规范的研究。定性分析方法的使用主要体现在对制度性交易成本范式的分析。首先分析制度性交易成本的产生，明确界定制度性交易成本，并分析制度性交易成本的经济增长效应。其次分析制度性交易成本对企业进入退出和企业高质量发展的影响。然后在此基础上，使用定量分析方法展开研究。区域、行业制度性交易成本的测度和衡量，分区域和行业研究制度性交易成本影响企业进入退出，以及制度性交易成本影响民营企业高质量发展的实证分析，这些都属于定量分析。

4. 比较分析与案例分析相结合的方法。首先在进行制度性交易成本的界定、实质和经济效应分析时，运用了比较分析和案例分析相结合的方法，通过对比不同国家在经济发展中特殊制度与普遍制度主导地位的差异，来分析特殊制度如何产生制度性交易成本，并影响经济发展。然后，为了更深刻考察区域间和行业间制度性交易成本与民营企业发展的差距，运用比较分析和案例分析的方法，分析不同的制度性交易成本导致了不同的企业进入退出行为与民营企业高质量发展水平差异，并分析比较西方发达国家优化制度环境、减少制度障碍以促进企业发展的思路，结合我国现实完善促进我国民营企业高质量发展的制度改革。

（二）数据说明

本书理论和实证分析中的数据：

1. 《中国财政税收统计年鉴》《中国经济统计年鉴》《中国检察年鉴》《中国国土资源年鉴》《中国城市统计年鉴》《中国知识产权年鉴》《中国基

本单位统计年鉴》以及中国劳动经济数据库、中国城乡建设数据库、中国城市数据库城市工商局数据。

2. 国泰安沪深两市 A 股上市公司数据。

五、创新、不足与研究展望

（一）创新之处

首先，更清晰地界定了制度性交易成本的产生和实质，并归纳出制度性交易成本对经济增长的可预知效应。以往研究关于制度性交易成本的定义较为模糊且具有差异，缺少一般性，无法解释大量的不同领域的制度性交易成本，甚至与制度降低交易成本的理论相矛盾。这不仅不利于制度性交易成本的理论分析，还会影响制度性交易成本的测度研究和进一步的经验研究。基于制度如何适用于相应人群以及是否具有普适性或特殊性的角度可以把制度分为普遍制度与特殊制度。在此分类基础上，本书指出并不是所有的制度都能产生制度性交易成本，制度性交易成本是由特殊制度所产生的交易成本。同时，运用交易成本经济学理论分析了特殊制度如何产生制度性交易成本，并如何影响经济发展。此外，还基于中国的经济发展现实背景进行了论证。本书研究能清晰地界定制度性交易成本的产生与内涵，提供清晰的制度性交易成本影响经济发展的分析框架，丰富新制度经济学理论的中国研究与运用，并为降低中国经济发展中的制度性交易成本提供思考与建议。

其次，在研究视角上的创新。新古典经济学把制度作为外生变量，主要研究给定制度下的资源配置问题，新制度经济学则关注制度本身及其对资源配置的作用，认为不同的制度安排会产生不同的资源配置方式和发展水平。交易成本理论可以解释不同的制度安排，有效的制度（普遍制度）能降低交易费用；反之（特殊制度）则增加交易费用。我国正处于转型期，经济发展中存在大量的特殊制度，对资源配置及经济高质量发展的影响很大。在特殊制度占据主导地位的制度结构下，我国的制度性交易成本很高。运用交易成本的可预知效应理论，可以分析制度性交易成本的经济可预知效应，并且根据交易成本理论"可操作化"的思路，进行制度性交易成本对经济高质量发展的实证研究。本书基于中国转型经济发展过程中企业进入退出的典型特征事实，考察制度性交易成本对企业市场进入退出行为的影响，为企业进入退出的研究提供一个较新的制度研究视角。同时考察了制度性交易成本对民营企业高质量发展的影响，并考察民营企业进入这一机制在其中的作用，从制度性交易成本视角研究制约民营企业高质量发展的根本原因，为研究民营企业高质量发展提供新的分析视角。

最后，本书从区域和行业两个层面测度和比较分析了制度性交易成本及其对民营企业高质量发展的影响。从区域和行业两个层面定性和定量分析了制度性交易成本对民营企业高质量发展的影响及其作用机制，较全面地考察了制度性因素对民营企业高质量发展的影响机制与效果。将制度性交易成本的高低视为不同地区和行业间民营企业高质量发展水平差异的关键因素。不同于以往从要素投入角度分析企业高质量发展差异的研究，本书将制度性交易成本考虑在内，从更深层次的理论上分析了制约民营企业高质量发展的制度原因，从根本上解释了区域间和行业间民营企业发展差异的制度原因。制度性交易成本差异的深层次原因在于特殊制度在不同地区和行业中的地位差异。不同地区和行业间特殊制度的主导地位不同，权利准入秩序不同，从而导致了不同地区和行业内部民营企业进入与投资行为的差异，最终形成中国区域间和行业间民营企业不同的发展水平，使民营企业发展不均衡。

（二）不足与研究展望

首先是对于制度性交易成本的衡量仍有较大的研究空间。本书从区域和行业两个层面来研究制度性交易成本对于企业进入退出和民营企业高质量发展的影响。基于理论分析，构建指标测度了区域层面的制度性交易成本。由于部分指标只有省份层面的数据，对区域制度性交易成本的测度只进行到省份层面，未来可以进一步寻求合适的指标进行城市层面制度性交易成本的测度研究。同时，由于我国行业层面的经济统计数据较少，不易构建指标来测度行业层面的制度性交易成本，本书对于行业制度性交易成本的衡量较为简单。未来进一步的研究可以寻求更合适的行业层面的指标来进行衡量。其次是对于制度性交易成本影响民营企业高质量发展的作用机制分析仍有广阔的研究空间。本书只验证了民营企业进入这一中介机制，对于其他影响机制例如民营企业退出、企业规模、科技研发、资源配置等，并没有进行验证。未来进一步的研究可以探索制度性交易成本影响民营企业高质量发展的更多作用机制，打开制度性交易成本影响民营企业高质量发展的黑匣子，更好地探索引起民营企业高质量发展水平差异的制度层面的根本原因。

第二章

理论分析

第一节　制度性交易成本相关理论

一、交易成本与制度性交易成本的关系

要理解制度性交易成本的内涵，首先要厘清制度与交易、制度性交易成本与交易成本之间的关系。

人类最初的经济交易活动是一种偶然的、无规则的交易，其中会产生各种欺诈、隐瞒行为，导致交易一方产生经济损失，因不确定、无规则的交易产生的经济损失就属于交易成本。交易成本是额外支付的成本，只要发生交易活动，就必然存在交易成本。随着经济交易活动的发展，用来规制交易活动的交易制度应运而生。交易制度的产生是为了消除经济交易中的不确定性，降低经济活动中的交易成本。

然而交易成本并没有被消除，交易制度本身会产生交易成本。如科斯（Corse）在1937年《企业的性质》一书中指出，交易成本是在正常市场运行中运用价格机制的成本，至少包含两项内容：一是发现贴切的价格的成本，即获得准确的市场信息的成本；二是谈判与履约的成本[①]。在此基础上，威廉姆森（Williamson，1985）更明确地界定了交易成本，并区分事前与事后的交易成本，在交易发生之前起草、谈判、实施某种协议的成本就是事前的交易成本，事后的交易成本是交易已经发生之后的成本，具有多种形式，使交易成本成为了制度经济学的一个重要分析工具[②]。科斯和威廉姆森把交易

---

① Coase R. H. The Nature of the Firm [J]. Economica, 1937, 4 (16): 386–405.
② 威廉姆森. 资本主义经济制度 [M]. 北京: 商务印书馆, 2004.

成本定义为市场交易成本。

此后，交易成本概念得到进一步的阐释和扩展。如肯尼斯·阿罗（Kenneth Arrow，1969）将交易成本定义为"一个经济体系运行的成本"[①]；张五常提出交易成本是一系列制度成本，包括寻找信息、谈判、签订和实施合约，界定和行使产权，监督管理的成本以及改变制度的成本，是一切不直接发生在物质生产过程当中的成本。因此，在直接生产之外需支付的成本远超过上述提到的狭义的市场交易成本。这些都是广义上的交易成本，即制度成本，是制度本身带来的成本，例如设计制度、维持制度、实施制度、选择制度和使用制度等过程都会产生成本。当交易活动被制度加以规范和限定之后，交易成本就会在此范围内转变为制度成本，但也有许多交易活动未被规范和限定，所以制度成本无限接近交易成本。周其仁（2017）在市场交易成本和制度成本的基础上考察了成体系的制度所带来的成本，将举凡体制确立、运行和改变所耗费的资源定义为体制成本[②]。

实际上，制度成本中的"制度"既包括交易双方之间订立的合约等私人制度，也包括公共制度或政府制度性安排等。交易成本从计量角度来看可以分为市场交易成本和非市场交易成本。

科斯和之后的制度经济学家们都认为交易双方合约等私人制度会产生交易费用，是一种外部市场交易费用。企业作为参与交易的组织单位，存在的本质是为了减少市场交易者数目，减轻交易摩擦，降低交易成本。企业的边界取决于节约的交易费用与内部组织费用相等的状态，内部组织费用也即企业内部交易费用。在企业产权界区清晰的条件下，运用价格机制实现企业间联系的摩擦就小，交易成本就低；反之，交易成本就高。这部分交易成本属于市场交易成本。

企业因使用各类公共制度而支付的成本，是除企业自身经营性成本以外的、受制于政府制度性安排的外部成本。公共制度或政府制度性安排的存在具有客观性和一定的合理性，为市场交易的实现提供了保障，但当支付这种制度的成本超过一定的限度时，其合理性就不存在了。正如诺思（North，1990）所提出的，社会经济发展中的实际制度框架既包括能降低交易费用、

---

① Arrow K. The Organization of Economic Activity：Issues Pertinent to the Choice of Market Versus Nonmarket Allocation ［R］. USA Joint Economic Committee，1969（01）：59–73.

② 周其仁. 体制成本与中国经济［J］. 经济学季刊，2016（04）：859–876.

提高生产能力的制度，也包括提高交易费用、限制生产活动的制度①。而能增加交易费用的这种不合理制度就会产生制度性交易成本，它是企业因遵循不合理的制度如审批环节过多、检查评比过滥、管制过多等，需要付出的成本，是属于交易成本中难以测度的那部分非市场交易成本，例如找关系、贿赂、排队等候的时间和成本，以及由不完全监督和实施所导致的损失等②。制度性交易成本是企业与政府打交道时所付出的不合理成本，是政府和市场边界不清晰所产生的交易成本。政府和市场边界越清晰，政府和市场的摩擦就越小，制度性交易成本就越低。在外部市场中，由于我国现阶段处于社会主义初级阶段，市场经济体制不完善，企业尤其是民营企业等非公有制企业，在与政府打交道时发生的费用相对于发达国家来说较高，即企业制度性交易成本较高。

因此，从上述分析来看，制度性交易成本是广义交易成本（制度成本）的一部分。我国市场中的交易成本除了科斯所讲的正常市场机制中的交易成本外，还存在制度性交易成本，如准入限制，获得资源的限制，各种管制等不合理制度所带来的交易成本，也属于非市场交易成本。

二、制度性交易成本范式

科斯（Corse，1988）指出，我们需要有一个理论体系来分析不同的制度安排能引起什么效果，这样才能理性地选择不同的制度安排③。为此，需要在标准经济理论的前提下将交易成本引入分析中，因为经济生活中发生的很多事情要么是为减少成本而创造出来，要么是使以前受过高交易成本阻碍而不可能实现的东西变成可能。在给定技术水平的条件下，人们创造或选择某种制度来降低交易费用，从而导致一些市场制度安排的出现和改变，用交易成本理论可以研究人类历史上和现实中的各种制度安排④。诺思（North，1990）提出制度能降低交易费用，例如使非人格化交易得以实现的制度、政府保护和实施产权信念确立的制度。新制度经济学理论中提出制度能降低市

① North D. C. Institutions, Institutional Change and Economic Performance [M]. Cambridge: Cambridge University Press, 1990.

② 卢现祥. 转变制度供给方式，降低制度性交易成本 [J]. 学术界，2017 (10)：36-49.

③ Coase R. H. The Firm, the Market, and the Law [M]. Chicago: University of Chicago Press, 1988.

④ Coase R. H. The Nature of the Firm [J]. Economica, 1937, 4 (16)：386-405.

场中的交易成本，然而在经济发展现实中制度又会产生交易成本，甚至制度性交易成本还在上升，我国供给侧结构性改革创造性地提出降低制度性交易成本（周其仁，2017；卢现祥，2017）。正如那些限制进入的规则、要求进行无用检查的规则、提高信息成本或让产权变得更不安全的制度等，它们能提高交易成本。目前我国学术界对于制度性交易成本有很多定义，如企业受制于政府制定的各种制度工具所带来的成本（程波辉，2017；常耀中，2016，2017）；企业因遵循政府制定的各种不合理制度如审批环节过多、检查评比过滥等而产生的成本（卢现祥，2017）；经济主体为遵守制度规定而产生的非生产性成本①。这些制度性交易成本定义较为模糊且具有差异，缺少一般性，无法解释大量的不同领域的制度性交易成本，甚至与制度降低交易成本的理论相矛盾。

制度性交易成本实质上是特殊制度的成本。上述科斯和诺思提到的那种能降低交易费用的制度，就是制度规则和权利可以客观公正地适用于所有经济主体的普遍制度，也就是诺思所提到的使非人格化交易得以实现的制度以及政府保护和实施产权信念确立的制度。而后一类能提高交易费用的制度实质上就是制度规则和权利只适用于某些特定群体的特殊制度，包含那些设置进入壁垒、鼓励垄断限制、提高信息成本或让产权变得更不安全的制度等。

基于制度如何适用于相应人群以及是否具有普适性或特殊性的角度把制度分为普遍制度与特殊制度，能清晰地解释制度性交易成本的产生、实质及其对经济产生的影响。制度性交易成本并不是由科斯、诺思所讲的那种制度所产生的交易成本，他们所提到的能降低市场中交易成本的制度是普遍制度，而制度性交易成本是由特殊制度所产生的交易成本。

根据制度对经济增长的影响，理论界提出了各种各样的制度分类。例如，诺思等（North et al.，2006；2009）区分了有利于经济增长的开放准入社会秩序与阻碍经济增长的有限准入社会秩序②③；同样思路的还有阿西莫格鲁和鲁滨逊（Acemoglu & Robinson，2012）对有利于经济增长的包容性制度和有碍于经济增长的汲取性制度的区分。上述制度分类都关注了制度对经济增长

① 杨艳，车明. 行政审批改革与制度性交易成本——基于效率评价的视角 [J]. 经济体制改革，2020（01）：13 – 20.

② North D. C.，Wallis J. J.，Weingast B. R. A Conceptual Framework for Interpreting Recorded Human History [J]. NBER Working Papers12795，2006.

③ North D. C.，Wallis J. J.，Weingast B. R. Violence and social orders：a conceptual framework for interpreting recorded human history [M]. Cambridge：Cambridge University Press，2009.

的影响，并且两种制度分类实质一样，然而这种分类都非常宽泛，它们的具体界定很模糊。希拉夫·奥格尔维和 A. W. 卡勒斯（Sheilagh Ogilvie & A. W. Carus，2014）从制度如何适用于相应人群以及是否具有普适性或特殊性的角度对制度分类作了清晰的界定，将制度分为普遍制度与特殊制度。普遍制度是制度规则普遍适用于整个社会所有群体、能够为所有群体提供一种相对公平竞争机会的制度。而特殊制度是制度规则的适用性因人而异、提供有利于某些群体的不公平竞争机会的制度。①

普遍制度具有普适性，其有关规则和权利能客观公正地适用于所有经济主体，不管社会群体的具体身份或是否属于某类特殊群体。普遍制度与诺思等（North et al.，2006；2009）提到的开放准入社会秩序以及阿西莫格鲁和鲁滨逊（Acemoglu & Robinson，2012）提出的包容性制度本质上一样，是一种不依赖于私人关系的非人格化的交易制度，包括法治、产权保护、公正和平等，有利于有效交易市场的形成和扩大，从而促进经济增长。这类制度广泛存在于法治水平较高、允许自由进入的发达国家或竞争性市场中。

特殊制度具有特殊性，其有关规则和权利对于经济中的不同群体具有不同的适用性，不同群体的划分并不是根据与市场交易相关的特征，而是根据性别、宗教、种族、社会阶层、是否拥有特权等个体性特征进行划分。特殊制度与诺思等（North et al.，2006；2009）提到的有限准入社会秩序以及阿西莫格鲁和鲁滨逊（Acemoglu & Robinson，2012）提到的汲取性制度本质上也一样，普通民众进入有特殊价值的权利和活动的特权受到限制，享受不到一些法律、制度和特权组织的好处，这些特权为精英团体所享有②。这种人格化的交易制度，阻碍了交易规模的扩大，不利于有效交易市场的形成，从而有碍于经济增长。它广泛存在于市场经济发达程度不高的转型经济体中。世界经济史上存在的农奴制、奴隶制以及有利于特定阶层、团体或行会的制度等，都属于特殊制度。根据经济主体成员所具有的特殊身份，农奴规则和行会规则只保障了农奴主和行会成员的财产权利及合同执行，而农奴和非行会成员的财产权利和各种交易则存在制度性限制。与通过特殊方式为拥有特权的行会成员提供财产权利安全相比，通过普遍方式为所有经济主体提供财产权利安全的时期和地区，其远途贸易发展更为成功，如欧洲商业革命时期

---

① Sheilagh Ogilvie, Carus A. W. Institutions and Economic Growth in Historical Perspective [M]. Amsterdam: Elsevier, 2014.

② Acemoglu D., Robinson J. A. Why Nations Fail: The Origins of Power, Prosperity and Poverty [M]. New York: Crown Publisher, 2012.

13 世纪的香槟集市；17 和 18 世纪的伦敦。

产权制度作为最重要的制度也分为普遍产权与特殊产权。产权是影响经济发展的重要制度因素，主要通过产权发挥的资源配置作用、激励作用、资本化作用等途径来促进经济增长，具体表现为：（1）产权可以促使资产所有者把资产配置到对其估价最高的人手中以实现其最佳的生产性用途；（2）产权能激励人们更有效地使用资产以实现其保值增值；（3）产权能促使资产所有者以资产作为抵押，将资产转化为资本进行投资。产权实现上述促进经济增长的途径须具备产权明晰化、私有性（排他性）、安全性的属性。然而明晰的、私有的、安全的产权并不总是能促进经济增长。正如上文所提到的普遍制度能促进经济增长而特殊制度有碍经济增长，在分析产权对经济增长的作用时也应该作普遍产权与特殊产权之分。为确保产权对经济增长机制作用的发挥，产权除了具备明晰化、私有性和安全性的属性，还需具备普遍性。普遍产权即某项资产的所有权、使用权和转让权必须适用于一个经济体中所有的经济主体，而不是仅仅适用于其中的一部分经济主体，与该项资产有关的交易是竞争性开放市场中的非人格化自愿交易，而非与个体特征有关的交易。特殊产权则意味着产权的功能发挥只限定于一个经济体中的部分经济主体之间，并且这种部分经济主体的界定通常按照非标准或群体属性进行划分。产权不能适用于所有经济主体、不能自由转让给所有经济主体的程度，会限制产权将资产配置到估价最高且用途最佳的人手中，降低人们有效使用资产实现保值增值的激励，并且限制人们利用资产进行抵押投资的能力，从而限制产权促进经济增长作用的发挥。阿西莫格鲁和鲁滨逊（Acemoglu & Robinson，2012）指出不良的产权制度可能是由于完全不同的特定制度造成的，这些截然不同的特定制度可能存在于不同的政治制度之下。科斯研究权利和权力的配置问题，这其中包括产权问题。他的研究拓展了大部分现代经济学家关于市场配置资源的研究，因为资源配置的背后往往是权利和权力的配置。研究这一问题对于处于转型时期的我国经济具有更为重要的意义①。

本部分内容分析了普遍制度与特殊制度的内涵和性质，指出制度性交易成本是由特殊制度所产生的交易成本，并提出制度性交易成本的分析范式。接下来具体分析特殊制度如何产生制度性交易成本，并分析制度性交易成本对经济增长的可预知效应，提供清晰的制度性交易成本影响经济增长的分析

---

① 卢现祥，李慧. 自然资源资产产权制度改革：理论依据、基本特征与制度效应 [J]. 改革，2021（02）：14-28.

框架。然后基于中国经济发展的现实背景,从资本、劳动力和土地三大要素市场分析其中存在的特殊制度及其所产生的制度性交易成本,运用实例具体阐释制度性交易成本的产生,提出供给侧结构性改革的实质就是从特殊制度转向普遍制度,从而降低制度性交易成本。

三、特殊制度产生制度性交易成本

(一)制度性交易成本是特殊制度产生的交易成本

普遍制度的有关规则和权利能客观公正地适用于所有经济主体,而不是仅仅适用于某些特定群体。特殊制度的有关规则和权力则只适用于某些特定群体,而且这些特定群体的划分通常是根据与市场交易无关的特征。普遍制度与特殊制度的制度分类可以将制度对交易成本的影响纳入一个分析框架,能降低交易成本的制度是普遍制度;而特殊制度却会增加交易成本,从而产生制度性交易成本。并不是所有的制度都会产生制度性交易成本,只有特殊制度才会产生制度性交易成本。制度性交易成本实质上就是由特殊制度所产生的交易成本。

科斯(1937)认为,在给定技术水平的条件下,人们创生或选择某种制度来降低交易费用,从而导致一些市场制度安排的出现和改变。诺思(1990)提出制度能降低交易费用,例如使非人格化交易得以实现的制度、政府保护和实施产权信念确立,然而有些制度也能提高交易费用,例如那些限制进入的规则、要求进行无用检查的规则、提高信息成本或让产权变得更不安全的制度。上述科斯和诺思提到的那种能降低交易费用的制度,就是制度规则可以客观公正地适用于所有经济主体的普遍制度,也就是诺思所提到的使非人格化交易得以实现的制度以及政府保护和实施产权信念确立的制度。而后一类能提高交易费用的制度实质上就是只适用于某些特殊群体的特殊制度,包含那些设置进入壁垒、鼓励垄断限制、提高信息成本或让产权变得更不安全的制度等。

当经济体中存在大量的特殊制度时,例如进入遭遇障碍、垄断限制存在、产权安全缺乏保障、法律实施不力等,这类制度对于其适用的特定群体之外的其他成员具有较多限制,其他成员想获得特定群体所享有的特权如进入某些垄断和限制性的市场、获取安全的产权和法律保障等,需要付出更多额外的交易成本。一方面是这些特殊制度本身所带来的交易成本;另一方面是市场主体为突破制度约束障碍向制度实施主体贿赂而增加的额外交易成本。例如，企业在进入市场中面临制度限制时所花费的排队时间和成本；企业因为产权和法律保障不足而增加的产权保护成本、界定和实施契约的成本以及信息搜寻成本等；企业增加支出与政府打交道以获取政策上的便利而造成的"影子"交易成本（shadow transaction costs）。这些其实都是由特殊制度所产生的制度性交易成本。

普遍制度广泛存在于发达的市场经济体中；特殊制度广泛存在于转型经济体中。在转型经济体中的制度性交易成本要比发达的市场经济体中的制度性交易成本高。这主要是因为，在转型经济体中存在大量的特殊制度，只适用于和市场交易特征无关的特殊群体，这种有限准入秩序的人格化交易制度不利于有效率市场的构建，使市场交易受到限制，通常有一些非正式部门（地下经济）设法为交易提供一种结构，这种结构伴随着巨大的成本，导致了较高的交易费用，制度性交易成本较高。而在普遍制度广泛存在的发达市场经济体中，制度规则可以客观公正地适用于所有经济主体，经济主体能自由地进入市场、获取产权和法律保护，这种开放准入秩序的非人格化交易制度能大幅降低市场中的交易成本，提高市场效率，因此制度性交易成本也较低。由转型经济体过渡到发达经济体，需要将广泛存在的特殊制度向普遍制度转变，以降低制度性交易成本，促进经济增长。

（二）制度供给方式、特殊制度与制度性交易成本

制度性交易成本是特殊制度引起的交易成本。产生特殊制度的原因主要是政府与市场的边界不清，使政府在市场经济中的干预过多。政府与市场之间存在摩擦导致既有的特殊交易制度与交易行为不相适应，从而产生制度性交易成本。制度性交易成本是因为制度供给的特殊性造成的，而政府制度供给背后的逻辑在于政府制度供给者在经济人假设之下的逐利行为。以布坎南为代表的公共选择理论认为，政府官员是追求自身利益最大化的理性经济人，他们会本能地追求权力、地位、选票和预算拨款等。政府制度供给主体是一个人或一种少数个人的特权组织，在缺乏竞争以及没有第三方权力监督情况下，必然会存在政府与市场关系边界不清、政府权力缺乏制约、机会主义行为泛滥等问题，政府在市场运行过程中表现出不当干预的"越位""错位"与"缺位"现象，产生特殊制度，增加制度性交易成本。

"诺思悖论"中提到国家具有双重目标：一方面，通过向不同的势力集团提供不同的产权，获取租金的最大化；另一方面，降低交易费用以推动社会产出的最大化，从而获取国家税收的增加。这两个目标经常相互冲突，国

家对于经济增长必不可少，但国家又往往是导致经济衰退的根源（North，1990）。第一个目标实质上就是特殊制度的供给；第二个目标是普遍制度的供给。由于存在着投票的悖论、理性的无知，加之政治市场的竞争更不充分和交易的对象更难以考核等因素，政治市场的交易费用高昂。因此，政府作用的结果往往是特殊制度占据主导，有碍于经济增长。国家权力太大就无法做到对私有产权的有效保护，而能对私有产权进行有效保护的国家一方面权力必须受到限制；另一方面权力又不能太小，必须能够提供足够的公共产品和司法保护。因此，必需要厘清政府和市场的边界，更好地发挥有限、有效的政府在市场经济中的作用。有限、有效的政府对于有效制度的供给以及经济长期发展至关重要，有效的制度就是能客观公正地适用于所有经济主体的普遍制度，能保护并促进与生产创新紧密相关的私人产权的制度。

制度性交易成本给企业和经济发展造成了额外的负担，是应予以降低和消除的成本。制度性交易成本是因为制度供给的特殊性而造成的，通常是企业自身努力无法降低的成本，属于政府制度性安排的成本范畴。因此，制度性交易成本的降低主要有赖于政府转变职能，简政放权，实施公共制度的改革与创新，将特殊制度逐渐转向普遍制度，为更多企业的生产和经营创造更加公平、更加安全的制度和保障。

四、制度性交易成本对经济增长的可预知效应

大量历史事例和分析表明，一种制度框架能促进经济增长还是阻碍经济增长的关键在于其在普适性与特殊性方面的不同。任何经济体都既存在普遍制度又存在特殊制度，但历史经验表明，普遍制度逐渐居于主导地位的社会，能实现持续经济增长；特殊制度不利于经济的可持续增长。特殊制度及制度性交易成本主要不是影响经济增长的数量，而是影响经济增长的质量。制度决定经济增长的持续性、经济增长的质量及经济增长中的创新性。特殊制度所产生的制度性交易成本影响经济增长质量。结合张五常交易成本存在的可预知效应，我们在这里把制度性交易成本对经济增长的可预知效应归纳为以下四个方面：

（一）制度性交易成本降低了经济增长质量

制度创新和经济组织的变革及市场交易技术的提升显著降低了交易成本，最终引起经济的增长。张五常（2000）曾提出，交易成本在国民收入中的占

比是一个社会富裕或贫穷的关键，交易成本占比减少少许，社会就大富；反之，则大贫①。这种制度引起的经济增长效应是指普遍制度。对于转型国家来讲，由特殊制度引起的制度性交易成本是经济增长的决定性变量，即制度性交易成本（体制成本）高，经济增长就缓慢（周其仁，2017）。当经济体中存在大量的特殊制度，如进入遭遇障碍、垄断限制存在、产权安全缺乏保障、法律实施不力时，这类制度对于其适用的特定群体之外的其他成员具有较多限制；其他成员想获得特定群体所享有的特权如进入某些垄断和限制性的市场、获取安全的产权和法律保障等，需要付出更多额外的交易成本。制度性交易成本如何降低了经济增长质量？这方面我们举出三个实证分析，一是张五常（1999）认为，不同体制下的交易成本在专业化分工所获收益中的占比不同，减少这一占比能使财富大幅增加②。中国在计划经济体制时期，几乎没有任何市场，只是在中央计划分配体制下发生交换和专业化分工，为获取专业化分工的收益，人们需要付出巨大的交易成本（制度成本），即交易成本在专业化收益中占比非常高，剩余收益较少，因此中国在当时非常贫穷。二是格莱尔德·斯库利（Gerald Scully，1988）在研究中发现实现普遍制度的国家比那些特殊制度的国家发展得更好，在法律条例、私有财产和资源市场配置相结合的开放社会中的增长率和效率分别是那些自由被限制和剥夺的社会的 3 倍和 2.5 倍③。三是诺思（2009）分析了建立在特殊制度基础上有限准入秩序经济增长的三个特点：（1）经历更多的收入缩减时期，并且这些时期负增长率又更高；（2）收入与负增长率联系较强，导致人均收入低；（3）创建组织的权利和第三方实施受到限制，组织创建的规模和复杂程度也受到限制，组织数量较少。

（二）制度性交易成本能减少交易量，从而损害资产的经济专门化和资源的利用

经济学家关于经济高质量发展的各种理论都是基于亚当·斯密的分工和专业化创造财富思想，而分工和专业化又依赖于交易范围，交易范围依赖于交易的低费用，即"低交易成本"。现今的经济学模型都是建立在交易成本特定假设基础上的。新古典经济学模型建立在零交易成本假设之上。新凯恩

---

① 张五常. 经济解释 [M]. 北京：商务印书馆，2000.

② 张五常. 交易费用的范式 [J]. 社会科学战线，1999（01）：1－9.

③ Scully，Gerald W. The Institutation Framework and Economic Development [J]. Journal of Political Economy，1988，96（03）：652－662.

斯主义模型假设某些资本市场具有很高的交易成本。博弈论模型假设某些并非全部契约具有很高的信息执行费用①。过高的交易成本使许多潜在交易难以转化为现实交易，导致社会财富的净损失。这里过高的交易成本有两层含义，一是现实的过高交易成本使许多交易无法进行或交易量减少。二是预期或潜在的交易成本使经济主体无法产生经济活动或者对经济活动进行调整，如从生产性活动转向非生产性活动，从正式经济转为非正式经济。降低制度性交易成本能增加交易量，例如，我国2015年实施的"五证合一"（营业执照、组织机构代码证、税务登记证、社会保险登记证和统计登记证合为一本证）登记制度改革，简化了企业注册程序，降低了制度性交易成本，大大提升了市场主体的积极性。统计数据显示，2016年4月，全国新登记企业数量同比增长9.2%，平均每天新登记企业数量高达1.85万户。实际上我国企业注册方面的制度性交易成本还有很大下降空间，工商登记前置审批项目仍然可以简化。

在特殊制度占据主导地位的经济体中，制度性交易成本较高，对企业和经济发展产生重要影响，主要表现为两方面：（1）高制度性交易成本使许多潜在的企业无法真正进入市场。一方面，制度性交易成本的上升会挤占企业投资利润，降低企业从事实体投资的动机，从而减少企业进入数量；另一方面，制度性交易成本的上升提高了企业进入的门槛，企业进入的成本太高，从而使潜在的企业难以发展成现实的企业。（2）高制度性交易成本影响企业投资规模从而影响技术创新和经济发展。制度性交易成本较高时，企业的规模通常较小，不利于技术创新和经济发展。因为企业存在的目的是获取利润，而获取利润的机会是由一系列既有的约束界定的，当企业在进入生产市场、发展中获取生产要素、寻求政府产权和法律保障过程中需要支付的制度性交易成本过高时，企业组织的创建就会受到限制，企业的数量相对较少，并且企业规模也较小，这就会对企业技术创新和社会经济发展产生不良影响。

（三）制度性交易成本会影响资源使用的边际等式和使用的密集度

制度性交易成本对资源配置的影响有两方面。其一是制度性交易成本导致资源配置效率低下。正如奥尔森（Olson，1996）所说，标准经济增长理论

---

① 科斯，诺思，威廉姆森等. 制度、契约与组织［M］. 北京：经济科学出版社，2003.

模型中的相关变量不能解释世界各地单位资本收益的巨大差异，而应该用制度环境的差异来解释。穷国的单位资本收益较低，主要是因为缺少能保护产权和公正执行契约的制度，同时政府权力没有约束。低收入社会因为制度性交易成本高而导致单位资本收益较低，并且这种社会中的产品生产和贸易进一步被错误的经济政策以及个人、公共的掠夺行为所阻碍。而复杂的市场和复杂的社会合作要求更好的制度和经济政策（Olson，2000）[1]。其二是制度性交易成本使资源错配。詹科夫（Djankov，2002）等对 75 个国家开办企业的制度和程序进行调查和分析，发现不同国家之间的企业进入规制存在差异，在进入规制程序繁琐和成本比较高的国家，有着高度腐败和繁重的非正式经济，影响了公共或私人品质的提升。生产性活动能增加财富和利润，制度性交易成本过高使社会资源由生产性转为非生产性，不利于经济发展[2]。正如诺思（North，1990）研究所表明的，制度安排会显著影响收益结构（从事社会中不同创业职业带来的相对报酬）；影响企业家在再分配性职业（非生产性职业）和生产性职业之间的选择配置。在英国工业革命之前，大部分国家在大部分时期的制度都有利于企业家从事非生产性活动，不利于社会生产力的提高[3]。在存在大量特殊制度的经济体中，企业在进入生产市场、发展中获取生产要素、寻求政府产权和法律保障时面临着较多的限制和不公平的待遇，这将增加许多额外的交易成本，产生过高的制度性交易成本，这部分成本支出用于非生产性活动，严重影响了企业的生产性活动，使企业倾向于做固定资本投入较少的投资并使用固定资本比例较低的技术，降低了企业规模，不利于企业技术创新。固定资本投入较多的大型企业只可能存在于政府的保护伞下，而政府保护包括补贴、关税保护以及对政府组织的支付等——所有这些都无助于生产效率的行为。

（四）制度性交易成本会影响合约安排的选择

在不同的交易费用下，合约安排的选择不一样。交易成本效应在经济中普遍存在。商人在决定怎样生产和生产什么时都会考虑到交易成本的高低。交易成本不仅影响契约安排，而且影响产品和服务的生产。将交易成本纳入

---

① 曼瑟·奥尔森. 权力与繁荣［M］. 上海世纪出版集团，2005 年中译本，2000.

② Djankov S.，Porta R. L.，Shleifer L. The Regulation of Entry［J］. Quarterly Journal of Economics，2002，117（01）：1 – 37.

③ 戴维·兰德斯，乔尔·莫克，威廉·鲍莫尔等. 历史上的企业家精神［M］. 北京：中信出版集团，2016.

分析，能解释经济体系运行的许多方面。交易成本理论的实质在于强调合约的不完全性、相关交易成本，以及经济影响效应。任何经济问题都可以直接或者间接地从最小化交易成本的角度通过某种治理机制作为合约问题来处理。实际上，交易成本概念在任何可被接受的关于资本主义市场经济实际运行方式的解释方面都起着关键作用，资本主义的各种经济制度的主要目标和作用都是为了节省交易成本（威廉姆森，2002）。交易成本理论使我们能够衡量人们的交换成本，同时也为我们提供了分析经济组织成本和更好地理解低经济高质量发展来源的工具。在特殊制度广泛存在的经济体中，制度性交易成本较高，必然会影响着合约安排的选择。正如上文中所提到的，在高制度性交易成本下，企业会增加非生产性活动投入，减少生产性活动支出，做出减少投资数量和降低投资规模的短期合约安排，妨碍了长期合约的形成。因此，企业规模通常较小，而固定资本投入较多的大型企业往往要依靠政府的保护。

五、供给侧结构性改革的实质：从特殊制度到普遍制度

普遍制度有利于经济实现持续增长；特殊制度则有碍于经济增长。运用普遍制度与特殊制度的这种分类方式可以分析我国经济发展中的普遍制度与特殊制度。我国经济体制改革的过程就是大量特殊制度逐渐转向普遍制度的过程，当前我国已经形成了较为成熟的商品市场，要素市场的改革则任重道远。在我国社会经济尤其是在要素市场的发展中存在着一些特殊制度，要素市场中的特殊制度赋予特定群体以特定权利，使不同群体面临的权利有所差异。要素市场存在有限准入秩序，对于特殊制度所针对的特定群体之外的其他成员具有较多限制，其他群体想获得特定群体所享有的特权必然要付出更多额外的交易成本，这部分交易成本就是由特殊制度所产生的制度性交易成本。本书主要从资本市场、劳动力市场、土地市场三类要素市场进行分析。

（一）资本市场中的特殊制度与制度性交易成本

在资本市场中存在的特殊制度，可以从企业上市制度、获取信贷制度方面来分析。2019年《关于在上海证券交易所设立科创板并试点注册制的实施意见》的公布，标志着中国资本市场开启了注册制改革。在科创板的成功经验基础之上，2020年创业板也开启改革并试点注册制。这表明我国企业上市

制度正逐渐由原来的审批制和核准制改为注册制。

最早我国企业上市采用的是审批制，由政府部门制定计划额度、选择和推荐企业，证监会负责审批企业股票发行材料。审批制就是一种特殊制度。在审批制下，企业上市通过政府选择和推荐，通常情况下，国有企业因其特殊身份可优先获得额度与指标，甚至审批部门为了扭转质量差、需要流动资金国企的亏损现象而向其倾斜发行额度，有技术、有市场、有发展潜力的民营企业却很难得到发行和上市安排。数据表明，在实行审批制期间，沪深两地上市公司总量中国有企业占比较高；而民营上市企业则寥寥可数。审批制限制了所有企业公平上市的机会，企业上市门槛较高，很多企业无法通过上市获得直接融资；而很多无营收、业绩差的上市公司却不退市，退市门槛也很高。这种完全计划发行的特殊制度，导致大量的租金和寻租行为，大大增加了企业上市的交易成本，这就产生了制度性交易成本。主要表现在：（1）急需上市的企业就会向当地政府部门寻租以获取股票发行额度。据估计，这一阶段每个企业用于股票发行的公关费用大约在 50 万 ~ 300 万元。在 1997 年，有些企业甚至提出若能得到一个股票发行指标宁愿出价几千万元。（2）由于上市制度严格管制，上市资格极其稀缺，催生了巨额的壳价值。据香港学者估算，中国上市公司的壳价值达 8000 亿元之巨①。

然后企业上市采用的是介于审批制和注册制的中间过渡模式，即核准制。核准制摒弃了原来审批制时经过政府批准、选择和推荐上市企业的做法，但对于企业的审查仍较为严格，证监会审查企业信息和实质，然后授予发行股票的权利。核准制也是一种特殊制度，虽然政府的行政干预有所减少，但行政力量仍然干预着企业的股票发行，监管机构有权决定企业能否发行股票。核准制也是由管理层审核批准，与审批制类似，仍然无法从根本上解决新股稀缺的问题。同时，核准制手续多，上市和退市的条件都很多，导致审核过程耗时长，审核工作任务重，在这种特殊制度下的制度性交易成本也非常高，降低了发行审核的工作效率和发行主体的市场效率，不利于企业上市，导致许多有潜力的优秀公司难以获得上市机会。例如，阿里巴巴、京东等优质的新兴企业难以在境内上市，只能去境外上市；而一些业绩差的上市公司退市过程很长。2020 年，我国的企业退市率仅为 3%，远低于美国纽约证券交易所（NYSE）6% 的退市率和英国（AIM）12% 的平均退市率。这导致我国企

---

① 卢现祥. 我国要素市场发展中的交易成本与产权问题［J］. 贵州财经学院学报，2004（01）：32 – 36.

业难以通过资本市场来获得直接融资，我国股权融资占社会融资的比重一直较低，2019 年非金融企业境内股票占新增社会融资规模的比重仅为 1.36%[①]。中国人民银行研究局课题组的研究显示，中小企业股权融资程度较低，2019 年创业板与新三板融资额与同期小微企业贷款增量的比值为 1∶16，远低于日本 2018 年的 1∶7.4。

注册制是成熟市场经济中都使用的上市制度。它改变了以往审核企业发行与上市条件的重点，以信息披露为中心，由市场进行企业价值判断，规则体系更加公开透明完善，审核方式更为合理，使企业上市流程更加市场化。注册制是一种普遍制度，企业在上市过程中不需要政府特别授权，只需要真实完备及时地披露信息，就可以获得发行股票的权利，它使所有符合上市条件的企业都能获得公平上市的机会。注册制赋予了资本市场更多的选择自由，通过市场机制的作用将资金配置到更有潜力的企业中，从而促进了经济增长。注册制降低了发行上市的门槛，减少了很多中间环节，形式审查缩短了股票审核和发行时间，降低了企业的融资时间和资金成本，提高了企业上市和资本市场的效率，使潜力巨大的初创企业可以更加便捷地获得直接融资，也减少了政府的寻租行为。这些由注册制改革所减少的交易成本就是制度性交易成本。审批制、核准制向注册制的转变，实质上就是特殊制度向普遍制度的转变，有利于降低由特殊制度所引起的制度性交易成本。

在我国，企业获取信贷的制度是一种特殊制度。我国资本市场发展程度较低，主要由银行体系主导。国有企业在政府的隐性担保下拥有较大企业规模和充足的抵押品，通常在获取贷款的过程中更具优势。新的市场参与者如民营企业等，则面临着极大的贷款困难。这种因为身份差异而导致贷款权益差异的信贷制度就是一种特殊制度。民营企业获取资金的过程是一种人格化交易，存在有限准入秩序和借贷非中性问题，其贷款权益受到限制；而国有企业、政府融资平台等往往能享受到这些特权。民营企业获取信贷，往往要比国有企业付出更多的成本。中国财科院发布的《2019 年"降成本"问卷调查分析报告》显示，2018 年民营企业的各项融资成本都明显高于国有企业，民营企业短期贷款、长期贷款和民间借贷利率分别比国有企业高 0.88%、1.03% 和 3.49%，其中民间借贷利率较高，也反映出民营企业其他信贷途径困难。民营企业信贷可得性远低于国有企业，近几年民营企业新增贷款规模仅占 40% 左右，持续低于国有企业，信贷余额规模和占比也不及国有企业。

---

① Wind 数据库。

新华社在浙江省的调查显示，部分国有企业在银行以较低利率获取贷款，然后再贷款给中小民营企业，从中赚取利率差价，利率差价能高达 11% ~ 14%，远远超过银行的基本贷款利率，然而这种现象并非少见，中小企业信贷资金多数都来源于企业之间的委托贷款①。在这种获取信贷的特殊制度下，民营企业获取贷款往往要比国有企业付出更多的包括政治关联支出和额外利息在内的交易成本，这部分交易成本就是由于获取信贷的特殊制度所引起的制度性交易成本。

（二）劳动力市场中的特殊制度与制度性交易成本

劳动力市场中的特殊制度可以从城乡户籍制度、城市就业制度和养老金制度进行分析。城乡户籍制度根据身份特征而非与市场交易相关的特征区分了城市与农村居民，并且使不同群体所享有的权利具有差异性，因此属于特殊制度。这种权利差异体现在如下方面：

1. 城市户籍人口与非户籍人口所享有的公共服务和社会保障具有差别。农民进入城市属于城镇常住人口，不具有城市居民所享受的同等的基本公共服务和社会保障。其中由户籍身份所导致公共服务差异比较明显的有住房、社会保障和子女教育等方面。例如，在购买房屋方面，很多大城市存在着户籍身份控制，非户籍人口需缴纳五年社保才有购房资格；在保障性住房方面，大部分城市政府提供的廉租房、公租房和经济适用房等保障性住房往往不适用于非户籍人口，即使满足保障性住房准入条件，在众多的人口流入地中保障性住房供给也远远满足不了需求，一方面是因为供给少，数据显示，2020年深圳市的常住人口住房保障覆盖率不足 10%，低于国家规定的 23% 下限要求②；另一方面是由于保障性住房由地方财政负担，地方政府为节省成本，往往将保障性住房项目安排在偏远地区而造成闲置；在就业方面，未享受社会保障的农民工比例高达 59%③；在教育方面，外来人口随迁子女的入学仍面临诸多限制，在人口密集的沿海地区外来人口随迁子女入学面临着"前置报名门槛 + 入学名额总量控制 + 积分排名设置"的积分管理限制或购买房屋保障入学的限制，"上不了学、上不好学"等现象广泛存在④。

① 卢现祥. 从三个制度维度探讨我国民营经济发展 [J]. 学术界，2019（08）：52 – 65.
② 2021 年深圳市政府关于深圳公共住房情况的专项工作报告.
③ 李实，吴彬彬. 中国外出农民工经济状况研究 [J]. 社会科学战线，2020（05）：36 – 52.
④ 欧阳慧，李智，李爱民. 进一步推动 1 亿非户籍人口在城市落户的政策建议——基于江苏、浙江的调研 [J]. 中国发展观察，2019（23）：66 – 67.

2. 城市居民和农民工在就业方面存在差异。在城乡户籍制度衍生下的城市就业制度也是一种特殊制度，限制了农民工在不同行业和不同地区的就业。农民工往往因为户籍身份在就业市场上遭到歧视，大多从事的是以体力劳动为主的建筑业、制造业和生活服务业等行业，即使是在市场化程度高的东部地区，拥有城市户籍身份在进入高收入行业时也具有优势①。近年来户籍制度的改革正在不断改善这种现象。2015 年以来我国外出农民工工资和城镇非私营单位职工工资增长率虽然具有差距，但波动趋势开始大体相同②。这表明农民工与城镇居民这两个群体的工资开始受到经济因素的影响，特殊户籍制度的限制与分割正在不断改善，朝着普遍制度的方向发展。

城乡户籍制度和城市就业制度这种具有身份特征的特殊制度，使劳动力市场上出现歧视与人为的分割，降低了劳动力资源的优化配置，增加了农民工市民化成本、劳动力流动成本和城市用工成本等。这类成本就是由城乡户籍和城市就业特殊制度所引起的制度性交易成本。具体来说：（1）户籍制度的限制产生了农民工市民化成本，限制了农村劳动力的进城和城市间劳动力的流动，使劳动力流动成本上升。我国城乡二元的特殊户籍制度产生了农民工市民化的成本，据估计，农民工进入城市转化为城市市民需要的平均成本为 10 万~14 万元，中国未来 10~20 年将耗费总额为 20 万亿~50 万亿元的公共成本以促进农民工市民化③。虽然这一成本有所高估，但农民工市民化所需成本巨大仍是不争的事实。由此限制了农村劳动力的进城以及城市间劳动力的流动，导致劳动力流动成本增加。（2）城市用工成本增加。城乡二元的特殊户籍制度人为分割了劳动力市场，导致中国劳动力市场的不完全性，劳动力流动受到限制，无法在全国市场中自由流动，使一些地区面临"招工难""民工荒"的现象。城市就业制度在行业和地区上人为设定的进入限制，使其无法选到竞争力最强、成本最低的劳动力，从而提高了城市劳动力成本，降低了企业竞争力。表面上保护了城市职工的利益，但实际上不利于这些行业和地区的发展。据估计，2017 年，由于人口迁移和劳动力要素不能正常流动和配置而使 GDP 减少了 55569 亿元，损失了 6.37% 的 GDP④。这些损失很

① 陈钊，陆铭，佐藤宏.谁进入了高收入行业？——关系、户籍与生产率的作用 [J].经济研究，2009，44（10）：121-132.
② 何伟.经济发展、劳动力市场转型与农民工分化 [J].经济学动态，2021（03）：93-112.
③ 陆铭.不能高估农民工市民化的成本 [N].北京日报，2017-02-27（018）.
④ 周天勇.以重大改革和发展举措稳经济 [EB/OL].http://opinion.caixin.com/2019-12-16/101494490.html.

大程度上是由于城乡户籍特殊制度和制度性交易成本所导致。全面放开户籍制度限制，能使 1.64 亿新增的高龄农民工进入城市，劳动力的优化配置使 GDP 也大幅增加，同时能使不同户籍劳动者之间的收入差距降低 81.6%[①]。这说明，放开户籍制度限制，在经济发展中弱化城乡居民的身份特征，将城乡户籍制度、城市就业制度这类特殊制度转向普遍制度，能大幅降低制度性交易成本，减少农民工市民化成本、劳动力流动成本和城市用工成本，优化劳动力资源配置，从而促进经济发展。

我国的养老金制度也是一种特殊制度，针对不同人群的权利具有较大差异，养老金制度存在"双轨制""三轨制"，甚至"七轨制"。例如机关事业单位与企业养老金的差别；农村与城市居民养老待遇的差别；同在企业内部正式工与劳务派遣工养老金的差别；同在事业单位内部全额财政拨款与部分自收自支养老金的差别；不同地区之间养老金的差别等。这种碎片化和多轨并存的养老金制度使不同群体所享有的权益具有非常大的差异，是不公平的特殊制度。本书主要从机关事业单位与企业这方面的差异进行分析。以往如《公务员法》《社会保险法》《事业单位人事管理条例》等法律法规各自规定了适用于公务员保险制度和社会保险制度不同人群的保障制度，虽然保障内容都包括五项基本保险，但机关事业单位与企业的养老金差距较大。2014 年中国社会科学院发布的调查数据显示，我国 75.4% 的职工养老金不高于 2000 元；92.3% 的机关事业单位退休人员养老金却都高于 4000 元。2015 年国务院发布《关于机关事业单位工作人员养老保险制度改革的决定》，意味着机关事业单位与企业养老金"双轨制"的正式终结，4000 万名机关事业单位工作人员与企业员工一样，将纳入统一的养老保险制度体系。这也意味着养老金制度正在由原来的特殊制度向普遍制度转变，机关事业单位与企业的养老金待遇差异将逐步缩小，养老金制度将变得更加公平。

养老金制度针对机关事业单位与企业不同群体的差异，产生了许多不利于经济发展的后果。（1）两种体制退休人员的养老金差距较大，扩大了居民收入差距，不利于社会公平。2014 年全国人大财经委对统筹推进城乡社保体系建设情况的问卷调查显示，对机关事业单位与企业职工养老金差距大表示不满的被调查者占比有 49%。（2）增加了财政负担。老龄化的加剧使机关事业单位的退休人员数量增多，同时机关事业单位人员退休金与工资工龄挂钩

---

① 宋扬. 户籍制度改革的成本收益研究——基于劳动力市场模型的模拟分析 [J]. 经济学（季刊），2019，18（03）：813-832.

且逐年上调，都日益扩大了政府机关养老保险缴费基数，增加了财政负担。

（3）增加了劳动力流动成本，阻碍了人才的自由流动和统一劳动力市场的形成。养老金特殊制度给不同群体带来不同利益，使不同群体横向流动后的待遇衔接变得复杂且困难，一定程度上阻碍了全社会人才的自由合理流动和优化配置以及统一劳动力市场的形成。例如，近年来有目共睹的"公务员热"实际上导致了人才资源的错配。养老金制度的特殊性给不同职业带来差别化的待遇，这种制度上的障碍，加剧了城镇不同群体间的劳动力市场壁垒，增加了劳动力流动成本，严重影响了包括公务员、事业单位专业技术人员在内的优秀人才向企业流动的积极性，妨碍了人力资源的正常流动和有效配置，产生人才资源的错配，使企业缺乏更好的人才补充而机关事业单位却人才过剩。养老金双轨制度造成的各方面交易成本的上升，就是由于这种特殊制度所引起的制度性交易成本。养老金并轨制度改革就是将具有"身份化"的养老金特殊制度转向"去身份化"的普遍制度的过程，将使不同群体的社会保障更加公平，有利于降低这种制度引起的制度性交易成本，提高劳动力资源的配置效率，有利于更有效劳动力市场的形成。

（三）土地市场中的特殊制度与制度性交易成本

土地市场中的城乡二元土地产权制度也是一种特殊制度。城市土地产权制度与农村土地产权制度所享有的权利存在差异。1988年实施土地有偿使用制度，正式确立了城镇国有土地使用权可交易的产权制度。不同于国有土地使用权，农村集体所有土地使用权属于非正式的产权，缺乏相应的法律保障。同时，现行《土地管理法》规定农村集体土地使用权不得出让、转让或者出租用于非农业建设，只有少部分集体建设用地使用权能够顺利抵押，并且从事抵押业务的金融机构是一些农村信用社和农村商业银行等地方金融机构。集体建设用地必须通过国有化征用才能进入市场流转。城镇土地和农村土地这种同地不同权的土地产权制度就是一种特殊制度，土地产权是一种特殊产权。土地的所有权、使用权和转让权只适用于城镇土地所有者，而农村集体土地所有者不能自由地转让土地使用权，农村集体所有土地不能和城市住房一样拥有出售、抵押等多项财产权益。

这种根据身份特征划分适用群体的特殊产权制度，导致土地产权的功能发挥仅限定于城镇居民而非农村居民。农村集体土地产权的非正式性与转让抵押限制性，限制了土地产权的功能发挥，不利于集体所有土地的流转和农村金融市场发育，不利于农村土地价值的提升，增加了集体所有土地的交易成本，并产生许多不利于经济发展的后果。具体表现为：（1）集体所有土地利用低效。乡村常住人口在递减，乡村建设用地面积却在增加。据统计，目前中国的农村存量集体建设用地约 19 万平方千米，相当于城镇建设用地两倍以上，其中 70% 以上是宅基地，相当一部分闲置或低效使用。（2）限制了农村居民资本的增加，加大了城乡居民收入差距。我国农民缺少财产性收入和以地为本的创业收入。与日本相比，中国农民半数的收入来自农业；而日本农民只有 1/5 的收入来自农业，其他则是财产性收入和以土地为本的创业收入。与城镇居民相比，农村居民的住宅、耕地、林地等只是生活资料，而不是有价值的资产和财富。2018 年，农村户籍人口与城镇户籍人口的收入差距为 1∶12；资产性财富差距为 1∶18（卢现祥和李慧，2021）。（3）增加了寻租腐败成本。由于农用地转为非农用地必须经过国家征收，行政权力绝对控制和支配着土地的转换，政府当权者通过出售从农民征用来的土地并和开发商合谋以获取高额利润，这种以地生财的方式产生了巨大的寻租空间，而且推高了城市地价和房价，使土地腐败成为滋生腐败的温床之一。据估计，各级政府通过出售征地能够拿到的土地差价总额高达 20 万亿 ~35 万亿元[①]。统计数据表明，自 2001 ~2017 年，全国被查处的土地违法案件多达 137 万件[②]。

上述由特殊土地产权制度所产生的各类交易成本就是制度性交易成本。对农村集体土地还权赋权，赋予农村建设用地和城市建设用地以同等权利，推动城乡地权平等交易，使特殊土地产权逐渐转变为普遍土地产权，将有助于降低土地市场中的制度性交易成本，盘活农村闲置土地资源，让几亿农村人口有更多的财产性收入，从而提高农民收入、缩小收入差距并推动城市化进程。

综上所述，我国包括资本、劳动力、土地在内的要素市场中都存在着大量的特殊制度，行政力量配置着要素资源，使要素市场存在有限准入秩序；对于特殊制度所适用的特定群体之外的其他成员具有较多限制，他们进入要素市场以获取要素资源，需要付出更多额外的交易成本。这也导致我国经济发展中的不少要素成本都在增加，如融资成本、人工成本和土地成本等，其中除人工成本之外的大多数成本都比美国等发达国家的成本高。这些成本的增加表面看是市场和价格问题，实质上是制度问题，各要素市场中存在的大量特殊制度增加了交易成本，产生较高的制度性交易成本，从而导致要素成

① 吴敬琏. 未来方向［J］. 中国经济报告，2013（01）：40 – 49.
② 2003 ~2019 年中国国土资源年鉴.

本增加。

近些年中央提出供给侧结构性改革，核心是创新制度供给，关键在于降低制度性交易成本，其实质上就是推动经济市场尤其是要素市场中的特殊制度转向普遍制度，促进要素市场化改革。我国商品市场较为完善，而要素市场相对不成熟，在资本、劳动力和土地等要素市场中特殊制度广泛存在，要素市场化配置程度较低。不同要素的市场配置程度不同。总体上，市场配置自然资源要素例如土地要素的程度较低，主要依靠行政配置。土地要素的行政配置，产生了大量的寻租腐败及资源错配现象，增加了企业获取土地要素的制度性交易成本。要素市场化取决于完善的产权制度和严格的产权保护，产权制度是实现要素市场化配置的核心制度。推动土地要素市场化改革，需要不断完善土地产权制度，不断推动农村土地确权改革，促进土地流转，使土地特殊产权制度逐渐转向普遍产权制度，从而减少制度性交易成本，提高资源配置效率。在资本市场中，仍需要不断推进注册制改革，推动资本市场特殊制度转向普遍制度，赋予资本市场更多的选择自由，由市场将资金配置到更需要、更具成长性的企业中，降低企业上市和融资的制度性交易成本，缩减企业上市程序和时间，降低企业上市门槛，从而促进企业和经济发展。同时，进一步推动金融市场改革，打破金融市场垄断，拓宽企业获取信贷资金的途径，为更多的企业提供公平的信贷环境，降低企业制度性交易成本。在劳动力市场中，要进一步推动户籍和养老金特殊制度转向普遍制度，不断弱化"身份特征"，缩小不同地域和不同行业的权利差异，打破劳动力在不同区域和不同行业的流动限制，降低劳动力流动成本，由市场进行劳动力资源的配置，提高劳动力资源的配置效率。

第二节　制度性交易成本与企业进入退出的理论分析

一、传统经济学理论中的企业进入退出分析

（一）产业组织理论角度

传统古典经济学理论假设市场完全竞争，企业能自由进入和退出市场，进入退出推动市场竞争，在达到长期均衡时，厂商利润为零，不存在潜在企业的进入，也不存在在位企业的退出，厂商数量是均衡水平。然而现实经济情况并非如此，完全竞争市场并不存在，更多的是不完全竞争市场和垄断市

场。于是产生了产业组织理论。企业进入退出是其中的重要研究内容。进入壁垒是企业在进入过程中的各种障碍，包括技术性壁垒和制度性壁垒。退出壁垒是企业退出过程中的障碍，例如在许多沉没成本较高的产业中企业不容易退出。企业进入退出的难易程度对市场结构和企业行为产生关键作用，若存在进入退出障碍，与在位企业拥有同样效率的潜在企业就难以进入，在位企业就能在成本以上定价以获得经济利润。产业组织理论流派众多，分别在不同时期对企业进入退出的认识有一定发展，本书分别加以论述。

1. 哈佛学派。哈佛学派是传统产业组织理论的主流学派，其代表人物贝恩（Bain）在 20 世纪 30 年代以后逐步建立了完整的 SCP（市场结构—市场行为—市场高质量发展）范式分析框架，其中进入壁垒是市场结构的重要组成要素。哈佛学派重视结构性因素，认为主要是外生的结构性因素如需求方的消费者偏好和供给方的生产技术等进入壁垒限制了新厂商的进入。贝恩识别了包括在位企业的绝对成本优势、产品差别化和最小最优经济规模等因素在内的进入壁垒，并描述了一些行业的壁垒程度以衡量进入壁垒。之后，产业经济学理论不断发展，形成两条主线，一条是以芝加哥学派为首的其他非主流产业组织理论；一条是沿着 SCP 范式继续前进的主流"新产业组织学"。此外，还有以科斯（Coase）、威廉姆森（Williamson）等发展起来的"新制度经济学"。

2. 芝加哥学派。20 世纪六七十年代以来，以施蒂格勒（Stigler）、德姆塞茨（Demsetz）、波斯纳（Posner）等为代表的芝加哥学派对 SCP 范式进行批判，他们反对 SCP 的单向因果关系，对进入壁垒的分析更多强调效率目标而非市场结构。施蒂格勒（Stigler）认为上述贝恩识别的构成进入壁垒的传统因素均是先进入者的在位优势，是实现经济效率的手段，并不会构成真正的进入壁垒，新进入企业比在位企业多承担的额外成本才是进入壁垒。在此基础上，冯·威泽克（Von Weizsacker，1980）引入了福利效应，认为这种额外成本扭曲了资源配置①。芝加哥学派认为真正的进入壁垒是以政府管制为特定的人为壁垒②③，除此之外，现实中几乎不存在真正的进入壁垒，因此，潜在进入企业对在位企业都有竞争压力。芝加哥学派建立在对 SCP 范式的批

---

① Weizsacker C. Barriers To Entry：A Theoretical Treatment ［J］. Lecture Notes in Economics & Mathematical Systems，1980，94（2）：461 – 465.

② Stigler G. J. The Organizition of industry ［M］. Irwin：Homewood，IL：Richard D.，1968.

③ Demsetz H. Economics，Legal，and Political Dimensions of Competition ［J］. UCLA Economics Working，1981：209.

判上，促进了之后新产业组织的兴起，但其理论体系和分析框架却不及传统 SCP 范式完整和成熟，重要学术贡献在于建立了规制经济学和深化了进入退出理论。

3. 新产业组织理论。20 世纪 70 年代以来，新产业组织理论伴随着交易费用、博弈论和信息经济学等理论和方法的产生而兴起，进一步弥补了传统 SCP 范式的缺陷。新产业组织理论重视对市场行为的研究，把进入壁垒、市场结构看作内生变量，研究进入遏制问题，厂商行为与市场结构是双向、动态的影响关系，厂商主动采取手段影响市场结构、人为设置进入壁垒以阻碍企业进入。同时，以威廉姆森（O. E. Wi lliamson）、阿尔钦（Alchian）等为代表的新制度主义学派，将交易费用理论引入产业行为分析中，认为交易者自身行为决定了交易活动的复杂程度和不确定性，而这又决定了交易费用的高低，交易费用的高低影响企业规模，企业规模影响市场结构。因此，新制度主义学派深入分析了企业内部产权结构和组织结构的变化对企业行为以及市场高质量发展的影响，拓展了传统 SCP 范式没有涉及的问题研究，推动了产业组织理论的发展。此外，还有进入和退出的动态研究。万诺维奇（Jovanovic，1982）开创性地进行了有关特定产业在一定时期进入退出的动态研究，使其成为 20 世纪 90 年代以来新产业组织理论的热点研究[①]。

（二）赫希曼退出呼吁理论角度

主流经济学家认为竞争与退出能最好地恢复组织高质量发展，而在政治家们看来，退出和呼吁都并非好事。赫希曼在《退出、呼吁与忠诚》中提到，对于促进组织高质量发展的恢复而言，竞争和退出不如垄断和呼吁[②]。竞争对于恢复组织高质量发展的作用较小，并且具有条件，退出不仅不利于恢复组织高质量发展，甚至还会起到反作用。在不完全垄断市场结构中，垄断能够阻止退出，有利于呼吁机制作用的发挥。赫希曼提出将退出（市场力量）与呼吁（非市场力量）相结合，在组织高质量发展衰退的前期和后期不同阶段采取不同的结合方式以促进组织高质量发展回升和经济发展，并且应当设计出降低呼吁成本、提高人们呼吁意愿和效率的制度。

赫希曼的"退出—呼吁"理论模型假设存在着数量众多的提供不同政府

---

① Jovanovic B. Selection and the Evolution of Industry [J]. Econometrica, 1982, 50 (03): 649 - 670.

② 阿尔伯特·赫希曼. 退出、呼吁与忠诚——对企业、组织和国家衰退的回应 [M]. 卢昌崇译. 北京：经济科学出版社，2000.

收支组合的辖区，个人能根据自己的偏好进行选择。个人如果不满意某地的政府收支组合，则选择迁移到其他辖区，在该地迁出人数过多就会影响到当地政府收入，不利于其正常运转。这种基于流动性的"用脚投票"方式使企业能通过迁移来自行选择不同的政府辖区以实现利润最大化和税收成本最小化，同时也能促使地方政府为争夺资本和要素流入而提供更好的收支组合以实现最优的公共产品与税收，降低税负。这一"用脚投票（退出）"和"用手投票（呼吁）"分析框架能应用于政府和企业的关系分析中，面对地方政府间的制度竞争，企业可以选择"退出"或"呼吁"策略。众多学者已经进行了相关分析，例如克拉克（Clark，1981）等认为企业或居民通过参与政治和退出原居住地这两种主要回应方式来面对地方政府的高质量发展下降①；还有国外学者对中国企业"呼吁"行为的研究，不同于西方国家的申诉和游说，中国企业通过复杂的关系网尤其是企业管理者与政府政策制定者和执行者的私人关系来实现"呼吁"方式②；在复杂、不确定和不可预见的中国商业环境中，企业与政府官员的关系网尤为关键③。中国企业的这种呼吁方式显然会产生高额的政府关联支出，这也是由于制度对企业的限制而引起的制度性交易成本。

二、制度性交易成本影响企业进入退出的理论分析

正如上文所分析的，在企业的进入退出等过程中既存在经济壁垒，也有政治壁垒、技术性壁垒和资源壁垒等，市场性壁垒一般而言存在于成熟的、竞争充分的行业中；在政府管制性行业中往往是政治壁垒较多。本书所研究的制度性交易成本就属于政治壁垒范畴。在传统的经济理论分析过程中，企业进入退出分析普遍以发达国家相对完备的市场体制为研究假设和大前提，即大都假定企业所面临的市场环境很少受到政府干预等制度性因素的影响。然而在转型经济体中，国家干预是一种常见的国家宏观调控市场手段。在经济实践中，转型经济国家往往会通过各种方式对企业的市场进入或退出行为

---

① Clark T., Loina F. Political Leadership and Urban Fiscal Policy [M]. Beverly Hills: Sage Publication, 1981.

② Zhu Z., Hendrikse G. W. J., Krug B. Rational Entrepreneurship in Local China: Exit Plus Voice for Preferential Tax Treatments [R]. Erasmus Research Institute of Management Research Paper, 2006.

③ Tsang E. Can Guanxi Be a Source of Sustained Competitive Advantage for Doing Business in China? [J]. Academy of Management Executive, 1998, 12 (02): 64 – 73.

进行干预。政府不合理的干预会产生较高的制度性交易成本，扭曲市场的自由竞争过程，对企业的进入退出产生影响。

制度性交易成本是市场交易成本的一个子集，是由特殊制度所产生的成本，属于政府制度性安排的成本范畴，是应予以降低和消除的成本，企业依靠自身努力无法降低。制度性交易成本最终由企业所承担，因此也可以将制度性交易成本纳入企业内部交易成本（管理费用或组织费用）中。在存在大量特殊制度的经济体中，企业在进入生产市场、发展中获取生产要素、寻求政府产权和法律保障时面临着较多的限制和不公平的待遇，这将增加许多额外的交易成本，产生过高的制度性交易成本，增加企业的制度性交易成本支出。过高的制度性交易成本不利于企业的进入和退出。正如诺思（2009）研究中表明的，建立在特殊制度基础上的有限准入秩序经济不利于组织的创建，创建组织的权利和第三方实施会受到限制，组织创建的数量、规模和复杂程度都处于较低水平。企业存在的目的是获取利润，而获取利润的机会是由一系列既有的约束界定的，当企业所支付的制度性交易成本较高时，企业组织的创建就会受到限制，企业的数量相对较少，并且企业规模也较小。

制度性交易成本通过影响企业的成本和利润来影响企业的进入，高制度性交易成本使许多潜在的企业无法真正进入市场。一方面，从成本角度来看，制度性交易成本的上升提高了企业进入的门槛，企业进入的成本太高，从而使潜在的企业难以发展成现实的企业。另一方面，从利润角度来看，过高的制度性交易成本使企业更多地进行非生产性活动，减少了生产性活动的投入，制度性交易成本的上升会挤占企业投资利润，降低企业从事实体投资的动机，从而减少企业进入数量。特殊制度的存在，使那些具有政治和经济力量的群体能优先进入市场，而无权无势的群体则被排除在外，想要进入市场还需支付更多的制度性交易成本，形成大量的非正规经济[①]。不同国家的企业进入规制具有差异，在进入规制程序繁琐和进入成本较高的国家中，往往腐败和非正式经济更为严重，从而不利于企业进入（Djankov et al.，2002；Desai et al.，2003；Branstetter et al.，2014），也不利于产品市场规模的扩大（Scarpetta et al.，2002）。企业进入所需登记注册的程序越复杂、最低注册资本金越高，越不利于企业进入（Dreher & Gassebner，2013）。詹科夫（Djankov，2008）的研究表明，进入规制成本每增加1%，企业的市场进入率会降低0.32%，而在缺

---

① Desoto H. The Other Path：The Invisible Revolution in the Third World［M］. New York：Harper and Row，1990：403－405.

乏严格管制的国家企业进入率会降低 5%。通过对进入规制程序的改革，能降低进入成本，促进企业进入数量的增加（Kaplan et al.，2007；Monteiro & Assuncao，2007；Fisman & Wang，2015），利用墨西哥数据的研究表明简化商业注册制度的改革能使企业进入率增加 5%（Bruhn，2008）。

因此，降低制度性交易成本，能显著促进企业进入。近年来，中国政府大力推进行政审批改革制度，就是为了减少政府对企业的干预，降低企业制度性交易成本，降低企业进入门槛（Amici et al.，2016），促进企业进入。毕青苗等（2018）的研究表明，行政审批改革能促进企业市场进入，1998 ~ 2007 年，在设立行政审批中心的地级市，企业市场进入率显著提高 2% ~ 25%。学者张莉等（2019）以广东省商事制度改革为切入点，研究发现商事制度改革政策的实施能显著降低企业开办时间的 18%，降低企业制度性成本①。夏杰长和刘诚（2020）以工商登记改革时间、是否设立市场监管局两方面测度各地区的商事制度改革，发现商事制度改革能促进潜在企业更多地进入市场。

企业的进入壁垒在某种程度上也是企业退出壁垒②。就我国而言，政府在很多方面对企业市场退出都有干预，对企业退出具有影响，如行政性市场进入壁垒、金融抑制、劳动力市场管制、财政补贴、关税、税收、企业与政府打交道频率等（斯蒂格利茨，1998；Wang et al.，2012）。企业的融资约束是影响企业退出的重要因素（黎日荣，2016）。金融效率和市场化程度能显著影响企业退出，提高企业间的资源配置程度，促使低效率企业退出市场（简泽，2013；马光荣和李力行，2014）。市场化水平和土地出让市场化都能降低企业进入退出的壁垒，使企业的进入退出更加自由，促进了公平的市场竞争，使企业更容易进入，低生产率的企业也更容易退出，高生产率企业则更能存在于市场中，退出概率得到降低③④。市场分割则不利于企业的进入退出⑤。

① 张莉，陈邱惠，毕青苗. 商事制度改革与企业制度性成本［J］. 中山大学学报（社会科学版），2019，59（06）：167 - 177.

② 夏杰长，刘诚. 契约精神、商事改革与创新水平［J］. 管理世界，2020，36（06）：26 - 36，48，242.

③ 臧成伟. 市场化有助于提高淘汰落后产能效率吗？——基于企业进入退出与相对生产率差异的分析［J］. 财经研究，2017，43（02）：135 - 146.

④ 杨先明，李波. 土地出让市场化能否影响企业退出和资源配置效率？［J］. 经济管理，2018，40（11）：55 - 72.

⑤ 王磊，张肇中. 国内市场分割与生产率损失：基于企业进入退出视角的理论与实证研究［J］. 经济社会体制比较，2019（04）：30 - 42.

第三节 制度性交易成本与企业全要素 生产率的理论分析

制度创新和经济组织的变革及市场交易技术的提升显著降低了交易成本，最终引起经济的增长。交易成本在社会中占比的减少有利于社会财富增加。这里讲的降低交易成本的制度是普遍制度，能引起经济增长效应，而对于转型国家来讲，特殊制度引起的制度性交易成本才是经济增长的决定性变量。制度性交易成本可以反映经济增长的质量。制度性交易成本（或体制成本）高，经济增长就缓慢；反之则相反（周其仁，2017）。开放准入社会秩序、包容性制度和普遍制度，都是不依赖于私人关系的非人格化的交易制度，在这种制度下的制度性交易成本较低，有良好的产权制度和法治，市场竞争公正平等，能促进经济持续增长。而有限准入社会秩序、汲取性制度和特殊制度，都是依赖于人际关系的人格化交易制度，这种制度下产生的制度性交易成本较高，有碍于经济增长。普遍制度占据主导地位的经济体的经济发展要好于特殊制度占据主导地位的经济体，在法律条例、私有财产和资源市场配置相结合的开放社会中的制度性交易成本远远低于那些自由被限制和剥夺的社会，企业家的非生产性活动也更少，生产性活动得到激励和良好发展，最终导致二者社会中的经济增长率和效率相差较大。我国过去四十多年的经济高速发展得益于经济发展中特殊制度转向普遍制度所引起的制度性交易成本的降低。改革开放大幅降低了制度性交易成本（体制成本），使大量农村剩余劳动力转向生产率更高的非农产业和城镇部门，同时破除了国家对工业和其他较高收益产业的行政垄断，吸引企业和外资投入等，发挥了中国在全球市场中的低生产成本比较优势，使中国经济实现高速发展（周其仁，2017）。其中，非公有制、市场因素在中国经济的高速增长中起到重要作用，承包制、乡镇企业、个体户和经济特区是中国市场经济转型中四个最重要的"边缘力量"，国家主导的改革或通过其有形之手对中国经济的巨大影响正是通过这些"边缘力量"实现的，这些改革初期的制度创新推动了中国经济高速增长①。

企业作为经济发展中的重要主体，其发展也受到制度性交易成本的影响。

---

① 科斯，王宁. 变革中国——市场经济的中国之路 [M]. 北京：中信出版社，2013.

当制度性交易成本足够高时，会影响微观企业主体活动，对企业发展产生不利影响。企业存在的目的是获取利润，制度性交易成本的存在及上升必然挤占企业投资的利润，对企业行为和高质量发展产生影响。一方面，过高的制度性交易成本减少了企业的进入和企业投资规模，不利于企业高质量发展。在制度性交易成本对经济增长的可预知效应中提到，制度性交易成本能影响市场交易量和合约安排。当经济体中存在大量的特殊制度，如产权安全缺乏保障、法律实施不力、进入遭遇障碍、垄断限制存在时，企业面临的制度性交易成本较高，进入和运行成本增加，投资利润降低，大大减少了企业的投资动机，不利于企业进入。同时，以利润最大化为目的的企业必然倾向于做短期且固定资本投入较少的投资，导致企业规模通常较小；而那些固定资本投入较多的大型企业只存在于政府保护之下，政府补贴、关税保护、政治组织的支付等政府保护往往无益于生产效率的提升。这都会影响到企业的高质量发展。另一方面，过高的制度性交易成本扭曲了企业在生产性活动与非生产性活动之间的资源配置，不利于企业增加生产性行为和高质量发展。过高的制度性交易成本使企业家及投资者不能从事生产性、创造性活动，贸易、再分配活动以及黑市交易将有可能成为最有利可图的业务，那么他们会转向从事非生产性、寻租活动。当存在激励因素促使人们去攫取而不是创造，即从事掠夺、寻租行为而不是生产性行为更能获益的时候，社会经济的发展就会受到阻碍。

制度性交易成本被认为是影响企业运行成本和效率的重要内容，系统性降低制度性交易成本是帮助企业高质量发展的关键所在。我国企业面临的制度性交易成本较高，来自制度层面的交易成本较大，例如经营许可、营业执照等准入费用、融资成本、税费等都较高。特别是民营企业，由于准入制度、要素市场制度、产权制度和法律制度方面的不完善，面临着由于特殊制度引起的相对较高的交易成本，影响了民营企业的发展。在制度性交易成本的困扰下，民营企业的生存与发展受到限制。正如上文中科斯提到的，非公有制、市场因素在中国经济高速增长中起到了重要作用。民营企业是推动社会主义市场经济发展的重要力量，也是推进供给侧结构性改革以及经济高质量发展的重要主体（卢现祥，2019）。降低制度性交易成本，能充分发挥民营企业的市场活力，有利于促进民营企业高质量发展。

制度性交易成本影响民营企业高质量发展的理论分析范式，实质上就是将制度因素作为分析当前地区间、行业间民营企业发展差异的一种分析方法。与原有的新古典经济分析范式相比，制度性交易成本并没有否认资本、劳动、技术投入等原有解释企业高质量发展差异的要素因素，而是将制度性交易成本考虑在内，认为制度性交易成本和民营企业高质量发展是一种互动关系，制度性交易成本上升则民营企业高质量发展下行；制度性交易成本下降则民营企业高质量发展上升。

在当前经济增长进入减速阶段的经济新常态下，提高企业全要素生产率是中国经济可持续增长的保障。提高全要素生产率对制度环境的改善提出要求。除了资本、劳动、土地等基本生产要素对经济增长作出贡献之外，全要素生产率作为残差项，其提高与生产要素的投入无关，本质上是一种配置效率。提高全要素生产率对于生产要素的流动性、各种要素之间的匹配关系、资源配置的宏观政策和微观机制，以及其他制度条件高度敏感。也就是说，全国统一大市场的建设水平，包括产品市场、服务市场和生产要素市场的发育程度，以及消除掉所有阻碍生产要素流动的体制机制障碍，是提高全要素生产率的重要途径。因此，全要素生产率的提高要以改革和政策优化为必要条件。在当前经济发展进入更高阶段后，中国可以通过体制机制的改革，降低制度性交易成本，深化资源重新配置过程，启动生产率提高的崭新引擎。

从以往的经济发展经验来看，资源配置的僵化会阻碍生产率提高。在市场竞争中，生产率高的企业得以生存和扩张，生产率低的企业则萎缩和消亡，这种进与退和生与死的选择机制，是生产率提高的重要途径。如果低生产率的企业不能退出和死亡，也就阻碍了潜在有效率的企业进入和发展，企业之间就不能进行有利于生产率提高的资源重新配置。在转型经济体中，政府不当干预广泛存在，产生大量特殊制度和较高的制度性交易成本。这将会改变原有的市场竞争机制，扭曲资源在各企业之间的配置，打破具有生产率异质性的各市场主体的竞争，那些生产率较高但实力较弱的中小型企业可能会由于制度性交易成本高而无法进入市场；而那些生产率水平较低的在位企业由于依靠政府的优惠政策保护或优厚的财力扶持，仍然能够获得大量资源要素，从而继续在市场上"存活"，出现"劣币驱逐良币效应"。因此，在制度性交易成本的作用下，企业正常的市场进入退出秩序可能会被"扭曲"，市场中竞争程度较小，使在位企业缺少学习和创新的激励，扭曲了在位企业的竞争效应和学习效应，从而影响企业高质量发展。降低制度性交易成本能促进企业生产率提高。降低制度性交易成本主要通过企业进入产生的"市场竞争"和"创新激励"两种效应来促进企业生产率的提高。一方面，企业进入增多，市场竞争加剧，高生产率的在位企业与新进入企业进行竞争，低生产率的在位企业则面临退出风险，这种市场竞争效应总体上促使存活企业生产率提高。另一方面，新进入企业增加了在位企业的退出风险，为避免退出风险，企业将更多地进行创新活动，这种"创新激励效应"促使企业生产率提高。同时，制度性交易成本降低也减少了企业的成本支出，促使其将更多的资金投入到研发创新中，从而提高企业全要素生产率。

第四节　制度性交易成本与企业创新的理论分析

企业全要素生产率的本质是创新，提升企业全要素生产率的落脚点也在于创新。从制度基础观的视角解释企业创新已经成为一种重要范式（Peng et al.，2008）。知识产权保护和投资者保护的法律环境、完善金融市场的融资环境、市场监管以及行政环境等制度环境能影响企业创新。例如，知识产权保护能保证企业在一段时间内拥有新产品的垄断权并由此获得垄断利润，激励企业开展更多的创新活动；而当一国产权保护不足时，模仿和侵权行为随之增加，就会侵蚀企业创新收益、削弱创新激励，最终导致创新投入和产出的下降（Katz and Shapiro，1987；Antonet et al.，2006）；投资者保护通过影响企业获得创新资金的难易程度进而影响一国创新活动（鲁桐和党印，2015）；金融体系的发展能够有效解决企业创新过程中的信息不对称问题，发现企业创新价值，引导投资，提高创新投资效率和资金匹配效率，同时通过契约激励，降低研发人员的道德风险和代理人的监管成本（King and Levine，1993；Morales，2003；Chowdhury and Maung，2012）；产品市场监管主要通过采取反垄断、放松市场准入等措施降低市场集中度、保证企业在公平的环境中竞争，进而激励企业开展创新活动（Barbosa and Faria，2011）；行政环境对企业技术创新的影响也不容忽视，良好的行政环境有助于降低企业在生产和创新过程中的交易成本，推动创新活动的开展（鲁桐和党印，2015）。

制度性交易成本作为制度环境的反映，其高低直接关系着企业创新环境的好坏，影响着企业创新行为。制度性交易成本越低，则企业创新环境越适宜，创新的潜力和成果就越大。反之，企业创新环境则越差，不利于企业创新活动。当经济体中存在大量的特殊制度，如产权安全缺乏保障、法律实施不力、进入遭遇障碍、垄断限制存在时，企业面临的制度性交易成本较高，冗长的审批流程以及不透明的收费标准导致非生产性成本较高，以利润最大化为目的的企业必然倾向于做短期的且固定资本投入较少的投资，从而缩减创新投入；而那些固定资本投入较多的大型企业只存在于政府保护之下，政府补贴、关税保护、政府组织的支付等政府保护往往无益于创新活动的开展。此外，过高的制度性交易成本使企业家及投资者不能从事生产性、创造性活动，贸易、再分配活动以及黑市交易将有可能成为最有利可图的业务，那么他们会转向从事非生产性、寻租活动。当存在激励因素促使人们去攫取而不是创造，即从事掠夺、寻租行为而不是生产性行为更能获益的时候，企业创新发展就会受到阻碍。

在中国经济改革不断深化的进程中，特别是简政放权、"放管服"、行政审批制度改革、商事制度改革等一系列改革措施，都有利于降低制度性交易成本，为企业促进良好的制度环境，促进企业创新。张景华和刘畅（2021）基于2008～2016年上市企业数据，研究发现简政放权越彻底，企业制度性交易成本越低，对创新活动的激励效应愈加显著。邓悦等（2019）基于2018年中国企业—劳动力匹配调查的微观数据，研究发现"放管服"改革降低了制度性交易成本，提升了企业创新全要素生产率。王永进和冯笑（2018）以各地行政审批中心成立为"准自然实验"，利用DID实证方法探讨了行政审批改革与企业创新的关系，研究发现行政审批改革降低了企业的制度性交易成本，从而促进企业进行研发和技术创新。何晓斌等（2021）利用2010年全国私营企业调查数据发现了类似的观点。夏杰长和刘诚（2020）从是否设立市场监管局两方面来测度商事改革，研究发现商事改革进展较好的地区，制度性交易成本越低，越有利于地区创新水平提升。李小平和余东升（2021）基于2010～2018年中国A股上市企业数据，也发现商事制度改革降低了制度性交易成本，有助于企业创新水平的提升。

制度性交易成本通过影响企业的成本和利润来影响企业的进入，从而影响企业创新水平。高制度性交易成本使许多潜在的企业无法真正进入市场。一方面，制度性交易成本的上升提高了企业进入的门槛，企业进入的成本太高，从而使潜在的企业难以发展成为现实的企业。另一方面，过高的制度性交易成本使企业更多地进行非生产性活动，减少了生产性活动的投入，制度性交易成本的上升会挤占企业投资利润，降低企业从事实体投资的动机，从而减少企业进入数量。特殊制度的存在，使那些具有政治和经济力量的群体能优先进入市场；而无权无势的群体则被排除在外，想要进入市场还需支付更多的制度性交易成本，形成大量的非正规经济（Desoto，1989）。不同国家的企业进入规制具有差异，在进入规制程序繁琐和进入成本较高的国家中，往往腐败和非正式经济更为严重，从而不利于企业进入（Djankov et al.，

2002；Dhaliwal et al.，2013；Branstetter et al.，2014），也不利于产品市场规模的扩大（Scarpetta et al.，2002）。企业进入所需登记注册的程序越复杂、最低注册资本金越高，越不利于企业进入（Dreher & Gassebner，2013）。詹科夫（Djankov，2008）的研究表明，进入规制成本每增加1%，企业的市场进入率会降低0.32%，而在缺乏严格管制的国家企业进入率会降低5%。通过对进入规制程序的改革，能降低进入成本，促进企业进入数量的增加（David et al.，2011；Fisman & Wang，2015；Raymond & Wang，2018）。毕青苗等（2018）研究发现制度性交易成本的降低，显著提高了企业进入率。综上所述，降低制度性交易成本，能显著促进企业进入。

近年来，中国政府大力推进行政审批改革和商事制度改革制度，就是为了减少政府对企业的干预，降低企业制度性交易成本，降低企业进入门槛（Amici et al.，2016），促进企业进入。一系列研究都表明放松政府管制——削减企业注册程序、时间和成本，有助于新企业的成立（Bripi，2016；Amici et al.，2016）。随着企业进入数量的增加，市场竞争随之加剧。企业的进入导致在位企业面临更大的进入威胁和竞争压力。企业竞争加剧，既可能倒逼企业提升研发创新水平以摆脱"竞争"、避免破产倒闭，也可能使企业因竞争带来的创新租金消散而从事创新活动的激励效应减弱（Aghion et al.，2005）。当在位企业的先发优势不是来自技术优势时，企业有较强激励将市场势力转为政治权力，影响潜在企业的进入和创新。进入企业的增加还可以推动在位企业的创新。阿吉翁（Aghion，2009）发现，新企业的市场进入极大激发了在位企业技术创新的热情，在位企业将试图通过提高创新水平来应对潜在威胁和保持领先地位。然而研发水平低的企业给研发水平高的企业带来的竞争压力较小，企业改进技术和加强管理以提高创新水平的激励也相对较弱，竞争的租金消散效应将起支配作用（郭小年和邵宜航，2019）。因此，制度性交易成本的降低会使在位企业更快地进行研发创新，这是制度性交易成本降低的激励效应。同时，制度性交易成本的降低会使难以提升研发水平的企业退出市场的可能性变大，这是达尔文主义的市场选择效应（李小平和余东升，2021）。

第三章

制度性交易成本测度与分析

第一节　与制度性交易成本相关的主流评价体系回顾

一、世界银行营商环境评价指标体系

世界银行于 2001 年成立 "Doing Business" 项目小组构建营商环境评价指标体系，从 2003 年起每年发布《全球营商环境报告》，目前已覆盖世界 190 个经济体。该报告可以比较各经济体内部市场监管质量，评估各国私营企业发展状况，助力于各国共建一个有利于企业经营活动的法律制度环境，是世界各国衡量制度改革进度的重要标尺。

营商环境评价指标体系对全球 190 个经济体的监管法规进行量化分析，对各经济体的营商便利度按 1 ~ 190 排名，可供横向比较。该指标体系关注企业面对的法律制度和监管改革，衡量一个企业从开办、运营到申请破产的生命周期内遵循政策法规所要求的时间和成本，各经济体的营商便利度排名越高表示监管环境越有利于企业的开办和运营。该指标体系由最初的 6 项一级指标逐步完善到 2019 年的 11 项一级指标，49 项二级指标，其中一级指标中的 "雇佣员工" 得分不计入排名，如表 3 - 1 所示。进一步可概括为两方面：一方面是营商监管法律环境的指标，衡量企业在实施法律程序过程中所产生的成本，如物权登记、获得信贷、投资者保护、纳税、执行合同；另一方面是监管程序和时间等运行成本的指标，衡量企业从开办到破产整个生命周期监管程序中所发生的成本，如开办企业、处理建筑许可、获得电力、跨境贸易、办理破产等指标。企业从开办、运营到申请破产等一系列过程需要面临的制度性交易成本可在上述两方面得到体现。

表 3 - 1   世界银行营商环境评价指标体系

一级指标	二级指标
开办企业	开办企业程序、开办企业时间、开办企业成本、最低法定资本金
办理施工许可	手续、时间、成本、建筑质量控制
获得电力	手续、时间、成本、供电可靠性和电费透明度指数
物权登记	程序、时间、成本、土地管理质量指数
获得信贷	合法权利力度指数、信用信息深度指数、信用登记范围、信用局覆盖率
保护投资者	披露程度指数、董事责任程度指数、股东诉讼便利度指数、股东权利指数、利益冲突程度监管指数、公司透明度指数、所有权范围和控制权指数、股东治理程度指数、少数股东保护指数
纳税	缴税频率、税及派款总额、时间、报税后程序指标
跨境贸易	出口时间、出口成本、进口时间、进口成本
执行合同	时间、成本、司法程序质量指数
办理破产	回收率、时间、成本、是否持续经营、破产框架力度

资料来源：世界银行．世界营商环境报告．

该评价体系通过简单平均法对上述指标进行赋权，使用标准化案例收集一国最大或第二大商业城市的指标数据，并采用"前沿距离法"进行标准化，计算各国营商环境便利度得分然后排名。表 3 - 2 和图 3 - 1 是中国 2013 ~ 2019 年营商环境世界排名情况。可以看到，我国营商环境整体排名逐年上升，2018 年和 2019 年营商环境整体排名进入全球 190 个经济体中的前 50 名，连续两年被评为全球营商环境改善幅度最大的十大经济体之一。其中 10 类分项指标中涉及的企业开办、运营等监管程序成本指标的排名也显著上升，如开办企业、办理施工许可、获得电力等程序、时间和成本大幅降低，保护投资者和执行合同指标的排名也大幅上升。从 2015 ~ 2018 年，开办企业时间成本这一项降低了 30%。说明我国实行供给侧结构性改革以来，随着各地商事制度改革的不断推进，简政放权、政府职能转变等"放管服"改革成效显著，营商环境得到大幅度改善，企业开办和运营所需的程序、时间和成本得到大幅度降低。

表 3 - 2   2013 ~ 2019 年中国营商环境排名情况

项目	2013 年	2014 年	2015 年	2016 年	2017 年	2018 年	2019 年
整体排名	96	90	84	78	78	46	31
开办企业	151	128	136	127	93	28	27
办理施工许可	177	179	176	177	172	121	33

项目	2013 年	2014 年	2015 年	2016 年	2017 年	2018 年	2019 年
获得电力	121	124	92	97	98	14	12
物权登记	38	37	43	42	41	27	28
获得信贷	67	71	79	62	68	73	80
保护投资者	123	132	134	123	119	64	28
纳税	127	120	132	131	130	114	105
跨境贸易	98	98	96	96	97	65	56
执行合同	36	35	7	5	5	6	5
办理破产	52	53	55	53	56	61	51

资料来源：世界银行．世界营商环境报告．

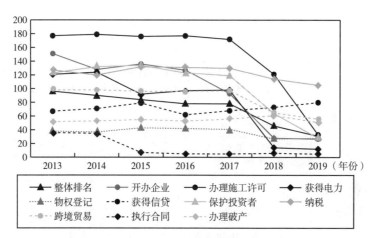

图 3 - 1　2013 ~ 2019 年中国营商环境排名情况

资料来源：世界银行．世界营商环境报告．

二、中国分省市场化指数

市场化指数评价了中国各省份（港澳台地区及西藏除外）从计划经济向市场经济过渡的体制改革进程，反映了各省份市场化改革进程的总体情况和不同方面的进展情况。考虑到指标选取的科学性以及数据的可获得性之后，市场化指数从政府与市场的关系、非国有经济的发展、产品市场的发育程度、要素市场的发育程度、市场中介组织发育和法律制度环境这 5 个方面指数进行构建。各方面指数分别反映市场化的某一特定方面，由若干分项指标构成，有的分项指标又包含二级分项指标（基础指标）。基础指标的数据全部来源于权威机构的统计数据或企业调查数据，保证了数据的可靠性。市场化指数报告自发布以来持续更新，在 2001～2018 年共发布了 7 个报告，包含 1997～2016 年的评估数据。值得注意的是，2008 年之后评价指标体系做了重新计算和评分，与之前年份相比略有差异。例如，政府与市场的关系这一方面指数减少了最初 5 项指标中的减轻农民税费负担和减轻企业税费负担，2008 年之后只剩三项一级指标。表 3-3 为 2018 年中国市场化指数的评价指标体系（王小鲁等，2018），包含 5个方面指数、14 个一级分项指数、18 项基础指数。

表 3-3　　　　　　　　　　市场化指数构成

方面指数	分项指标	指标解释
政府与市场的关系	市场分配经济资源的比重	各地政府支出/当地 GDP（负向指标）
	减少政府对企业的干预	企业对"行政审批手续方便简捷情况"评价
	缩小政府规模	公共管理、社会保障和社会组织就业人数/本省总人口
非国有经济的发展	非国有经济在工业企业主营业务收入中所占比例	1-国有及国有控股工业企业主营业务收入/规模以上工业企业主营业务收入
	非国有经济在全社会固定资产总投资中所占比例	非国有经济固定资产总投资/全社会固定资产总投资
	非国有经济就业人数占城镇总就业人数的比例	非国有经济就业人数/城镇总就业人数
产品市场的发育程度	价格由市场决定的程度	社会零售商品中价格由市场决定的部分所占比重、生产资料中价格由市场决定的部分所占比重、农产品中价格由市场决定的部分所占比重
	减少商品市场上的地方保护	（涉及每个省份陈述件数占总陈述件数比例）/（本省 GRP 占 GDP 比例）
要素市场的发育程度	金融业的市场化	金融业的竞争（非国有金融机构资产/全部金融机构资产）、信贷资金分配的市场化（非国有企业负债/总负债）
	人力资源供应条件	技术人员供应情况、管理人员供应情况、熟练工人供应情况
	技术成果市场化	各地技术市场成交额/本地科技人员数
市场中介组织的发育和法律制度环境	市场中介组织的发育	律师、会计师等市场中介组织服务条件、行业协会对企业的帮助程度
	维护市场的法治环境（对生产者合法权益的保护）	各地企业对当地司法和行政执法机关公正执法和执法效率的评价
	知识产权保护	三种专利申请批准数量与科技人员数的比例

资料来源：中国分省市场化指数报告（2018）.

三、中国分省企业经营环境指数

中国分省企业经营环境指数报告是由中国经济改革研究基金会国民经济研究所和中国企业家调查系统合作完成，对全国各地 4000 多家企业主要负责人进行联合问卷调查，旨在对全国各省份的企业经营环境总体状况和各方面状况进行指数化的测度与评价，并对每地区各个方面的横向和纵向的变动原因及趋势进行分析，可以为企业经营投资以及各地政府改善当地企业经营环境的政策提供决策信息与参考依据。同时，被调查企业覆盖了各大行业、各种所有制类型和各种规模的企业，调查范围较广，对全国总体、各省份和各行业的情况具有较好的代表性。企业经营环境指数是在问卷调查的成果基础上，通过严谨的数据分析构造指标而成，包含政府行政管理、企业经营的法制环境、金融服务、人力资源供应、基础设施条件、中介组织和技术服务以及企业经营的社会环境等七大方面指数。目前已进行了 2006 年、2008 年、2010 年、2012 年和 2016 年五个年度，其中 2012 年和 2016 年增加了企业的税费负担这一方面指数。2016 年关于政府行政管理方面的评价标准有所变化，分为两个方面指数：政策公开、公平、公正和行政干预与政府廉洁效率。表 3 - 4 显示了 2012 年中国分省企业经营环境指数的评价指标体系（王小鲁等，2013）。企业经营环境指数相比市场化指数更为微观，直接从企业的角度看制度的环境，从微观层面看问题，跟企业离得更近一些，可以更好地研究企业问题。而且相比于国家宏观层面的制度指标，企业经营环境由于它的跨时间变化可以更直接地反映制度的变迁。

表 3 - 4　　　　　　　　　　　**企业经营环境指数构成**

方面指数	分项指数	基础指数
政府行政管理	公开、公平、公正	政策和规章制度公开透明情况、行政执法机关（工商、税务、质检等）公正执法情况、各类企业享受公平国民待遇情况
	政府效率	行政审批手续方便简洁情况
	减少不必要的干预	地方政府对企业是否干预过多、企业经营者与政府工作人员打交道的时间比例、市场准入限制是否过多
	政府廉洁	政府官员廉洁守法情况、企业用于政府和监管部门人员的"非正式支付"

方面指数	分项指数	基础指数
企业经营的法制环境	司法公正与效率	公检法机关执法效率情况、公检法机关公正执法情况
	经营者合法权益保障	经营者人身和财产安全保障情况、知识产权（商标、专有技术等）保护情况、企业合同正常执行情况
企业的税费负担	企业的税收负担	企业的税收负担
	企业交纳国家规定以外的收费、集资、摊派	企业交纳国家规定以外收费、集资、摊派占销售额比例
金融服务	正规金融服务	企业从银行贷款的难易程度、企业从银行贷款的额外费用
	民间融资	企业从民间渠道筹资的难易程度
人力资源供应	技术人员	在当地找到需要的技术人员的难易程度
	管理人员	在当地找到需要的管理人员的难易程度
	熟练工人	在当地找到需要的熟练工人的难易程度
基础设施条件	电力供应	电力供应
	铁路运输	铁路运输
	其他基础设施条件	其他基础设施条件
中介组织和技术服务	中介组织	当地律师、会计师等市场服务条件如何、当地行业协会的发展如何，对企业是否有帮助
	技术与营销服务	当地技术服务和产品出口服务条件如何
企业经营的社会环境	当地适合企业经营的诚信社会环境情况	当地适合企业经营的诚信社会环境情况

资料来源：王小鲁，余静文，樊纲. 中国分省企业经营环境指数2013年报告［M］. 北京：中信出版社，2013：6-282.

四、中国城市营商环境评价指标体系

在已有的国内外营商环境评价基础上，结合当前中国营商环境的现状，李志军（2019）以城市为研究对象，评价和分析了2017~2018年我国各直辖市、计划单列市、省会城市以及地级市的营商环境。如表3-5所示，该评价指标体系包括6个一级指标、17个二级指标。数据来源于EPS数据库中的"中国城市数据库""中国城乡建设数据库"，运用效用值法对数据进行无量纲化处理，采用主客观结合的方法确定权重，客观方法为变异系数法，然后加权计算各城市营商环境得分。该研究的营商环境评价范围覆盖至全国地级城市，可以评价我国城市营商环境的整体水平和地区差异。

表 3 – 5 我国城市营商环境评价指标体系

一级指标（权重）	二级指标（权重）	基础数据来源
政府效率（15%）	政府服务效率（50%）	中国地方政府效率研究报告
	一般预算内支出（50%）	中国城市数据库
人力资源（20%）	年末单位从业人员数（30%）	中国城市数据库
	平均工资水平（40%）	
	高校在校人数（30%）	
公共服务（20%）	人均道路面积数（15%）	中国城乡建设数据库
	供气能力（25%）	
	供水能力（25%）	
	供电能力（25%）	中国城市数据库
	医疗卫生服务（10%）	
金融服务（15%）	总体融资效率（50%）	中国城市数据库
	民间融资效率（50%）	
市场环境（20%）	当年实际使用外资金额（30%）	中国城市数据库
	固定资产投资总额（30%）	
	人均 GDP（40%）	
创新环境（10%）	创新能力指数（50%）	中国城市和产业创新力报告
	科学支出（50%）	中国城市数据库

资料来源：李志军．中国城市营商环境评价［M］．北京：中国发展出版社，2019．

五、中国城市政商关系评价指标体系

聂辉华等（2019）从政商关系的角度构建指标体系，评估与比较了2017年中国285个城市以及2018年292个地级以上城市的政商关系，衡量了企业面对的政务环境。评价指标体系如表3 – 6所示，对一级指标（"亲近"与"清白"）根据重要程度进行主观赋权；对二级指标进行等赋权。根据公开数据、调查数据与网络数据等获取二级指标的基础数据，并进行标准化处理，然后计算各城市得分以排名。中国城市政商关系评价指标体系利用了包括网络数据在内的多种数据，拓宽了数据来源渠道，使研究结论更为可靠，同时填补了以往研究对政府廉洁评价的空白，为进一步的政务环境评价研究提供了思路。

表 3 - 6　　　　　　　　中国城市政商关系评价指标体系

一级指标	二级指标	三级指标
亲近	政府对企业关心	市领导视察、市领导座谈
	政府对企业服务	基础设施、金融服务、市场中介、电子政务效率
	企业的税费负担	企业的税收负担
清白	政府廉洁程度	食品安全许可证代办价格、百度腐败指数
	政府透明度	行政信息公开、财政透明度

资料来源：聂辉华，韩冬临，马亮，张楠迪扬．中国城市政商关系排行榜2018［R］．北京：人大国发院政企关系与产业发展研究中心，2019．

第二节　地区制度性交易成本指标的构建与计算方法

通过总结和分析上述与制度性交易成本有关的评价指标体系，可以发现，世界银行《营商环境报告》与《中国分省企业经营环境指数报告》更偏向于对中小企业发展的关注，可以从微观层面很好地衡量中国中小企业发展所要承担的制度性交易成本。然而这两个指标体系的数据在年份上较少，《营商环境报告》只在2008年有针对中国各省份的营商环境评价数据，而其他年份只有北京和上海两个城市；《中国分省企业经营环境指数报告》截止到目前只有五年的数据，用来研究分析有所不足。《中国分省市场化指数报告》相对宏观一些，既有对城市层面的关注也有对企业层面的关注；而《中国城市营商环境评价指标体系》与《中国城市政商关系评价指标体系》更多关注城市层面的评价。这些指标体系中只有《中国分省市场化指数报告》能保证每年数据的连续性。

制度性交易成本是由于特殊制度而产生的交易成本，特殊制度也就是卢现祥（2017）研究中提到的不合理制度。普遍制度指的是制度规则统一适用于整个社会每个成员的制度，而不管这些社会成员是否属于某类特殊群体，如法治水平达到某种程度的国家、允许自由进入的竞争性市场等。特殊制度，是指那些有利于特定阶层、团体或行会的制度，如城乡户籍制度、土地产权制度、竞争非中性制度等。普遍制度是一种非人格化交易制度，属于开放准入秩序；而特殊制度是人格化交易制度，属于有限准入秩序。并不是所有的制度都会产生制度性交易成本，只有特殊制度才会产生制度性交易成本。本书认为，制度性交易成本难以直接衡量，它体现在企业进入、经营发展与退出的整个生命周期内所面临的不合理或不公平的外部制度环境中，如过高的准入壁垒、过多的要素市场管制、不公平的产权保护等制度。因此，为保证指标构建的合理性与数据的连续且可获得性，本书主要借鉴市场化指数（王小鲁等，2019）与企业经营环境指数（王小鲁等，2013）的构造方式，运用宏观统计数据构建指标体系来间接衡量制度性交易成本。

根据企业生命周期中企业进入、经营发展与退出这一思路，本书认为制度性交易成本主要包括企业进入的成本、获取要素的成本、获取产权保护和实施的成本等，主要从以下几方面进行构建：政府干预程度、要素市场规制、知识产权保护程度、法治水平、公共设施成本。然后，根据现有研究确立每个方面指数下的分项指标及其内涵，有的分项指数还包括若干二级分项指数。并根据熵值法确定各分项指标权重，并通过加总分项指标权重来确定五个方面指标的权重。由此，构建出中国各省份制度性交易成本衡量指标体系，如表 3 – 7 所示，这一指标体系包括 5 个方面指数、13 个分项指数、15 个基础指数。

表 3 – 7　　　　　　　　　制度性交易成本指标体系构成

方面指数	分项指数	权重（%）	指标解释（二级分项指数）	属性	数据来源
政府干预程度（20.77%）	政府干预经济程度	7.14	政府支出/GDP	正向	中国统计年鉴
	政府规模	5.18	公共管理、社会保障和社会组织就业人数/本省（市）总人口之比	正向	中国统计年鉴
	政府行政事业性收费占比	4.56	行政事业性收费占财政收入比重	正向	中国财政税收统计年鉴
	政府廉洁	3.89	地区腐败案件数量/（每万）公职人员比例	正向	中国检察年鉴、各省市区人民检察院工作报告、中国统计年鉴
要素市场干预程度（10.34%）	金融市场化程度	1.13	金融市场化指数 = 金融机构贷款余额/GDP×（1－国有社会固定资产投资额/社会固定资产投资额）	负向	中国统计年鉴
	土地要素市场干预	9.21	国务院审批建设用地面积比重	正向	中国国土资源年鉴
			土地效率（亿元/平方公里）=市辖区二三产业产出增加值/建成区面积	负向	中国城市统计年鉴

续表

方面指数	分项指数	权重（%）	指标解释（二级分项指数）	属性	数据来源
知识产权保护程度（62.53%）	专利侵权案件受理情况	62.29	专利未被侵权率＝1－各省当年受理的专利侵权纠纷案件数/该省当年累计授权专利数	负向	中国知识产权年鉴
	知识产权保护效果	0.24	三种专利申请批准量/科研经费支出	负向	中国统计年鉴
法治水平（1.08%）	律师在人口中的比例	0.57	律师人数/总人口	负向	中国统计年鉴
	法律执行效率	0.51	劳动争议案件结案效率	负向	中国劳动经济数据库
公共设施成本（5.29%）	交通运输	3.12	公路网密度	负向	中国城乡建设数据库
			铁路网密度		
	供电能力	1.11	电力消费量	负向	中国城市数据库
	供水能力	1.06	用水普及率	负向	中国城乡建设数据库

一、地区制度性交易成本指标的构建

（一）政府干预程度

参考企业经营环境指数中政府行政管理方面指数，以及市场化指数中政府与市场关系方面指数的构成，这一方面指数由政府干预经济程度、政府规模、政府行政事业性收费占比和政府廉洁程度四个分项指数构成。

1. 政府干预经济程度。该指标用"政府支出占 GDP 的比重"来衡量，说明一个地区在多大程度上依赖于政府推动的经济增长方式，正向衡量制度性交易成本。

2. 政府规模。该指标沿用了市场化指数中政府与市场关系这一方面指数下的"缩小政府规模"分项指数，用"公共管理、社会保障和社会组织就业人数与本省总人口之比"来衡量政府规模，正向衡量制度性交易成本。

3. 政府行政事业性收费占比。采用"行政事业性收费占财政收入比重"作为正向指数来衡量制度性交易成本的高低。

4. 政府廉洁程度。参考以往众多研究（刘勇政，2011；何轩，2016），采用"地区腐败案件数量/（每万）公职人员比例"来衡量政府廉洁程度，将其作为正向指标来衡量制度性交易成本的高低。其中，公共管理、社会保障和社会组织就业人数作为公职人员数。

(二) 要素市场规制

本书从金融市场和土地市场两方面来构建指标。金融市场上的管制实际上使得国有企业面临更低的资本成本（卢锋，姚洋，2004）；而非国有企业获得信贷时则面临相对较高的制度性交易成本。土地要素更是通过禁止跨地区交易的建设用地指标而受到管制。正是这种行政干预阻碍了要素流动，也增加了企业的制度性交易成本。

1. 金融市场化程度。本书使用"非国有企业贷款占 GDP 比重"来衡量金融市场化程度，因为非国有企业获得贷款的能力越强，说明金融机构受行政计划的约束越小，市场化配置比重越高；反之，金融市场化程度则越低。该指标可以反向衡量制度性交易成本，金融市场化程度越高，企业在获得信贷时面临的制度性交易成本越低。由于缺少按照企业性质分类的信贷配给数据，本书参考李梅（2016）的研究，假定各省分配到非国有企业的贷款和非国有企业的固定资产投资额成正比。因此，非国有企业贷款占 GDP 比重，即金融市场化指数 = 金融机构贷款余额/GDP × （1 - 国有社会固定资产投资额/社会固定资产投资额）。

2. 土地市场干预程度。在中国，建设用地的配置受到的行政干预最为严重，它在地区间的分配完全由中央政府决定，并且成为中央政府实施其地区战略最重要的工具。参考陈宇琼和钟太洋（2016）、陆铭（2011）、李永乐（2014）的研究，从如下两个二级分项指数来衡量政府对土地要素的干预：

（1）国务院审批建设用地面积比重。其中，国务院审批建设用地面积比重 = 国务院审批建设用地面积/审批建设用地面积，可以反映中央政府对各省建设用地审批的影响力大小，正向衡量制度性交易成本。

（2）土地效率。土地效率 = 市辖区二三产业产出增加值/建成区面积，该指数负向衡量制度性交易成本。

(三) 知识产权保护程度

本书从知识产权保护执法和执法效果两个方面来衡量知识产权保护程度，包含专利侵权案件受理情况和知识产权保护效果两个方面指数。

1. 专利侵权案件受理情况。本书使用专利未被侵权率衡量专利侵权案件受理情况，负向衡量制度性交易成本。参考吴超鹏（2016）的研究，专利未被侵权率 = 1 - 各省当年受理的专利侵权纠纷案件数/该省当年累计授权专利数。

2. 知识产权保护效果。本书用"三种专利申请批准量/科研经费支出"来衡量知识产权保护效果，负向衡量制度性交易成本。

（四）法治水平

本书用律师人数占比和法律执行效率两个分项指数来衡量法治水平方面指数。法律执行效率越高说明法治水平越高，而法官素质等因素可以影响到法律执行效率。这两个分项指标综合起来可以更好地衡量地区法治水平，得分越高，说明法治约束水平越高，由司法规制引起的制度性交易成本越低，即企业在诉讼和合同实施过程中，因司法或法庭执法效率低下而承担的成本，如诉讼时间冗长、诉讼程序繁多、各种合同侵权得不到有效救济等，导致的成本或损失就越低。

1. 律师人数占比。用律师人数与总人口之比来衡量。因为律师工作水准直接与人们的民事诉讼意愿和能力相关，可以自下而上地衡量法治水平。该指标负向衡量制度性交易成本。

2. 法律执行效率。很多研究用各省每年经济案件结案效率衡量一个地区的法治水平，以各地经济案件结案数与收案数之比表示（姚洋，卢锋，2004；徐成贤等，2010）。结案效率越高表明法治水平越高，因为一个案件结案所需时间取决于法院审判速度和执行速度。由于该数据统计年份较少，参照这一思路，本书利用"劳动争议案件结案效率"来衡量法律执行效率，劳动争议案件结案效率=劳动争议案件结案数/劳动争议案件收案数，该指标负向衡量制度性交易成本。

（五）公共设施成本

运用交通运输、供电和供水三个分项指数来综合反映公共设施成本，地区交通运输、供电和供水能力越强，则公共设施越发达，越容易获取公共设施，获取公共设施面临的制度性交易成本越低。

1. 交通运输。该指数包含公路网密度、铁路网密度两个二级分项指数。

（1）公路网密度。公路密度=公路运营里程/国土面积，负向衡量制度性交易成本。

（2）铁路网密度。铁路密度=铁路运营里程/国土面积，负向衡量制度性交易成本。

2. 供电能力。运用"年供电总量"来衡量供电能力，负向衡量制度性交易成本。

3. 供水能力。该指数包含用水普及率二级分项指数，作为负向指标来衡量制度性交易成本。

二、地区制度性交易成本指标的计算方法

制度性交易成本指数由 5 个方面指数、13 个分项指数以及 15 个基础指数构成，每个单项指数都从不同方面衡量了各地制度性交易成本在比较范围内的相对位置。参考市场化指数的计算方法，本书先计算单项指数的得分（最大为 10 分，最小为 0 分）；然后将属于同一方面的各单项指数按一定权重加权合成方面指数，最后将 5 个方面指数按一定权重合成总的制度性交易成本指数。

（一）计算单项指数的得分方法

根据指标数值大小与制度性交易成本高低的理论关系，计算指标得分的公式有两类。

1. 当指标数值大小与制度性交易成本正相关时，即指标数值越大，制度性交易成本越高，例如"政府干预经济程度"等政府干预程度指标。这些指数采用第一类公式计算：

$$\lambda_{ij} = \frac{V_{ij} - V_{\min}}{V_{\max} - V_{\min}} \times 10 \qquad (3-1)$$

其中，V_{ij} 是 i 地区第 j 个指标的原始数据值；$V_{\min}$ 是与其他地区该指标相对应的原始数据中的最小值；$V_{\max}$ 则是最大值；λ_{ij} 为 i 地区第 j 个指标的得分。

2. 当指标数值大小与制度性交易成本负相关时，即指标数值越大，制度性交易成本越低，例如"金融市场化程度"等指标。这些指数采用第二类公式计算：

$$\lambda_{ij} = \frac{V_{\max} - V_{ij}}{V_{\max} - V_{\min}} \times 10 \qquad (3-2)$$

其中，V_{ij} 是 i 地区第 j 个指标的原始数据值；$V_{\min}$ 是与其他地区该指标相对应的原始数据中的最小值；$V_{\max}$ 则是最大值；λ_{ij} 为 i 地区第 j 个指标的得分。

经过上述处理，各项指标得分（包括方面指数、一级分项指数、二级分项指数）均与制度性交易成本成正相关，即指标得分越大，制度性交易成本

越高；反之，则制度性交易成本越低。

（二）方面指数和制度性交易成本总指数的形成及权重的确定

各单项指数的得分计算为形成制度性交易成本各方面指数和总指数提供了基础。而其中关键就是确定各单项指标的权重。为避免主观随机因素的干扰，本书采用熵值法根据各个单项指标的原始数据来确定各单项指标在方面指数中的权重，用这些权重合成制度性交易成本方面指数。然后用同样的方法确定各方面指数在总指数中的权重，合成制度性交易成本总指数。

采用熵值法确定权重的最大特点和优势在于其客观性，根据原始数据本身的特征确定权重而不是个人的主观判断，可以避免主观赋值产生的随机性，同时还能处理多个指标变量的信息重叠问题。熵值法计算公式及具体步骤如下：

第一步，单项指标数值的标准化：经过式（3 – 1）和式（3 – 2）的处理，得到各单项指标得分值 λ_{ij}，形成指标矩阵 $(\lambda_{ij})_{m \times n}$，$m$ 表示地区个数，n 表示单项指标的个数。

第二步，计算第 j 指标下第 i 省份的指标值比重 P_{ij}：

$$P_{ij} = \frac{\lambda_{ij}}{\sum\limits_{i=1}^{m} \lambda_{ij}} \tag{3 – 3}$$

第三步，计算第 j 项指标的熵值 e_j：

$$e_j = -\frac{1}{\ln m} \sum_{i=1}^{m} P_{ij} \ln P_{ij} \tag{3 – 4}$$

第四步，计算各指标权重 w_j。计算公式为：

$$w_j = (1 - e_j) \Big/ \sum_{j=1}^{n} (1 - e_j) \tag{3 – 5}$$

其中，$(1 - e_j)$ 为第 j 项指标的效用价值；$(1 - e_j)$ 越大，指标的重要性越大，其计算结果如表 3 – 7 所示。

第五步，计算各省份在不同年份的指数 u_{ij}。

$$u_{ij} = \sum_{i=1}^{n} w_j \times \lambda_{ij} \tag{3 – 6}$$

由于西藏的缺失数据较多，本书只选择了 30 个省份，选择从 2002 ~ 2017 年共 16 年的宏观省份数据来计算制度性交易成本指标。本书计算的制

度性交易成本指数既可以从横向比较某一年 30 个省份的相对制度性交易成本
高低程度和排序，也可以纵向比较在 16 年的观察期内，各省份制度性交易成
本的变化和全国平均得分的变化趋势。同时，本书构建的 2002 ~ 2017 年制度
性交易成本指数，形成了横向包括 30 个省份、纵向包括 16 个年份的面板数
据，可以进行针对制度性交易成本、企业进入退出与民营企业发展的进一步
研究。

第三节　地区制度性交易成本的测度及现状分析

一、地区制度性交易成本总体变化和分省排序

根据 2002 ~ 2017 年的数据，通过上述计算单项指标得分与熵值法确定权
重等步骤，利用 stata15 软件进行测算，可得到中国 2002 ~ 2017 年度制度性
交易成本的总体变化和 30 个省份的制度性交易成本指数，制度性交易成本总
指数是全国 30 个省份的制度性交易成本平均值，结果如图 3 - 2 所示。

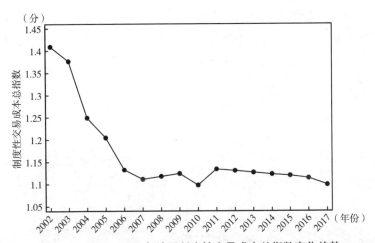

图 3 - 2　2002 ~ 2017 年地区制度性交易成本总指数变化趋势

制度性交易成本总指数显示，我国的制度性交易成本在 2002 ~ 2007 年下
降较快，除了 2010 年制度性交易成本下降之外，2007 ~ 2011 年制度性交易
成本有轻微上升趋势，从 2011 ~ 2017 年制度性交易成本又轻微下降，下降幅
度较小。制度性交易成本总指数得分在 2002 年为 1.41 分，2007 年降至 1.11
分，2008 年和 2009 年制度性交易成本有轻微上升，2010 年降至 1.10 分，

2011 年又上升为 1.13 分，2011~2017 年制度性交易成本下降缓慢，2017 年降至 1.10 分 。总体上看，从 2002~2017 年，制度性交易成本下降幅度为 22.02%。从制度性交易成本总指数变化趋势来看，2002~2007 年，制度性交易成本降幅较大，降幅为 21.28%；2007 年之后，制度性交易成本虽有轻微的上下波动，但基本上保持较为固定的水平，下降困难。

如图 3-3 所示，从制度性交易成本的各方面指数来看，总体来说，从 2002~2017 年，"公共设施成本"方面指数呈明显的下降趋势；"法治水平"方面指数在 2002~2010 年下降较为明显，此后虽有轻微的上下波动，但基本固定；"要素市场干预程度"方面指数在 2002~2017 年有非常轻微的下降趋势；"知识产权保护程度"在 2002~2007 年有轻微下降趋势，但此后基本上保持在固定水平；而"政府干预程度"方面指数在 2002~2012 年有轻微上升趋势，此后较为固定。这表明，这些年来我国在提供公共设施方面有非常大的提升，因获取公共设施而付出的制度性交易成本逐年递减，主要是因为我国在公共基础设施方面的投入很大，明显改善了公共基础设施。虽然法治水平也有大幅提升，但在最近几年并没有很大改善，这说明我国的法治水平还有很大的改善空间。我国的要素市场干预程度有所减轻，但改善不是非常明显，这与我国市场经济的不断发展、成熟有关，市场经济的发展提高了要素市场化程度，但我国的要素市场化程度仍然不高。在知识产权保护方面，从 2002~2017 年知识产权保护水平并没有得到很大提升。值得注意的是，我

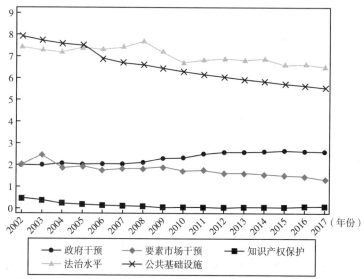

图 3-3　2002~2017 年地区制度性交易成本各方面指数的变化趋势

国的政府干预程度在 2002～2017 年没有任何改善，甚至在 2008～2011 年还有增加的趋势，这主要是因为在我国市场经济尚不成熟的条件下，政府与市场的关系处于不确定性、不稳定状态之中，一旦经济出现问题或受到冲击就会使这两者关系有所变化。2008 年金融危机，使我国这种不稳定的关系加剧，政府的作用就在这种条件下被加强，这就使有利于政府管制的规则等容易出台，从而使制度性交易成本上升。

在制度性交易成本指数的构建中，权重较大的有知识产权保护程度、政府干预程度与要素市场干预程度。因此，可以明显看到，这些年来我国制度性交易成本下降困难的原因主要在于政府干预程度上升，要素市场干预程度和知识产权保护难以改善。政府干预程度的上升增加了制度性交易成本。

表 3-8 的计算结果可以描述我国各省份的制度性交易成本，其数值大小代表制度性交易成本的高低。2002 年制度性交易成本最低的前 5 个省份依次是上海、江苏、浙江、广东、北京（数值分别为 0.78 分、0.91 分、0.91 分、0.92 分、0.94 分）；2017 年制度性交易成本最低的前 5 个省份（市）依次是上海、江苏、广东、山东、天津（数值分别为 0.57 分、0.69 分、0.73 分、0.74 分、0.78 分），上海和江苏制度性交易成本下降幅度较大。

2002 年制度性交易成本最高的后 5 个省份依次是新疆、四川、甘肃、青海、云南（数值分别为 1.49 分、1.52 分、1.60 分、1.77 分、7.35 分）；2017 年制度性交易成本最高的后 5 个省份依次是内蒙古、宁夏、甘肃、青海、新疆（数值分别为 1.37 分、1.42 分、1.58 分、1.66 分、1.84 分）。其中云南制度性交易成本变化下降幅度较大。

2017 年制度性交易成本较低的前 10 个省份中，除了安徽，其他 9 个省份都属于东部地区；制度性交易成本处于中间位置的 10 个省份中，5 个省份属于中部地区，1 个属于东北地区，4 个省份属于西部地区；制度性交易成本较高的后 10 个省份中，海南属于东部地区，2 个省份属于东北地区，其余 7 个省份都属于西部地区①。这说明我国的制度性交易成本存在较大的地区差异。总体上，东部地区制度性交易成本低；中部地区制度性交易成本适中；而西部地区和东北地区制度性交易成本较高。

---

① 东部地区包括北京、天津、河北、上海、江苏、浙江、福建、山东、广东和海南 10 个省份。中部地区包括山西、安徽、江西、河南、湖北和湖南 6 个省份。西部地区包括内蒙古、广西、重庆、四川、贵州、云南、陕西、甘肃、青海、宁夏和新疆 11 个省份。东北地区包括辽宁、吉林和黑龙江 3 个省份。

表3-8 2002~2017年中国30个省份制度性交易成本指数得分

单位:分

省份	2002年	2003年	2004年	2005年	2006年	2007年	2008年	2009年	2010年	2011年	2012年	2013年	2014年	2015年	2016年	2017年	总降幅(%)
北京	0.94	0.91	0.94	0.90	0.82	0.90	0.92	0.97	0.92	0.96	0.92	0.92	0.94	0.99	0.94	0.95	-1.29
天津	1.05	1.09	1.11	1.18	1.11	1.12	1.06	1.08	0.98	0.98	0.93	0.93	0.90	0.87	0.83	0.78	26.30
河北	1.10	1.07	1.08	1.02	0.97	0.91	0.92	0.92	0.89	0.95	0.98	0.98	0.99	1.00	1.01	0.95	13.97
山西	1.22	1.13	1.17	1.17	1.08	1.09	1.09	1.19	1.18	1.18	1.20	1.21	1.17	1.17	1.12	1.08	11.73
内蒙古	1.30	1.28	1.30	1.20	1.25	1.19	1.22	1.23	1.21	1.26	1.28	1.30	1.33	1.30	1.35	1.37	-5.03
辽宁	1.14	1.15	1.16	1.12	1.11	1.09	1.10	1.06	1.06	1.05	1.04	1.06	1.03	0.97	1.05	1.03	9.01
吉林	1.16	1.25	1.26	1.30	1.26	1.20	1.25	1.26	1.27	1.27	1.27	1.30	1.28	1.23	1.25	1.26	-7.74
黑龙江	1.48	1.54	1.24	1.24	1.12	1.15	1.18	1.35	1.35	1.35	1.27	1.27	1.26	1.29	1.25	1.30	12.07
上海	0.78	0.76	0.77	0.77	0.70	0.67	0.72	0.69	0.64	0.64	0.63	0.61	0.60	0.61	0.58	0.57	26.80
江苏	0.91	0.89	0.87	0.85	0.78	0.74	0.74	0.74	0.72	0.75	0.74	0.73	0.73	0.72	0.70	0.69	23.97
浙江	0.91	0.89	0.91	0.90	0.83	0.78	0.79	0.79	0.74	0.76	0.76	0.76	0.80	0.89	0.86	0.86	5.77
安徽	1.10	1.07	1.18	1.20	1.12	1.11	1.08	1.08	1.02	1.02	1.04	1.01	0.98	0.94	0.92	0.94	14.09
福建	0.98	1.00	1.00	1.00	0.94	0.92	0.90	0.89	0.85	0.85	0.88	0.88	0.88	0.89	0.85	0.85	13.09
江西	1.28	1.23	1.24	1.19	1.15	1.09	1.11	1.16	1.10	1.14	1.16	1.18	1.16	1.16	1.13	1.08	15.98
山东	1.13	1.10	1.06	1.09	0.90	0.88	0.87	0.83	0.84	0.84	0.83	0.82	0.78	0.77	0.76	0.74	34.66

续表

省份	2002年	2003年	2004年	2005年	2006年	2007年	2008年	2009年	2010年	2011年	2012年	2013年	2014年	2015年	2016年	2017年	总降幅（%）
河南	1.11	1.18	1.21	1.21	1.03	1.03	1.00	0.98	0.97	1.02	1.00	0.97	0.98	0.94	1.00	0.97	12.62
湖北	1.28	1.40	1.17	1.18	1.13	1.11	1.07	1.06	1.01	1.10	1.13	1.12	1.14	1.13	1.15	1.09	14.77
湖南	1.26	1.20	1.21	1.22	1.14	1.17	1.20	1.20	1.14	1.18	1.14	1.07	1.05	1.02	1.01	0.98	22.43
广东	0.92	0.96	0.90	0.88	0.84	0.80	0.80	0.77	0.83	0.83	0.81	0.85	0.78	0.82	0.76	0.73	20.83
广西	1.28	1.23	1.23	1.20	1.15	1.19	1.18	1.15	1.10	1.16	1.20	1.15	1.11	1.11	1.10	1.11	12.74
海南	1.14	1.16	1.08	1.11	1.07	1.11	1.20	1.21	1.13	1.20	1.16	1.20	1.24	1.21	1.23	1.22	-6.93
重庆	1.15	2.05	1.23	1.26	1.18	1.20	1.16	1.26	1.33	1.53	1.30	1.33	1.23	1.14	1.10	1.05	9.40
四川	1.52	1.54	1.57	1.35	1.24	1.22	1.25	1.21	1.14	1.08	1.09	1.13	1.14	1.12	1.16	1.18	22.37
贵州	1.30	1.33	1.33	1.28	1.29	1.24	1.25	1.30	1.33	1.36	1.37	1.35	1.32	1.30	1.27	1.23	5.69
云南	7.35	4.97	2.36	1.87	1.47	1.37	1.39	1.27	1.23	1.29	1.31	1.28	1.30	1.36	1.28	1.32	82.07
陕西	1.16	1.14	1.13	1.12	1.08	1.07	1.11	1.12	1.11	1.14	1.17	1.19	1.22	1.23	1.21	1.14	1.72
甘肃	1.60	1.95	2.42	1.59	1.61	1.59	1.49	1.51	1.46	1.51	1.53	1.52	1.56	1.56	1.57	1.58	1.38
青海	1.77	1.64	1.30	1.34	1.38	1.40	1.40	1.52	1.63	1.70	1.74	1.70	1.78	1.72	1.74	1.66	6.07
宁夏	1.44	1.33	1.40	1.35	1.31	1.23	1.26	1.40	1.35	1.38	1.42	1.38	1.39	1.46	1.47	1.42	1.71
新疆	1.49	1.85	1.67	2.05	1.92	1.74	1.82	1.50	1.40	1.52	1.59	1.58	1.60	1.65	1.73	1.84	-23.76

2002～2017 年，大部分省份的制度性交易成本都有不同程度的下降，其中降幅最大的 5 个省份依次有云南、山东、上海、天津、江苏（数值分别为 82.07%、34.66%、26.80%、26.30%、23.97%），4 个省份属于东部经济发达地区；降幅最小的省份依次有新疆、吉林、海南、北京、甘肃（数值分别为 −23.76%、−7.74%、−6.93%、−1.29%、1.38%，负号表示增加），除了北京，大部分属于经济欠发达的西部和东北地区。这说明，经济发达的东部地区相对于其他地区，不仅制度性交易成本较低，制度性交易成本下降速度也较快；而在经济欠发达的地区，不仅制度性交易成本较高，制度性交易成本下降速度也相对缓慢，有的省份制度性交易成本甚至还有增加趋势。

二、分四个地区的制度性交易成本总体分析

通过计算四个区域（东部、中部、西部和东北）的制度性交易成本平均值可以得到区域制度性交易成本的变化趋势，如表 3 - 9 和图 3 - 4 所示。

表 3 - 9　　　　2002～2017 年全国及四个区域的制度性交易成本平均值　　　　单位：分

年份	全国	东部	中部	西部	东北
2002	1.41	1.01	1.22	2.09	1.26
2003	1.38	1.00	1.21	1.98	1.31
2004	1.25	0.99	1.21	1.60	1.22
2005	1.20	0.99	1.20	1.47	1.22
2006	1.13	0.92	1.13	1.39	1.16
2007	1.11	0.91	1.11	1.34	1.15
2008	1.12	0.92	1.11	1.35	1.17
2009	1.12	0.91	1.13	1.34	1.22
2010	1.10	0.88	1.09	1.33	1.23
2011	1.13	0.90	1.13	1.39	1.23
2012	1.13	0.90	1.14	1.39	1.20
2013	1.13	0.89	1.12	1.38	1.21
2014	1.12	0.89	1.12	1.39	1.19
2015	1.12	0.90	1.09	1.39	1.16
2016	1.11	0.88	1.10	1.39	1.19
2017	1.10	0.86	1.07	1.38	1.20
降幅（%）	22.02	15.20	12.27	33.92	5.05

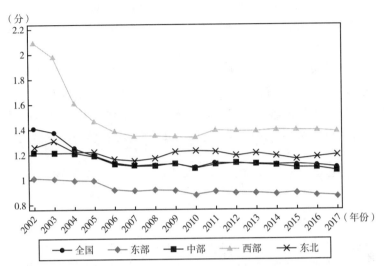

图3-4　2002～2017年全国及四个区域的制度性交易成本变化趋势

2002年，各个区域的制度性交易成本指数值分别是：东部1.01分；中部1.22分；西部2.09分；东北1.26分。2017年，各个区域的制度性交易成本指数值分别是：东部0.86分；中部1.07分；西部1.38分；东北1.20分。这期间，西部地区的下降幅度较大，缩小了与东部地区制度性交易成本的差距，但仍存在较大差距。东北地区的制度性交易成本与东部地区差距在进一步扩大。中部地区的制度性交易成本与东部地区也存在一定的差距。

从图3-4中可以看出，东部地区制度性交易成本平均值最低；中部地区制度性交易成本平均值适中；东北地区制度性交易成本平均值相对较高；而西部地区制度性交易成本平均值最高。东部地区制度性交易成本平均值要低于全国平均水平；而西部和东北地区制度性交易成本平均值要高于全国平均水平；中部地区制度性交易成本平均值相对适中。这说明我国的制度性交易成本存在较大的地区差异。总体上，在经济发达的东部地区，制度性交易成本低；中部地区制度性交易成本适中；而在经济欠发达的西部和东北地区制度性交易成本较高。

全国的制度性交易成本平均值从2002年的1.41分下降到2017年的1.10分，降幅为22.02%。2002～2017年，四大区域的制度性交易成本均值都有不同程度的下降，其中降幅较大的是西部和东部地区（33.92%和15.20%），降幅最小的是东北地区（5.05%）。这也说明，总体上，东北地区相对于其他地区，不仅制度性交易成本较高，而且制度性交易成本下降速度也较慢。

2002～2007 年，所有地区的制度性交易成本下降幅度都很大，这与当时市场经济的推进有关，大力发展市场经济，减少政府的作用，降低了制度性交易成本。在 2008 年，所有地区的制度性交易成本都有所增加，这与当时的经济危机有关，经济萧条下政府干预经济的力度加大，促进了制度性交易成本的提高。从 2008 年之后，东北和西部地区制度性交易成本基本上都维持在固定的水平，下降均比较困难；而东部和中部地区的制度性交易成本虽然有所降低，但下降幅度都很小。这说明，近些年降低制度性交易成本较为困难。

三、总结

通过纵向和横向比较我国过去 15 年的制度性交易成本变化，可以得到很多重要结论。总体上看，2002～2007 年，我国制度性交易成本得到了大幅的降低，但最近几年制度性交易成本较为固定，下降空间较小。具体而言，我国制度性交易成本主要在公共设施成本方面的下降幅度较大，而在政府干预程度方面制度性交易成本较高，下降较困难，同时在要素市场干预、知识产权保护以及法治水平方面仍有很大的改善空间。

从地区发展来看，我国的制度性交易成本存在地区间差异。总体而言，2002～2012 年，东部地区制度性交易成本较低，且下降幅度较大；中部地区制度性交易成本适中，而在经济欠发达的西部和东北地区制度性交易成本较高，其中西部地区的下降幅度最大，缩小了与东部地区制度性交易成本的差距，但仍存在较大差距，东北地区的制度性交易成本与东部地区差距在进一步扩大，中部地区的制度性交易成本与东部地区也存在一定的差距。

纵观全国与各地区的制度性交易成本变化趋势，可以发现，2008 年以前制度性交易成本下降较快；2008 年之后制度性交易成本难以下降，甚至还有轻微上升，大致保持在固定的水平。近年来，我国制度性交易成本上升的主要原因在于外部冲击（2008 年金融危机）使政府出台的一系列强刺激政策加剧了制度供给方式的局限性，经济下行过程中政府采取的一些措施有意或无意地都提高了制度性交易成本，而制度性交易成本难以下降的主要原因也在于政府干预较多，尚未处理好政府与市场的关系。政府与市场的边界不确定且尚未制度化，这种不确定关系在外部因素的冲击下更加剧了政府对经济的控制，政府权力的扩张和政府管理范围的扩大会导致制度性交易成本上升。

第四节 行业制度性交易成本指标的构建、测度与分析

一、行业制度性交易成本指标的构建与计算

本章第一节内容总结和分析了与制度性交易成本有关的各种主流评价指标体系，可以发现，大部分的评价体系都是从区域层面进行衡量，只有中国分省企业经营环境指数中涉及了各行业的企业经营环境分析。这主要是因为我国行业层面的统计数据较少且不易获取。企业经营环境指数是根据对微观企业的问卷调查结果所构建的，从微观企业的角度进行分析。虽然有行业层面的企业经营环境指数分析，能衡量不同行业企业的经营环境，但由于数据年份较少且不连续，难以进行实证方面的分析。

制度性交易成本是由特殊制度所引起的交易成本。地区制度性交易成本的构建考虑了企业进入、经营发展与退出的整个生命周期内所面临的不合理或不公平的特殊制度，如过高的准入壁垒、过多的要素市场管制、不公平的产权和司法保护等制度。地区制度性交易成本包括企业进入的成本、获取要素的成本、获取产权保护和实施的成本等方面。由于行业层面的统计数据单一且数量少，本书对于行业层面制度性交易成本的考察只侧重于企业准入壁垒方面。

很多研究都采用国有企业员工数量在其所在行业的占比（GOV1）和国有企业固定资产投资在其所在行业的占比（GOV2）这两个变量来衡量不同行业中政府的行政垄断程度或管制水平（史宇鹏，2007；李涛等，2017）。本书也同样采用这两个变量作为不同行业制度性交易成本的替代变量，将国有企业员工在所在行业的占比和国有企业固定资产投资在所有行业的占比这两个变量分别赋予50%的权重，然后相加，得到行业制度性交易成本指标，具体计算见式（3-7）。

$$\begin{aligned}\text{行业制度性}\atop\text{交易成本} = \Bigg(&\frac{\text{城镇国有单位就业人员数（万人）}}{\text{城镇单位就业人员数（万人）}}\\ +&\frac{\text{城镇国有企业固定资产投资（亿元）}}{\text{城镇固定资产投资（亿元）}}\Bigg)\times 50\% \quad (3-7)\end{aligned}$$

由于《国民经济行业分类》国家标准于2011年进行了第三次修订，为保证数据统计口径的前后一致，行业分类以2012年国民经济行业分类为准，

剔除掉了公共管理、社会保障和社会组织这一行业，选取 2012～2017 年 18 个行业共 6 年的数据计算行业层面的制度性交易成本。数据来源于 2012～2017 年中国统计年鉴的行业层面经济数据。本书计算的行业制度性交易成本变量形成了横向包括 18 个行业、纵向包括 6 个年份的面板数据，可以进行接下来的经验验证分析。

二、行业制度性交易成本总体变化和分行业排序

根据 2012～2017 年的数据，通过上述方式计算行业制度性交易成本，可得到中国 2012～2017 年度行业制度性交易成本的总体变化和 18 个行业的制度性交易成本指数，行业制度性交易成本总指数是全部 18 个行业制度性交易成本的平均值，结果如图 3-5 所示。

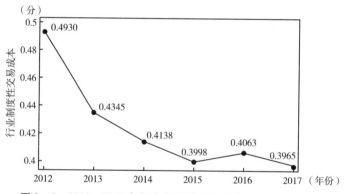

图 3-5　2012～2017 年行业制度性交易成本总指数变化趋势

行业制度性交易成本总指数显示，我国的行业制度性交易成本在 2012～2015 年下降较快；2015～2017 年行业制度性交易成本下降缓慢，甚至还在 2016 年有所升高。行业制度性交易成本总指数得分在 2012 年为 0.4930 分；2015 年降为 0.3998 分，下降较快；2015～2017 年行业制度性交易成本几乎没有下降，甚至在 2016 年上升为 0.4063 分，2017 年降至 0.3965 分。总体上看，2012～2017 年，行业制度性交易成本下降幅度为 19.56%。从行业制度性交易成本总指数变化趋势来看，2012～2015 年，行业制度性交易成本下降较快，降幅为 18.9%；2015 年之后，虽有轻微上升波动，但总体上保持在较固定的水平，下降困难。

表 3-10 是我国 2012～2017 年 18 个行业制度性交易成本的数值，其数

值大小代表制度性交易成本的高低。图 3 - 6 是 18 个行业 2012 年和 2017 年的制度性交易成本。根据表 3 - 10 的计算结果和图 3 - 6 的分析情况，可以描述我国各行业的制度性交易成本。由此可知，2012 年我国制度性交易成本最低的前 3 个行业依次是制造业、批发和零售业、住宿和餐饮业（数值分别为 0.0965 分、0.1654 分、0.1765 分）；2017 年制度性交易成本最低的前 3 个行业仍然是制造业、批发和零售业、住宿和餐饮业（数值分别为 0.0539 分、0.0971 分、0.1287 分）。2012 年制度性交易成本最高的后 3 个行业依次是卫生和社会工作，水利、环境和公共设施管理业，教育（数值分别为 0.8139 分、0.8215 分、0.8533 分）；2017 年制度性交易成本最高的后 3 个行业依然如此（数值分别为 0.7257 分、0.7534 分、0.8366 分）。由此可以看出，较高和较低制度性交易成本的行业种类并没有发生变化，然而各行业自身制度性交易成本的变化有很大差异。

表 3 - 10　　　2012 ~ 2017 年中国 18 个行业制度性交易成本指数得分　　　单位：分

行业	2012 年	2013 年	2014 年	2015 年	2016 年	2017 年	总降幅（%）
农、林、牧、渔业	0.6178	0.6176	0.5888	0.5776	0.5891	0.5812	5.92
采矿业	0.4319	0.309	0.2865	0.274	0.2458	0.2658	38.46
制造业	0.0965	0.0709	0.0615	0.0561	0.0549	0.0539	44.15
电力、热力、燃气及水生产和供应业	0.6672	0.5862	0.5695	0.535	0.5333	0.5086	23.77
建筑业	0.3773	0.337	0.309	0.304	0.3212	0.304	19.43
批发和零售业	0.1654	0.1191	0.1017	0.0951	0.103	0.0971	41.29
交通运输、仓储和邮政业	0.7142	0.6271	0.6079	0.5872	0.5989	0.6053	15.25
住宿和餐饮业	0.1765	0.1398	0.137	0.1317	0.1367	0.1287	27.08
信息传输、软件和信息技术服务业	0.4456	0.3551	0.3046	0.2905	0.2698	0.2287	48.68
金融业	0.4457	0.3875	0.3787	0.3567	0.3216	0.3196	28.29
房地产业	0.2015	0.1666	0.1586	0.161	0.1814	0.1674	16.92
租赁和商务服务业	0.3726	0.294	0.2763	0.2724	0.3061	0.3083	17.26
科学研究和技术服务业	0.5963	0.4822	0.4516	0.4143	0.4129	0.3882	34.90
水利、环境和公共设施管理业	0.8215	0.7891	0.7697	0.7541	0.7688	0.7534	8.29
居民服务、修理和其他服务业	0.4214	0.306	0.2781	0.269	0.3181	0.3033	28.03
教育	0.8533	0.8368	0.8246	0.8234	0.8331	0.8366	1.96
卫生和社会工作	0.8139	0.7966	0.7656	0.7381	0.7402	0.7257	10.84
文化、体育和娱乐业	0.6547	0.6007	0.5797	0.556	0.5792	0.5619	14.17

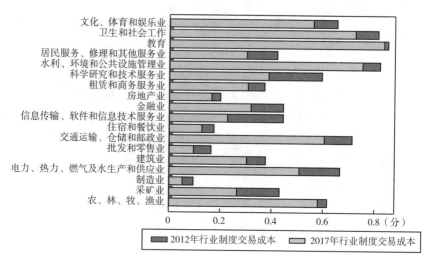

图 3-6 2012 年和 2017 年各行业的制度性交易成本情况

2012～2017 年，制度性交易成本下降幅度最大的前 3 个行业是信息传输、软件和信息技术服务业，制造业，批发和零售业（降幅依次为 48.68%、44.15%、41.29%）；制度性交易成本降幅最小的后 3 个行业依次为教育，农、林、牧、渔业，水利、环境和公共设施管理业（降幅依次为 1.96%、5.92%、8.29%）。可以看出，近些年，我国行业制度性交易成本下降较快的行业都是传统的竞争性行业，政府管控和行业进入壁垒的减少较多；而行业制度性交易成本下降较慢的行业是资源（土地、水力）性行业以及教育行业，这类行业的垄断性较强，政府管制较多。

上述分析可表明，在我国的 18 个行业中，2012～2017 年，制造业，批发和零售业这两类行业的制度性交易成本较低，并且制度性交易成本的降幅非常大；教育，水利、环境和公共设施管理业这两类行业的制度性交易成本较高，并且制度性交易成本的降幅很小。

三、分两类行业的制度性交易成本总体分析

图 3-7 是中国 18 个行业的制度性交易成本，可以看出，有些行业的制度性交易成本在行业制度性交易成本均值的上方；而有些行业的行业制度性交易成本在行业制度性交易成本均值的下方。本书根据各行业制度性交易成本与行业制度性交易成本均值的大小，将 18 个行业分为两类：

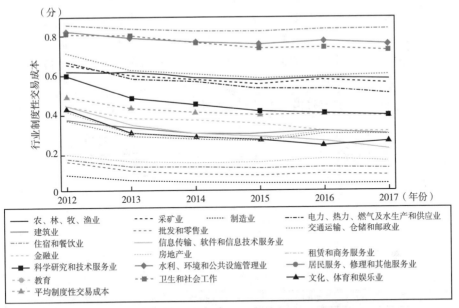

图 3-7 2012~2017 年中国 18 个行业制度性交易成本

第一类，2012~2017 年的制度性交易成本均明显高于各行业制度性交易成本均值的行业，也称作高制度性交易成本行业，包括 8 个行业：教育；水利、环境和公共设施管理业；卫生和社会工作；农、林、牧、渔业；电力、热力、燃气及水生产和供应业；交通运输、仓储和邮政业；科学研究和技术服务业；文化、体育和娱乐业。可以看到，其中一些行业都涉及资源（土地、电力、水力）的利用，并且都属于传统的资源型垄断行业（农林牧渔、水力、电力、交通）。其余的行业如教育，卫生和社会工作，科学研究和技术服务业，文化、体育和娱乐业，都涉及意识形态和国家安全方面，所以政府管控较多，制度性交易成本较高。

第二类，2012~2017 年的制度性交易成本均明显低于各行业制度性交易成本均值的行业，也称作低制度性交易成本行业，包括 10 个行业：采矿业；制造业；建筑业；批发和零售业；住宿和餐饮业；信息传输、软件和信息技术服务业；金融业；房地产业；租赁和商务服务业；居民服务、修理和其他服务业。很显然，其中很多行业都是传统的竞争性行业，例如制造业；建筑业；住宿餐饮业；批发零售业；租赁和商务服务业；居民服务业。信息传输业属于新兴服务业，多数属于竞争性领域。因此，低制度性交易成本的行业大多数都是竞争性行业。

图3-8是分高制度性交易成本和低制度性交易成本两类行业的制度性交易成本总体分析。可以看出，2012~2017年，行业制度性交易成本的平均值总体上呈现下降趋势，尤其是在2012~2015年的下降趋势最快；低制度性交易成本行业也总体上呈现下降趋势，但是在2014~2017年的下降趋势不明显，较固定；高制度性交易成本行业的制度性交易成本在2012~2017年的几乎没有下降趋势，只有轻微的波动，一直维持在较高的水平。

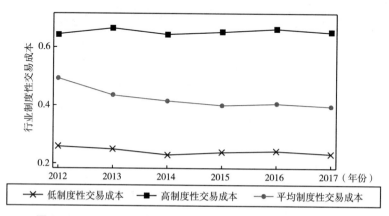

图3-8 2012~2017年分两类行业的制度性交易成本总体分析

四、总结

通过纵向和横向比较我国2012~2017年18个行业的制度性交易成本变化，可以看出很多重要信息。总体上看，2012~2017年，我国行业制度性交易成本得到大幅下降，呈下降趋势，但从2015年开始，行业制度性交易成本下降缓慢，较为固定。从不同行业来看，我国不同行业间的制度性交易成本存在较大差异。高制度性交易成本行业主要是一些资源垄断性行业和涉及意识形态、国家安全的政府管控较多的行业；低制度性交易成本行业较多是属于竞争性领域的行业，例如一些传统的竞争性行业和新兴服务业。从不同行业制度性交易成本的变化趋势来看，可以发现，信息传输、软件和信息技术服务业，制造业，批发和零售业这三类行业自身的制度性交易成本较低，制度性交易成本的下降幅度也较大；教育，农、林、牧、渔业，水利、环境和公共设施管理业这三类行业本身制度性交易成本较高，而下降幅度却都较小。这主要还是因为，在资源垄断性行业和政府管控较多的行业，涉及国民经济安全，准入壁垒会相对较高，下降也比较困难，所以制度性交易成本保持在较高的水平。

第四章

制度性交易成本与企业进入退出

第一节 地区制度性交易成本与企业进入退出

一、引言

制约企业发展的制度环境的好坏可以用制度性交易成本的高低来反映。高制度性交易成本下的制度环境不利于企业的发展。根据赫希曼的"退出呼吁"理论以及蒂博特的"用脚投票"理论可知，如果一个地区的外部制度环境不利于企业发展或企业不满于该地区的制度环境时，企业可以选择迁移到其他地区，通过退出的方式表示不满，进入到有利于其发展的较好的外部制度环境中，以实现利润最大化和制度性交易成本最小化。与此同时，也伴随着各种生产要素的流动，最终会导致区域经济发展的差异。因此，制度性交易成本的高低成为影响企业进入和退出的关键因素，在不同的制度环境下，企业面对的制度性交易成本不同，也会做出不同的进入退出行为。现阶段我国的制度性交易成本如何影响企业进入退出，不同地区间制度性交易成本存在显著差异，是否也会使各地的企业进入和退出产生差异现象？本节将从地区层面探讨制度性交易成本对企业进入和退出的影响及区域差异性。

二、研究设计

（一）计量模型设定

首先，从地区层面考察制度性交易成本对企业进入退出的影响，构造如下回归模型来分析地区制度性交易成本对企业进入退出的影响：

$$ENTRY_{pt} = \alpha_1 ITCD_{pt} + \alpha_2 Z_{pt} + \lambda_p + \mu_t + \theta_{pt} \qquad (4-1)$$

$$EXIT_{pt} = \alpha_1 ITCD_{pt} + \alpha_2 Z_{pt} + \lambda_p + \mu_t + \theta_{pt} \qquad (4-2)$$

其中，p 代表地区；t 代表年份。$ENTRY_{pt}$ 是 p 地区在第 t 年的企业进入率，$EXIT_{pt}$ 是 p 地区在第 t 年的企业退出率，二者分别作为被解释变量。$ITCD_{pt}$ 是 p 地区在第 t 年的制度性交易成本，为核心解释变量。Z_{pt} 是省级层面的控制变量，包含经济发展水平（人均 GDP）、教育水平、财政自主度、地区开放度、城镇化水平和研发强度等。λ_p 和 μ_t 分别是省份固定效应和年份固定效应，θ_{pt} 是随机扰动项。

（二）变量说明与数据来源

1. 被解释变量。地区企业进入率和企业退出率。衡量企业进入和退出的最佳指标是分别考察各年份新进入的企业数量和退出的企业数量，然而国内的统计资料目前并没有对各个地区及各个行业企业的进入和退出进行分别统计，只提供了每年的企业数，因此无法区分进入企业数目和退出企业数目。受统计资料和数据的制约，很多学者一般用计算净进入的方式来替代进入与退出，这种衡量方式难以区分进入效应和退出效应。本书参考杜传忠（2010）等的做法，将《中国基本单位统计年鉴》中按地区、企业营业状态（"营业""停业""筹建""当年关闭""当年破产"和"其他"）分组下的"筹建"和"当年关闭"企业法人单位数，看作是某地区当期的企业纯进入数目和纯退出数目。纯进入和纯退出是衡量企业进入和退出比较理想的指标，企业进入率为该地区的纯进入数目与企业法人单位总数之比；企业退出率为该地区的纯退出数目与企业法人单位总数之比。由于《中国基本单位统计年鉴》中按地区、营业状态分组的企业法人单位数据在 2008 年以前统计口径发生变化，本章使用 2009～2017 年 30 个省份（港澳台地区及西藏除外）的数据计算企业进入率和退出率。

2. 核心解释变量。地区制度性交易成本作为核心解释变量，采用第二章构建的地区制度性交易成本指标进行衡量。

3. 控制变量。控制变量包括经济发展水平（人均 GDP）、教育水平、财政自主度、地区开放度、城镇化水平和研发强度等。数据来源于 2009～2017 年中国各省份统计年鉴的宏观经济数据。经济发展水平（$pergdp$），用人均 GDP 的自然对数来衡量地区的经济发展水平。教育水平（$education$），用普通高等学校在校学生人数与地区人口的比例来衡量。财政自主度（$finanauto$），用财政收入占财政支出的比例来衡量。一个地区的财政自主度越高，当地政府的财政压力越小，对企业征收的税费和制度性交易费用可能也越低，从而对企业进入退出产生影响。地区开放度（*open*），用进出口总额占 GDP 比重衡量。城镇化水平（*urban*），用各地区城镇人口与总人口之比来衡量。研发强度（*R&D intensity*），用各地区研发经费支出来衡量。

三、模型检验及结果分析

（一）基准回归结果

为考察地区制度性交易成本对企业进入退出的影响。本书首先运用静态面板估计方法对 2009～2017 年中国 30 个省份的面板数据进行估计，并进行解释变量内生性的 Hausman 检验。Hausman 检验的 *P* 值为 0.000，在 1% 显著性水平下拒绝了所有解释变量均外生的原假设。GMM 方法从矩条件出发，构造包含参数的方程，不需要对变量的分布进行假定，也不需要知道随机干扰项的分布信息，可以有效地解决内生性问题。因此，在静态面板回归的基础上，加入被解释变量的一阶滞后项，构建动态面板数据 GMM 模型进行估计，同时为了克服模型中的内生性问题，选择广义矩 GMM 估计全样本数据。表 4-1 报告了计量模型的回归结果。

表 4-1　　　　　　地区制度性交易成本对企业进入退出的影响

因变量	(1)	(2)	(3)	(4)
	差分 GMM		系统 GMM	
	企业进入率	企业退出率	企业进入率	企业退出率
L. 企业进入	0.647 *** (0.047)		0.705 *** (0.017)	
L. 企业退出		0.714 *** (0.071)		0.620 *** (0.046)
地区制度性交易成本	-0.073 *** (0.013)	-0.010 *** (0.002)	-0.005 (0.012)	-0.006 *** (0.001)
人均 GDP（元）	0.015 (0.013)	0.003 (0.002)	0.026 *** (0.008)	0.003 ** (0.001)
教育水平	-0.000 (0.000)	0.000 (0.000)	0.000 *** (0.000)	0.000 *** (0.000)
财政自主度	0.042 (0.029)	-0.012 ** (0.005)	0.066 *** (0.012)	-0.006 * (0.004)

续表

因变量	(1)	(2)	(3)	(4)
	差分 GMM		系统 GMM	
	企业进入率	企业退出率	企业进入率	企业退出率
地区开放度	0.138 * (0.084)	0.050 ** (0.023)	0.124 *** (0.040)	0.091 *** (0.014)
城镇化水平	− 0.006 (0.012)	− 0.001 (0.003)	− 0.006 (0.015)	0.003 (0.002)
研发强度	− 0.020 ** (0.009)	− 0.000 (0.002)	− 0.033 *** (0.003)	− 0.003 *** (0.001)
Constant	− 0.117 (0.085)	− 0.022 (0.014)	− 0.192 *** (0.056)	− 0.021 ** (0.009)
AR (1)	0	0	0	0
AR (2)	0.1374	0.1371	0.2484	0.1849
Sargan 检验	0.3727	0.1021	0.1271	0.2345
Observations	270	270	270	270

注：*** 、** 、* 分别表示在 1%、5%、10% 的显著性水平，括号内数字为相应的稳健标准误，AR（1）、AR（2）和 *Sargan* 检验分别提供检验的 *P* 值。

表 4 - 1 中，模型（1）和模型（2）为采用差分 GMM 方法对地区制度性交易成本影响企业进入率和企业退出率分别进行估计的回归结果；模型（3）和模型（4）为使用系统 GMM 方法进行估计的结果。表 4 - 1 中，所有方程的 AR（2）提供的 *P* 值均在 10% 的显著性水平下接受原假设，表明模型中差分方程的残差序列只存在一阶序列相关，不存在二阶序列相关，模型通过了自相关检验。表 4 - 1 中，*Sargan* 检验提供的 *P* 值也在 10% 的显著性水平下接受原假设，表明所有的工具变量都是严格外生的，都是有效的。因此，差分 GMM 和系统 GMM 的估计结果是一致且可靠的。表 4 - 1 中，核心解释变量以及控制变量对企业进入率和企业退出率回归系数的显著性和方向大致相同，进一步说明实证结果是可靠的。具体来看：

1. 针对核心解释变量来说，在考虑模型的动态效应之后，差分 GMM 和系统 GMM 模型（1）和模型（3）的回归结果均显示地区制度性交易成本对企业进入率存在负向影响。这说明地区制度性交易成本的增加不利于企业进入，因为制度性交易成本的增加会加大企业的经营成本、降低企业预期收入和投资动机，从而阻碍企业进入。降低地区制度性交易成本则提高企业进入率，促进企业进入。模型（1）的结果中地区制度性交易成本指数的系数为

-0.073，说明地区制度性交易成本每降低 1 个单位，企业进入率将增加 7.3%。差分 GMM 和系统 GMM 模型（2）和模型（4）的回归结果均显示地区制度性交易成本对企业退出率存在显著负向影响。这说明地区制度性交易成本的增加不利于企业退出，降低制度性交易成本能提高企业退出率，促进企业退出。模型（2）的结果中地区制度性交易成本指数的系数为 -0.01，说明地区制度性交易成本每降低 1 个单位，企业退出率将增加 1%。实证结果与前文理论分析部分提出的假设一致，制度性交易成本的增加不利于企业的进入和退出。因此，得到初步研究结论，地区制度性交易成本会影响企业的进入和退出，地区制度性交易成本的增加不利于企业的进入和退出；降低地区制度性交易成本，能降低企业进入退出的成本，使企业进入和退出更加自由，从而提高企业进入率和退出率。

2. 针对控制变量来说，根据模型（3）和模型（4）的结果可知，人均 GDP、教育水平和地区开放度这三个控制变量对企业进入率和企业退出率都存在显著正向影响，说明一个地区提升人均 GDP、教育水平和贸易开放度，能提高企业进入率和退出率。因为人均 GDP、教育水平和贸易开放度越高，说明经济市场化程度越高，企业进入退出的限制就较少，企业进入和退出都比较容易，企业进入率和退出率也会较高。而研发强度这一变量对企业进入率和企业退出率的影响都显著为负，说明一个地区的研发强度越大，该地区的企业进入和退出越不容易。这可能是因为在研发强度大的地区，企业进入存在较高的技术性障碍，企业进入较为困难，企业进入壁垒同样也是企业退出的壁垒，企业退出成本也较高，企业不会轻易退出，所以企业进入率和退出率较低。财政自主度与企业进入率显著正相关；与企业退出率显著负相关。这说明财政自主度越高，企业进入越容易，企业退出越不容易，可能是因为在财政自主度高的地区，企业税收负担较轻，制度性交易成本较低，企业更愿意进入市场，而政府通过财政补贴、贷款等方式对衰退企业的帮助，降低了企业退出率。

（二）异质性分析

为考察制度性交易成本影响企业进入退出的区域差异，本书将全部样本分为东部、中部、西部和东北四大区域来检验其影响。表 4-2 为在系统 GMM 模型下制度性交易成本影响企业进入退出的区域差异估计结果。

表 4 - 2　　　　　　制度性交易成本影响企业进入退出的区域差异分析

因变量	系统 GMM							
	（1）东部企业进入率	（2）中部企业进入率	（3）西部企业进入率	（4）东北企业进入率	（5）东部企业退出率	（6）中部企业退出率	（7）西部企业退出率	（8）东北企业退出率
L. 企业进入	0.719 *** (0.240)	0.881 *** (0.054)	0.774 ** (0.365)	0.776 *** (0.124)				
L. 企业退出					0.680 *** (0.069)	0.523 *** (0.130)	-3.673 (2.333)	0.332 (0.602)
地区制度性交易成本	-0.162 *** (0.049)	-0.107 *** (0.037)	-0.185 (0.206)	-0.143 ** (0.067)	-0.010 ** (0.004)	-0.006 (0.009)	-0.002 (0.016)	-0.003 (0.072)
人均 GDP（元）	0.048 (0.142)	-0.071 *** (0.026)	0.465 (0.328)	-0.027 * (0.015)	-0.002 (0.004)	-0.008 (0.007)	-0.041 (0.033)	0.013 (0.021)
教育水平	0.000 ** (0.000)	-0.001 * (0.000)	0.002 (0.002)	0.001 (0.001)	-0.000 (0.000)	0.000 (0.000)	-0.000 (0.000)	-0.000 (0.000)
财政自主度	-0.041 (0.172)	0.021 (0.047)	-0.125 (0.168)	-0.120 ** (0.049)	0.016 ** (0.007)	0.000 (0.014)	-0.007 (0.020)	-0.008 (0.058)
贸易开放度	0.635 (0.507)	0.450 (0.595)	-7.281 (6.603)	0.906 (0.675)	0.022 (0.015)	0.313 * (0.172)	1.317 ** (0.612)	-0.179 (0.953)
城镇化水平	-0.075 (0.282)	0.207 ** (0.090)	-3.611 (2.836)	-0.302 * (0.180)	0.008 * (0.004)	-0.000 (0.023)	0.019 (0.096)	-0.030 (0.213)
研发强度	-0.025 (0.042)	0.052 ** (0.021)	-0.123 (0.079)	0.028 (0.023)	0.001 (0.002)	0.004 (0.004)	0.006 (0.009)	-0.001 (0.022)
constant	-0.261 (1.059)	0.353 ** (0.176)	-2.477 (1.645)	0.404 ** (0.200)	-0.003 (0.027)	0.055 (0.044)	0.433 (0.289)	-0.074 (0.219)
AR（1）	0	0	0	0	0	0	0	0
AR（2）	0.2917	0.3321	0.5880	0.4049	0.3612	0.1664	0.2149	0.5501
Sargan 检验	0.9999	0.2796	1	0.922	0.9983	0.5383	1	0.9647
Observations	99	63	81	27	99	63	81	27

注：*** 、** 、* 分别表示在 1%、5%、10% 的显著性水平，括号内数字为相应的稳健标准误，AR（1）、AR（2）和 Sargan 检验分别提供检验的 P 值。

从表 4 - 2 结果可以得知，AR（2）和 Sargan 检验提供的 P 值均在 10% 的显著性水平上接受原假设，进一步证明回归结果的可靠性。

首先，分析制度性交易成本影响企业进入率的区域差异。表4-2中，模型（1）~模型（4）分别是东部、中部、西部和东北地区制度性交易成本对企业进入率的影响。东部、中部和东北地区制度性交易成本对企业进入率存在显著负向影响。因为制度性交易成本的增加会加大企业的经营成本、降低企业预期收入和投资动机，从而阻碍企业进入。这说明东部、中部和东北地区制度性交易成本的降低有助于促进企业进入率的提高，这与基准回归的全样本估计结果一致。东部地区制度性交易成本系数为-0.162；中部地区制度性交易成本系数为-0.107；东北地区制度性交易成本系数为-0.143，说明制度性交易成本对东部地区企业进入率的影响最大，东部地区制度性交易成本较低，市场化程度高，企业进入市场的障碍较小。因此，企业进入对制度性交易成本的变化较为敏感，降低制度性交易成本，可以促进企业进入率大幅提升。而西部地区制度性交易成本对企业进入率的影响为负，但不显著，说明西部地区制度性交易成本对企业进入率的影响还没有显现，其主要原因可能在于：西部地区制度性交易成本较高，企业进入对制度性交易成本的变化不敏感，降低制度性交易成本并不会显著增加企业进入，只有当制度性交易成本下降到一定程度时，才会对企业进入率产生影响。

其次，分析制度性交易成本影响企业退出的区域差异。表4-2中的模型（5）~模型（8）分别是东部、中部、西部和东北地区制度性交易成本对企业退出率的影响。其中，只有在东部地区制度性交易成本对企业退出率存在显著负向影响，这说明东部地区制度性交易成本的降低有助于促进企业退出率的提高，在其他地区制度性交易成本对企业退出的影响不显著。这是因为，在东部地区制度性交易成本较低，市场竞争机制在企业退出中发挥的作用较大，企业退出对制度性交易成本敏感，降低制度性交易成本，有利于企业的退出。而在其他地区，降低制度性交易成本，对企业退出的作用不明显。一方面可能是因为，在其他地区制度性交易成本非常高，企业退出对制度性交易成本的变化不敏感，只有当制度性交易成本下降到一定程度时，才会对企业退出产生影响。另一方面可能是因为，在其他地区制度性交易成本本身较高，在高制度性交易成本的制度环境下因寻租、产权保护不足而受损害以致破产退出的企业，在降低制度性交易成本的条件下会得以存续，因此降低制度性交易成本，反而不利于企业退出，对企业退出的负向影响不显著。

（三）稳健性检验

为了检验研究结论的稳健性，采用差分 GMM 模型对制度性交易成本影响企业进入率和退出率的区域异质性进行了估计，具体回归结果如表4-3所示。从回归结果来看，制度性交易成本对企业进入率和企业退出率的回归系数方向和显著性均与表4-2的结果大体一致，进一步说明本书的研究结论稳健可靠。

表4-3　　制度性交易成本影响企业进入退出区域异质性的稳健性回归

因变量	差分 GMM							
	(1) 东部 企业进入	(2) 中部 企业进入	(3) 西部 企业进入	(4) 东北 企业进入	(1) 东部 企业退出	(2) 中部 企业退出	(3) 西部 企业退出	(4) 东北 企业退出
L. 企业进入	0.675 ** (0.288)	0.462 *** (0.101)	-3.273 (3.005)	0.803 *** (0.108)				
L. 企业退出					0.629 *** (0.087)	0.396 ** (0.180)	-9.983 ** (4.176)	0.096 (0.665)
地区制度性 交易成本	-0.118 *** (0.024)	-0.126 *** (0.026)	-1.111 (0.917)	-0.068 (0.067)	-0.137 *** (0.042)	-0.012 (0.010)	-0.013 (0.012)	-0.007 (0.104)
人均GDP （元）	0.039 (0.038)	-0.056 * (0.030)	1.876 (1.415)	-0.013 (0.015)	-0.000 (0.004)	-0.001 (0.009)	0.159 *** (0.056)	0.008 (0.024)
教育水平	0.000 (0.000)	-0.001 *** (0.000)	0.006 (0.005)	0.000 (0.001)	-0.000 ** (0.000)	-0.000 (0.000)	0.001 ** (0.001)	0.000 (0.001)
财政自主度	-0.216 (0.138)	-0.076 (0.056)	-1.044 (0.855)	-0.045 (0.074)	0.020 ** (0.009)	-0.006 (0.017)	-0.015 (0.017)	0.068 (0.121)
贸易开放度	0.713 (0.748)	-0.474 (0.436)	-28.362 (23.551)	0.474 (0.722)	-0.019 (0.063)	0.375 ** (0.165)	-5.781 *** (2.237)	0.024 (1.231)
城镇化水平	-0.054 (0.048)	0.194 *** (0.073)	-19.721 (15.183)	-0.358 ** (0.176)	0.007 (0.004)	-0.009 (0.025)	-1.841 *** (0.700)	-0.071 (0.230)
研发强度	-0.013 (0.029)	0.065 *** (0.020)	0.492 (0.422)	0.012 (0.024)	-0.001 (0.002)	-0.000 (0.007)	-0.048 ** (0.019)	-0.020 (0.035)
constant	-0.116 (0.373)	0.225 (0.213)	-10.574 (7.935)	0.326 ** (0.163)	-0.008 (0.029)	0.016 (0.064)	-0.390 *** (0.144)	-0.004 (0.227)
AR (1)	0	0	0	0	0	0	0	0
AR (2)	0.4136	0.1334	0.4929	0.3026	0.3258	0.2203	0.5912	0.4112
Sargan 检验	1	0.7356	1	0.7149	0.9704	0.2048	1	0.6159
Observations	99	63	81	27	99	63	81	27

注：***、**、*分别表示在1%、5%、10%的显著性水平，括号内数字为相应的稳健标准误，AR（1）、AR（2）和 *Sargan* 检验分别提供检验的 P 值。

第二节　行业制度性交易成本与企业进入退出

一、引言

一直以来，在我国的某些政府管制性行业如垄断性行业等，企业进入要受到政府审批和法律法规的限制，准入壁垒较高；而在某些行业的准入壁垒则较低。在不同行业，政府的管制程度和企业进入壁垒不同。相对于制造企业，在我国开办服务企业要经过更多的审批手续，过多的审批手续增加了企业进入的制度性交易成本。据中国财政科学研究院降成本课题组的调查显示，当前制度性交易成本因企业类型、地区行业不同，呈现出升降不一、结构差异显著的特征。从分行业来看，以电力、电信、金融为代表的垄断性行业的制度性交易成本较高；而一些竞争性行业的制度性交易成本则较低。制度性交易成本的存在，使企业必须经受各种行政审批环节才能进入新的市场，增加了企业的进入成本，降低了企业的预期利润和投资动机，从而影响其自由进入与退出。行业制度性交易成本如何影响企业的进入与退出？这是本节要验证的第一个问题。不同行业面临的政府管制不同，制度性交易成本也不同，在高制度性交易成本的行业和低制度性交易成本的行业中，制度性交易成本对企业进入退出是否具有差异性影响？本节验证的第二个问题就是不同行业制度性交易成本对企业进入退出的影响差异。

二、研究设计

（一）计量模型设定

从行业层面考察制度性交易成本对企业进入退出的影响，构造如下回归模型来分析行业制度性交易成本对企业进入退出的影响：

$$ENTRY_{qt} = \alpha_1 IITC_{qt} + \alpha_2 Z_{qt} + \lambda_q + \mu_t + \theta_{qt} \qquad (4-3)$$

$$EXIT_{qt} = \alpha_1 IITC_{qt} + \alpha_2 Z_{qt} + \lambda_q + \mu_t + \theta_{qt} \qquad (4-4)$$

其中，q 代表行业；t 代表年份。$ENTRY_{qt}$ 是 t 年在 q 行业的企业进入率，$EXIT_{qt}$ 是 t 年在 q 行业的企业退出率，二者分别作为被解释变量。$IITC_{qt}$ 是 t 年 q 行业的制度性交易成本，为核心解释变量。Z_{qt} 是行业层面的控制变量，包含行业人均增加值、行业固定资产投资、行业外商直接投资、行业就业人员数等。λ_q 和 μ_t 分别是行业固定效应和年份固定效应，θ_{qt} 是随机扰动项。

（二）变量说明与数据来源

1. 被解释变量。行业层面的企业进入率和企业退出率。《中国基本单位统计年鉴》中有按行业门类、企业营业状态分组的企业法人单位数这一数据。与上文类似，将《中国基本单位统计年鉴》中按行业、企业营业状态（"营业""停业""筹建""当年关闭""当年破产"和"其他"）分组下的"筹建"和"当年关闭"企业法人单位数，看做是某行业当期的企业纯进入数目和纯退出数目。纯进入和纯退出是衡量企业进入和退出比较理想的指标，企业进入率为该行业的纯进入数目与企业法人单位总数之比；企业退出率为该行业的纯退出数目与企业法人单位总数之比。由于《国民经济行业分类》国家标准于 2011 年进行了第三次修订，为保证数据统计口径的前后一致，行业分类以 2012 年国民经济行业分类为准，剔除掉了公共管理、社会保障和社会组织这一行业，选取 2012～2017 年 18 个行业的数据计算行业层面的企业进入率和退出率。

2. 核心解释变量。行业制度性交易成本作为核心解释变量。采用第二章构建的行业制度性交易成本指标进行衡量。

3. 控制变量。行业人均增加值（IEV），用行业增加值与行业员工人数之比来衡量。此外，还有行业固定资产投资（$IFAI$）、行业外商直接投资（$IFDI$）、行业就业人员数（INE）等控制变量。数据来源于 2012～2017 年中国统计年鉴的行业层面经济数据。

三、模型检验及结果分析

（一）基准回归结果

为考察行业制度性交易成本对企业进入退出的影响。本书首先运用静态面板估计方法对 2012～2017 年中国 18 个行业的面板数据进行估计，并进行了解释变量内生性的 Hausman 检验。Hausman 检验的 P 值为 0.000，在 1% 显著性水平下拒绝了所有解释变量均外生的原假设。为有效地解决内生性问题，本书在静态面板回归的基础上，加入被解释变量的一阶滞后项，构建动态面板数据 GMM 模型进行估计。表 4 - 4 报告了计量模型的回归结果。

表 4 - 4 行业制度性交易成本对企业进入退出的影响

因变量	差分 GMM		系统 GMM	
	(1) 企业进入率	(2) 企业退出率	(3) 企业进入率	(4) 企业退出率
L. 企业进入	0.513 *** (0.092)		0.720 *** (0.049)	
L. 企业退出		0.227 (0.241)		0.828 *** (0.198)
行业制度性 交易成本	- 0.018 *** (0.005)	- 0.072 *** (0.015)	- 0.050 ** (0.024)	- 0.032 ** (0.014)
行业人均增加值	0.025 ** (0.010)	- 0.015 *** (0.005)	0.003 (0.007)	0.003 (0.005)
行业固定资产投资	0.005 (0.006)	0.003 (0.002)	0.001 (0.004)	0.006 *** (0.002)
行业外商直接投资	0.000 (0.001)	0.001 (0.001)	0.000 (0.001)	0.000 (0.000)
行业就业人员数	- 0.011 (0.012)	- 0.020 *** (0.006)	0.002 (0.007)	- 0.006 (0.008)
constant	- 0.264 (0.170)	0.313 *** (0.100)	- 0.040 (0.126)	- 0.050 (0.099)
AR (1)	0	0	0	0
AR (2)	0.7754	0.2697	0.8142	0.3741
Sargan 检验	0.3033	0.1127	0.3015	0.1322
Observations	95	95	95	95

注：*** 、 ** 、 * 分别表示在1%、5%、10%的显著性水平，括号内数字为相应的稳健标准误，AR (1)、AR (2) 和 *Sargan* 检验分别提供检验的 P 值。

表 4 - 4 中，模型 (1) 和模型 (2) 为采用差分 GMM 方法对行业制度性交易成本影响企业进入率和企业退出率分别进行估计的回归结果；模型 (3) 和模型 (4) 为使用系统 GMM 方法进行估计的结果。表 4 - 4 中，所有方程的 AR (2) 提供的 P 值均在 10% 的显著性水平下接受原假设，表明模型中差分方程的残差序列只存在一阶序列相关，不存在二阶序列相关，模型通过了自相关检验。表 4 - 4 中，*Sargan* 检验提供的 P 值也在 10% 的显著性水平下接受原假设，表明所有的工具变量都是严格外生的，都是有效的。因此，差

分 GMM 和系统 GMM 的估计结果是一致且可靠的。表 4 - 4 中，核心解释变量以及控制变量对企业进入率和企业退出率回归系数的显著性和方向大致相同，进一步说明实证结果是可靠的。具体来看：

1. 从核心解释变量看，在考虑模型的动态效应之后，差分 GMM 和系统 GMM 模型（1）和模型（3）的回归结果均显示行业制度性交易成本对企业进入率存在显著负向影响。这说明行业层面制度性交易成本的增加不利于企业进入，增加行业制度性交易成本，会降低企业进入率，降低行业制度性交易成本则能提高企业进入率。这是因为降低行业制度性交易成本能减少企业进入的限制和成本，加大企业的预期收入和投资动机，促使企业进入。模型（1）的结果中行业制度性交易成本指数的系数为 - 0.018，说明制度性交易成本每降低 1 个单位，企业进入率将增加 1.8%。差分 GMM 和系统 GMM 模型（2）和模型（4）的回归结果均显示行业制度性交易成本对企业退出率存在负向影响。这说明行业层面制度性交易成本的增加也不利于企业退出，行业制度性交易成本增加了企业退出的成本，使企业退出困难，降低制度性交易成本有利于促进企业退出。模型（2）的结果中行业制度性交易成本指数的系数为 - 0.072，说明制度性交易成本每降低 1 个单位，企业退出率将增加 7.2%。实证结果与前文理论分析部分提出的假设相一致，制度性交易成本降低，使市场环境更加公平，促进了市场竞争，产生优胜劣汰的效应，能够促进企业的进入和退出，制度性交易成本增加不利于企业的进入和退出。因此，得到初步研究结论，行业层面制度性交易成本的降低有利于促进企业的进入和退出。

2. 从控制变量来看，行业人均增加值对企业进入率的影响显著为正，说明行业人均增加值的提高，能促进企业进入。因为人均增加值较高的行业投资利润较高，发展前景较好，企业进入就多，提高了企业进入率。行业人均增加值对企业退出率的影响显著为负，说明提高行业人均增加值，能提高行业投资利润，阻碍了企业退出。行业固定资产投资对企业退出率影响显著为正，说明行业固定资产投资的增加会提高该行业的企业退出率，这可能是由于行业固定资产投资增多，会导致产能过剩或者该行业竞争较大，促进了企业退出。行业就业人员数与企业退出率具有显著的负向关系，说明行业就业人员数越多，企业退出越多，这可能是因为就业人员数较多的行业多为服务业，企业之间竞争比较多，企业更替频繁，企业退出率较高。

（二）异质性分析

不同行业间的政府管制程度具有较大差异，导致企业进入和退出在行业层面存在差异现象。因此，为考察制度性交易成本影响企业进入退出的行业差异，本书根据各行业制度性交易成本与行业制度性交易成本总体均值的大小，分为高制度性交易成本行业和低制度性交易成本行业的样本，分别进行回归检验。表4–5为在系统GMM模型下制度性交易成本影响企业进入退出的行业差异估计结果。

表4–5　　　　　　　　　　　行业制度性交易成本高低差异分析

因变量	系统 GMM							
	(1)	(2)	(3)	(4)	(5)	(6)	(7)	(8)
	高制度性交易成本		低制度性交易成本		高制度性交易成本		低制度性交易成本	
	企业进入率	企业进入率	企业进入率	企业进入率	企业退出率	企业退出率	企业退出率	企业退出率
L. 企业进入	0.751 *** (0.038)	-0.011 (0.381)	0.745 *** (0.066)	0.585 *** (0.061)				
L. 企业退出					0.324 *** (0.083)	-0.332 (1.400)	0.777 *** (0.089)	0.950 *** (0.187)
行业制度性交易成本	-0.006 (0.024)	-0.243 (0.152)	-0.067 *** (0.011)	-0.210 *** (0.042)	-0.031 * (0.018)	-0.052 *** (0.018)	-0.041 *** (0.008)	-0.062 ** (0.022)
行业人均增加值		-0.058 (0.056)		0.041 *** (0.007)		0.025 (0.024)		0.003 (0.004)
行业固定资产投资		0.098 * (0.054)		-0.001 (0.005)		-0.018 (0.027)		0.002 (0.002)
行业外商直接投资		0.001 (0.002)		-0.001 ** (0.000)		-0.001 (0.001)		0.000 (0.000)
行业就业人员数		0.146 * (0.078)		0.016 (0.012)		0.007 (0.027)		0.001 (0.007)
constant	0.031 (0.019)	-0.812 (0.634)	0.015 *** (0.005)	-0.620 *** (0.126)	0.027 ** (0.013)	-0.219 (0.277)	0.008 *** (0.002)	-0.074 (0.071)
AR (1)	0	0	0	0	0	0	0	0
AR (2)	0.2538	0.3973	0.0791	0.0974	0.3172	0.1164	0.3675	0.324
Sargan 检验	0.6364	1	0.5091	0.9863	0.531	1	0.2698	0.5229
Observations	42	42	53	53	42	42	53	53

注：***、**、* 分别表示在1%、5%、10%的显著性水平，括号内数字为相应的稳健标准误，AR (1)、AR (2) 和 *Sargan* 检验分别提供检验的 P 值。

从表4-5结果可以得知，AR（2）和*Sargan*检验提供的*P*值均在10%的显著性水平上接受原假设，进一步证明回归结果的可靠性。

首先，分析行业制度性交易成本对企业进入率的影响差异。表4-5中，模型（1）~模型（4）分别是不加控制变量以及加入控制变量的高制度性交易成本行业和低制度性交易成本行业对企业进入率的影响。在高制度性交易成本的行业中，制度性交易成本对企业进入率的系数为负，但不显著，这说明在制度性交易成本较高的行业中，降低制度性交易成本对企业进入率的影响不显著。而在低制度性交易成本的行业中，制度性交易成本对企业进入率具有显著负向影响，在1%水平下显著，降低制度性交易成本有助于促进企业进入率的提高，这与基准回归的全样本估计结果一致。行业制度性交易成本对企业进入率的影响存在差异的主要原因可能在于：制度性交易成本较高的行业大多是关系国家安全和国民经济命脉的主要行业，这些行业本身就存在规模效应、技术壁垒等进入门槛，这对企业进入的影响要远大于制度性交易成本的影响，降低行业的制度性交易成本，不一定会促进企业进入该行业。同时这些行业的制度性交易成本非常高，以致企业进入对制度性交易成本的变化不敏感。然而对于低制度性交易成本的行业来说，这些行业往往是一些政府管制较少的竞争性行业，企业进入门槛较低，市场机制在其中发挥重要作用，企业进入对制度性交易成本的变化比较敏感，降低制度性交易成本能显著增加企业的进入。因此，在不同制度性交易成本的行业，制度性交易成本对企业进入率的影响存在差异。

其次，分析行业制度性交易成本对企业退出率的影响差异。表4-5中，模型（5）~模型（8）分别为不加控制变量以及加入控制变量的高制度性交易成本行业和低制度性交易成本行业对企业退出率的影响。根据回归结果可知，不管是在高制度性交易成本的行业还是在低制度性交易成本的行业，制度性交易成本对企业退出率的影响都显著为负。这说明对于所有行业来说，降低行业的制度性交易成本有助于促进企业退出率的提高。由模型（6）~模型（8）的回归结果可知，在高制度性交易成本的行业中，制度性交易成本对企业退出率的影响系数为 -0.052，说明行业制度性交易成本每降低1个单位，企业退出率会提高5.2%；而在低制度性交易成本的行业中，制度性交易成本对企业退出率的影响系数为 -0.062，说明行业制度性交易成本每降低1个单位，企业退出率会提高6.2%。因此，低制度性交易成本行业中制度性交易成本对企业退出率的影响要大于高制度性交易成本行业。其中原因主要是，降低制度性交易成本对企业退出存在两方面的影响：一方面，降低制度性交易成本，会提供更加有利的优胜劣汰竞争机制，促进企业退出；另一方面，原本因为制度性交易成本较高而破产退出的企业，在降低制度性交易成本的条件下就会得以存续，降低了企业退出。制度性交易成本越高，第二种作用的效果越明显。因此，在高制度性交易成本的行业中，制度性交易成本对企业退出的负向影响小于低制度性交易成本的行业。

（三）稳健性检验

为了检验研究结论的稳健性，采用差分 GMM 模型对制度性交易成本影响企业进入率和退出率的行业异质性进行了估计，具体回归结果如表 4-6 所示。从回归结果来看，制度性交易成本对企业进入率和企业退出率的回归系数方向和显著性均与表 4-5 的结果大体一致，因此进一步说明了本书的研究结论稳健可靠。

表 4-6　行业制度性交易成本影响企业进入退出异质性分析的稳健性检验

因变量	差分 GMM							
	(1)	(2)	(3)	(4)	(5)	(6)	(7)	(8)
	高制度性交易成本		低制度性交易成本		高制度性交易成本		低制度性交易成本	
	企业进入率	企业进入率	企业进入率	企业进入率	企业退出率	企业退出率	企业退出率	企业退出率
L. 企业进入	0.773 *** (0.050)	-0.050 (0.626)	0.766 *** (0.103)	0.567 *** (0.097)				
L. 企业退出					0.256 *** (0.088)	0.644 (0.484)	0.989 *** (0.267)	-0.035 (0.308)
行业制度性交易成本	-0.034 (0.035)	-0.461 (0.722)	-0.085 (0.066)	-0.180 ** (0.073)	-0.013 (0.019)	-0.071 *** (0.022)	-0.079 *** (0.024)	-1.329 * (0.724)
行业人均增加值		-0.107 (0.186)		0.041 *** (0.009)		0.321 * (0.167)		-0.022 *** (0.008)
行业固定资产投资		0.118 (0.129)		-0.001 (0.005)		-0.096 * (0.058)		0.001 (0.004)
行业外商直接投资		0.002 (0.002)		-0.001 (0.001)		-0.005 * (0.002)		0.001 * (0.001)
行业就业人员数		0.147 *** (0.057)		0.014 (0.014)		0.153 (0.099)		-0.021 ** (0.009)

因变量	差分 GMM							
	(1)	(2)	(3)	(4)	(5)	(6)	(7)	(8)
	高制度性交易成本		低制度性交易成本		高制度性交易成本		低制度性交易成本	
	企业 进入率	企业 进入率	企业 进入率	企业 进入率	企业 退出率	企业 退出率	企业 退出率	企业 退出率
constant	0.008 (0.030)	−0.219 (1.781)	0.009 (0.016)	−0.596*** (0.180)	0.015 (0.013)	−5.038* (2.684)	0.011*** (0.002)	0.419*** (0.144)
AR (1)	0	0	0	0	0	0	0	0
AR (2)	0.2867	0.2654	0.1859	0.0807	0.2277	0.4373	0.3205	0.1886
Sargan 检验	0.5107	1	0.3177	0.9095	0.3011	1	0.3842	0.193
Observations	42	42	53	53	42	42	53	53

注： ***、 **、 * 分别表示在1%、5%、10%的显著性水平，括号内数字为相应的稳健标准误，AR（1）、AR（2）和 *Sargan* 检验分别提供检验的 *P* 值。

第三节　本章小结

本章从地区和行业两个层面检验了制度性交易成本对企业进入退出的影响。

总体上看，从地区制度性交易成本和行业制度性交易成本两个层面的实证结果都表明，制度性交易成本显著负向影响企业的进入退出，制度性交易成本越高，企业的进入和退出越不容易。因为，制度性交易成本的存在，扭曲了优胜劣汰的竞争机制，从而阻碍企业的自由进入和退出。

然后分样本进行检验。一方面，分东部、中部、西部和东北四个区域研究了制度性交易成本影响企业进入退出的区域差异。实证结果表明，对于企业进入率来说，在东部、中部和东北三个区域中，制度性交易成本显著负向影响企业进入率，降低制度性交易成本有助于促进企业进入率的提高，而在西部地区，制度性交易成本对企业进入率影响不显著；对于企业退出率来说，只有在东部地区，制度性交易成本对企业退出率的影响显著为负，降低行业的制度性交易成本有助于促进企业退出率的提高，其他地区制度性交易成本对于企业退出率的影响不显著。

另一方面，分高制度性交易成本和低制度性交易成本研究了制度性交易成本影响企业进入退出的行业差异。研究结果表明，对于企业进入率来说，在高制度性交易成本的行业，制度性交易成本对企业进入率影响不显著；而在低制度性交易成本的行业中，制度性交易成本对企业进入率具有显著负向影响，降低制度性交易成本有助于促进企业进入率的提高。对于企业退出率来说，不管是在高制度性交易成本的行业还是在低制度性交易成本的行业，制度性交易成本对企业退出率的影响都显著为负，在所有行业，降低行业的制度性交易成本有助于促进企业退出率的提高。然而在高制度性交易成本和低制度性交易成本的行业中，制度性交易成本对企业退出率的影响存在大小差异，低制度性交易成本行业对企业退出率的影响要大于高制度性交易成本行业。

第五章

制度性交易成本与企业
全要素生产率

——以民营企业为例

第一节　地区制度性交易成本与民营企业全要素生产率

一、引言

民营企业是推动社会主义市场经济发展的重要力量，也是推进供给侧结构性改革以及经济高质量发展的重要主体。在制度性交易成本的困扰下，我国绝大部分企业的生存与发展受到了极大限制，特别是民营企业。制度性交易成本的上升提高了企业进入的门槛，降低了企业从事实体投资的动机，使潜在的企业难以发展成现实的企业，不利于企业的市场进入和投资增加。据统计，我国 2006~2012 年新登记的企业法人增加率均不足 10%，这一情况直到 2014 年我国实施商事制度改革后才逐渐好转，商事制度改革旨在简化登记注册流程，放宽工商登记条件，降低企业开办和业务办理时间，降低企业制度性交易成本。如图 5-1 所示，2013 年的私营企业数量在下降；2014 年后私营企业数量大幅度增加，且呈现逐年递增趋势，私营企业增长速率以及私营企业占比增长速率也在逐年递增。截至 2017 年，全国私营企业数量 14368860 家，环比增长 36.84%，私营企业占比高达 79.40%，环比增长 10.53%。可见，我国实施商事制度改革以后，制度性交易成本有所降低，民营企业数量呈加速增长态势，民营企业比例显著提升，民营经济得到快速发展。

然而我国的制度性交易成本仍然较高。在开办企业方面，企业注册登记的程序、时间和成本仍高于发达国家。民营企业进入市场面临的限制仍然没

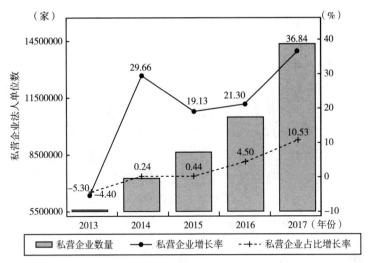

图 5 - 1　2013～2017 年全国私营企业发展情况

资料来源：国家统计局各年份统计报告.

有得到解决，形式可进入而实质上难以进入等现象很多。在获取生产要素方面，民营企业获取融资依然受到不公正的待遇，面临的融资成本很高，户籍制度依然限制着劳动力人口的流动，导致企业获取劳动力要素的成本上升。在产权保护的过程中，民营企业产权并未真正得到公平保护，公权力侵害私有产权和民营企业资产等现象还时有发生。所有这些特殊制度都使民营企业面临着不公正的市场竞争环境，为了突破这些特殊制度的限制障碍，民营企业往往不得不寻求政治关联、寻租腐败等非正式机制来获取制度上的便利，这些都增加了非生产性活动支出，产生较高的制度性交易成本。

制度性交易成本必然会增加企业生产和经营的新约束条件，导致企业增加额外的成本，制度性交易成本所引致的企业这一额外成本，是否会影响民营企业的全要素生产率？提升民营企业全要素生产率的路径又如何？同时，不同地区间有差异的制度性交易成本，是否会对民营企业全要素生产率产生不同的影响？解答这三个问题，不仅对企业科学应对制度政策，而且对政府有效制定制度政策，都具有重要的现实意义。

二、研究假说

民营企业作为推动经济高质量发展的重要主体，制度性交易成本对其发展的影响非常关键。在当前经济增长进入减速阶段的经济新常态下，提高民营企业全要素生产率是中国经济可持续增长的保障。提高民营企业全要素生产率对制度环境的改善提出要求。除资本、劳动、土地等基本生产要素对经济增长作出贡献之外，全要素生产率作为残差项，其提高与生产要素的投入无关，本质上是一种配置效率。提高民营企业全要素生产率对于生产要素的流动性、各种要素之间的匹配关系、资源配置的宏观政策和微观机制，以及其他制度条件高度敏感。也就是说，全国统一大市场的建设水平，包括产品市场、服务市场和生产要素市场的发育程度，以及消除掉所有阻碍生产要素流动的体制机制障碍，是提高民营企业全要素生产率的重要途径。因此，民营企业全要素生产率的提高要以改革和政策优化为必要条件。在当前经济发展进入更高阶段后，中国可以通过体制机制的改革，降低制度性交易成本，深化资源重新配置过程，启动民营企业全要素生产率提高的崭新引擎。

从以往的经济发展经验来看，资源配置的僵化会阻碍全要素生产率提高。在市场竞争中，生产率高的企业得以生存和扩张，生产率低的企业则萎缩和消亡，这种进与退和生与死的选择机制，是全要素生产率提高的重要途径。如果低生产率的企业不能退出和死亡，也就阻碍了潜在有效率的企业进入和发展，企业之间就不能进行有利于生产率提高的资源重新配置。在转型经济体中，政府不当干预广泛存在，产生大量特殊制度和较高的制度性交易成本。这将会改变原有的市场竞争机制，扭曲资源在各企业之间的配置，打破具有生产率异质性的各市场主体的竞争，那些生产率较高但实力较弱的中小型企业可能会由于制度性交易成本高而无法进入市场；而那些生产率水平较低的在位企业由于依靠政府的优惠政策保护或优厚的财力扶持，仍然能够获得大量资源要素，从而继续在市场上"存活"，出现"劣币驱逐良币效应"。因此，在制度性交易成本的作用下，企业正常的市场进入退出秩序可能会被"扭曲"，市场中竞争程度较小，使在位企业缺少学习和创新的激励，扭曲了在位企业的竞争效应和学习效应，从而影响企业高质量发展。降低制度性交易成本能促进企业生产率提高。降低制度性交易成本主要通过企业进入产生的"市场竞争"和"创新激励"两种效应促进企业生产率的提高。一方面，企业进入增多，市场竞争加剧，高生产率的在位企业与新进入企业进行竞争，低生产率的在位企业则面临退出风险，这种市场竞争效应总体上促使存活企业生产率提高。另一方面，新进入企业增加了在位企业的退出风险，为避免退出风险，企业将更多地进行创新活动，这种"创新激励效应"促使企业生产率提高。同时，制度性交易成本降低也减少了企业的成本支出，促使其将更多的资金投入到研发创新中，从而提高企业生产率。

基于上述分析内容，提出如下理论假说：

假说1：降低制度性交易成本有利于提升民营企业全要素生产率。

假说2：制度性交易成本通过影响民营企业进入而影响民营企业全要素生产率。

三、研究设计

(一) 模型设定

为验证前文理论假说，考察制度性交易成本是否通过影响民营企业进入进而影响民营企业全要素生产率，设定如下中介效应模型来分析区域制度性交易成本通过民营企业进入影响民营企业全要素生产率的中介效应。在中介效应模型中，$DITC$ 为区域制度性交易成本，$ENTRY$ 为民营企业进入，TFP 为民营企业全要素生产率；α_1 代表区域制度性交易成本与民营企业全要素生产率间的总效应，$\beta_1 \times \gamma_2$ 代表通过民营企业进入影响的中介效应，γ_1 代表区域制度性交易成本对民营企业全要素生产率的直接效应，如果中介变量唯一，则存在如下关系：$\alpha_1 = \gamma_1 + \beta_1 \times \gamma_2$，总效应等于中介效应与直接效应之和。

首先，考察制度性交易成本对民营企业全要素生产率的影响，验证本章提出的研究假设1，构造如下回归模型来分析地区制度性交易成本对民营企业全要素生产率的影响：

$$TFP_{ipt} = \alpha_1 DITC_{ipt} + \alpha_2 X_{it} + \alpha_3 Z_{pt} + \lambda_p + \mu_t + \theta_{ipt} \qquad (5-1)$$

其中，i 代表 A 股上市民营企业；p 代表企业所在省份；t 代表年份。TFP_{ipt} 是民营企业全要素生产率，作为被解释变量。$DITC_{ipt}$ 是企业 i 所在的 p 省在第 t 年的制度性交易成本。X_{it} 是企业层面的控制变量，包含政治关联、控股股东持股比例、民营化方式、民营化时间、企业税费负担、资产负债率、资产规模、企业规模、总经理学历水平、总经理任职年限和总经理年龄等。Z_{pt} 是省级层面的控制变量，包含经济发展水平（人均 GDP）、教育水平、税费负担、财政自主度、地区开放度等。λ_p 和 μ_t 分别是省份固定效应和年份固定效应，θ_{ipt} 是随机扰动项。

其次，为考察制度性交易成本对民营企业进入的影响，检验本章提出的研究假设2，构造回归模型来研究地区制度性交易成本对民营企业进入的影响：

$$ENTRY_{ipt} = \beta_1 DITC_{ipt} + \beta_2 X_{it} + \beta_3 Z_{pt} + \lambda_p + \mu_t + \theta_{ipt} \qquad (5-2)$$

其中，$ENTRY_{ipt}$ 代表民营企业是否进入。

最后，为检验本章提出的研究假设 2，研究地区制度性交易成本、民营企业进入和民营企业全要素生产率的内在联系，设定如下模型：

$$TFP_{ipt} = \gamma_1 DITC_{ipt} + \gamma_2 ENTRY_{ipt} + \gamma_3 X_{it} + \gamma_4 Z_{pt} + \lambda_p + \mu_t + \theta_{ipt}$$

$$(5-3)$$

（二）变量说明与数据来源

1. 研究变量的定义说明。

（1）被解释变量。民营企业高质量发展。首先，采用企业全要素生产率（TFP）来衡量企业高质量发展。企业全要素生产率可以反映企业生产过程中各种投入要素的单位平均产出水平，即投入转化为最终产出的总体效率，它既包括技术水平、生产创新因素，也包括非技术性因素如管理创新、制度环境等因素，是衡量企业高质量发展的代表性指标。

估计企业全要素生产率需要设定生产函数的形式，文献当中一般用 Cobb-Douglas 生产函数，形式如下：

$$Y_{it} = A_{it} K_{it}^{\alpha} L_{it}^{\beta}$$

$$(5-4)$$

其中，Y_{it} 是企业产出，K_{it} 和 L_{it} 分别是企业的资本和劳动投入，A_{it} 就是企业全要素生产率（TFP_{it}），可以用式（5-5）表示：

$$TFP_{it} = A_{it} = \frac{Y_{it}}{K_{it}^{\alpha} L_{it}^{\beta}}$$

$$(5-5)$$

其次，将式（5-4）两边取对数，Cobb-Douglas 生产函数的 OLS 回归残差即可作为企业 TFP 的衡量，具体回归方程如下：

$$\ln Y_{it} = \alpha \ln K_{it} + \beta \ln L_{it} + \mu_{it}$$

$$(5-6)$$

由式（5-6）可知，OLS 回归的残差项 μ_{it} 包含了企业全要素生产率对数形式的信息，通过回归估计可以获得对企业全要素生产率（对数值）的估计值。但在实际应用中，如果直接用上述 OLS 方法来估计企业 TFP 时，会产生联立性问题（simultaneity）和样本选择性偏差问题（selectivity and attririon bias），企业可能同时选择产量和资本存量，使产量和资本存量间产生反向因果关系，使 OLS 估计结果产生偏误。针对上述问题，研究者通过多种方法进行克服，产生了对企业 TFP 的多种估计方法，例如固定效应估计方法、奥利和佩克斯（Olley and Pakes，1996）半参数估计值法（简称 OP 方法）、莱文松和佩特兰（Levinsohn and Petrin，2003）半参数估计值法（简称 LP 方法）。

本书使用莱文松和佩特兰（2003）的方法计算民营企业的 *TFP*，做基准回归分析。与传统的 OLS 估计法相比，LP 方法用企业中间品投入而不是投资额作为代理变量，可以更好地测度企业全要素生产率。为进行稳健性检验，本书还采用上述提到的 OP 方法计算民营企业全要素生产率。

（2）核心解释变量。制度性交易成本指标。本章分析中的核心解释变量是地区层面的制度性交易成本，来源于前文所构建的 2002～2017 年中国 30 个省份的区域制度性交易成本指数。

（3）中介变量。民营企业进入指标。对于民营企业进入的衡量，参考以往众多研究（毛其淋，盛斌，2013；王磊，张肇中，2019），本书进行如下界定：若企业在 $t-1$ 期不在数据库但在 t 期进入数据库，则企业为 t 年进入企业，将企业进入变量 *entry* 定义为 1；反之定义为 0。

（4）控制变量。

①企业层面的控制变量。

政治关联。民营企业政治关联即企业与政府的关系，是影响其发展高质量发展的关键变量。相对于国有企业，民营企业面临较高的制度性交易成本，民营企业与政府的联系可以减轻制度性交易成本对其发展影响的约束。众多研究采用企业高管的政府工作背景来衡量企业的政治联系（Faccio，2006；Betrand，2004），也有研究采用"董事会成员中有政治背景的董事比例"来衡量企业的政治联系（Fan，2007；罗党论，2009）。采用吴文锋等（2008）的方法，认为只要董事长或总经理中一人具有政治经历（在政府部门任职或者是人大、政协委员），则该公司存在政治关联，并使用虚拟变量（*Pconnect*）来测度，存在政治关联为 1；否则为 0。数据来源于 2002～2017 年中国民营上市公司高管工作经历资料，只要有一条数据显示其政治经历，就认为该企业具有政治关联。

公司管理情况控制变量。参考罗党论、刘晓龙（2009）和李莉（2013）等的研究，选择如下变量控制民营上市企业的公司治理情况，如控股股东持股比例（*shareholder*）、民营化方式（*way*）、民营化时间（*time*）。民营化方式中的 IPO 上市和买壳上市对企业发展产生不同的影响，以 IPO 方式上市的企业较多是家族企业控制，与政府联系较多，企业质量发展往往更好。民营化方式为虚拟变量，若为 IPO 上市，则为 1；否则为 0。民营化时间也是虚拟变量，企业民营化时间 3 年以上为 1；否则为 0。

企业特征控制变量。选取如下控制变量：企业税费负担（*tax*），用税费占销售额的比例来衡量；企业资产负债率（*leverage*），用总负债与总资产之比衡量；资产规模（*lnasset*），用企业年末总资产的自然对数衡量；企业规模

（ln*size*），用企业员工总数的自然对数来衡量。

企业高管个人特征变量。包括总经理学历水平（*CEOeducation*）、总经理任职年限（*CEOtenure*）、总经理年龄（*CEOage*）三个控制变量。

②省级特征的控制变量。控制变量包括经济发展水平（人均 *GDP*）、教育水平、财政自主度以及贸易开放度等。

上述变量的定义如表 5 – 1 所示。

表 5 –1　　　　　　　　　　　　变量定义

变量	简写	定义
民营企业全要素生产率	*TFP*	民营企业全要素生产率
企业地区进入	*pentry*	虚拟变量，若企业进入某地区，则为 1；否则为 0
制度性交易成本	*ITCD*	区域制度性交易成本指数
政治关联	*pconnect*	虚拟变量，存在政治关联为 1；否则为 0
控股股东持股比例	*shareholder*	控股股东持股比例
民营化方式	*way*	虚拟变量，若为 IPO 上市，则为 1；否则为 0
民营化时间	*time*	虚拟变量，民营化时间 3 年以上为 1；否则为 0
企业税费负担	*tax*	税费/销售额
企业资产负债率	*leverage*	总负债/总资产
资产规模	*lnasset*	年末总资产的自然对数
企业规模	*lnsize*	企业员工总数的自然对数
总经理学历水平	*CEOedu*	虚拟变量，硕士以上是高学历，设置为 1，其他为 0
总经理任职年限	*CEOtenure*	总经理的任职年限
总经理年龄	*CEOage*	总经理的年龄
经济发展水平	*lnpergdp*	人均 GDP 的自然对数
教育水平	*education*	普通高等学校在校学生人数/地区人口
财政自主度	*finanauto*	财政收入/财政支出
地区开放度	*open*	进出口总额/GDP

2. 样本选择和数据来源。本章使用的数据来源于两方面：一是民营上市企业数据；二是宏观经济数据。

一方面，以 2002～2017 年所有在沪深证券交易所上市的民营上市企业为原始样本。选取 CSMAR 数据库中 A 股民营上市企业的原因是本书研究重点在于制度性交易成本对民营企业进入、民营企业全要素生产率的影响，大多数与民营企业相关的数据库是调查数据库，数据样本量少且不连续，更不适用于研究企业进入；而上市企业可以较好地代表每个地区的企业状况，同时覆盖众多行业，并且数据披露较好、数据可得性强，能很好地反映制度性交易成本对民营企业进入与高质量发展的影响。

本书搜集包括民营上市企业生产投入、企业管理、企业财务等方面的数据，数据来源于 CSMAR 数据库、WIND 数据库。民营上市企业高管的政治背景资料来自 CSMAR 中公司治理数据库中高管背景的手工整理。相关财务数据来自 CSMAR 中的公司财务年报数据。为消除异常值的影响，本书参考以往相关研究，按照以下原则对原始样本进行筛选：（1）剔除样本期内 ST 和 *ST 类企业；（2）剔除总资产小于总负债的样本；（3）对固定资产净额、营业收入、总资产等生产投入类指标小于等于 0 或缺失以及其他核心变量存在缺失的企业样本进行剔除。经过上述数据处理过程，最终得到 17453 个样本总数。

另一方面，地区制度性交易成本变量采用本书第二章构建的地区制度性交易成本指数；其余省份控制变量的宏观经济数据来源于《中国统计年鉴》。根据中国 A 股民营上市企业所在省份和年份将 A 股民营上市企业相关数据与 2002～2017 年 30 个省份的相关宏观经济数据相匹配，最终得到 17453 家 A 股民营上市企业样本。表 5 - 2 给出了本章研究样本的描述性统计结果。

表 5 - 2　　　　　　　　样本企业研究变量的描述性统计

	变量	Obs	Mean	Std. Dev.	Min	Max
企业层面	tfp_lp	17453	3.566	0.724	-15.81	7.201
	tfp_op	17453	2.285	0.716	-17.00	5.825
	tfp_ols	17453	1.651	0.686	-17.51	5.330
	tfp_fe	17453	3.203	0.704	-16.11	6.884
	企业进入	17453	0.135	0.341	0	1
	政治关联	17453	0.749	0.434	0	1
	控股股东持股比例	17453	0.591	0.161	0.0132	1.000
	民营化方式	17453	0.824	0.381	0	1
	民营化时间	17453	0.588	0.492	0	1
	企业税费负担	17453	0.0876	0.299	5.23e-06	22.61
	资产负债率	17453	0.407	0.234	0.00708	9.699
	资产规模	17453	21.49	1.085	14.94	29.14
	企业规模	17453	7.227	1.201	2.079	12.21
	总经理学历水平	17453	0.452	0.498	0	1
	总经理任职年限	17453	3.303	3.257	0	19
	总经理年龄	17453	50.87	8.031	26	85

续表

	变量	*Obs*	*Mean*	*Std. Dev.*	*Min*	*Max*
	省级制度性交易成本	480	1.167	0.427	0.573	7.351
	人均 GDP（元）	480	10.18	0.769	8.089	11.77
省级层面	教育水平	480	159.0	67.00	31.99	356.5
	财政自主度	480	0.510	0.190	0.148	0.951
	贸易开放度	480	0.0445	0.0538	0.00250	0.244

四、模型检验及结果分析

（一）地区制度性交易成本对民营企业发展全要素生产率的影响

1. 基准回归结果。首先考察地区制度性交易成本对民营企业全要素生产率的影响。本书运用静态面板估计方法对 2002～2017 年中国 17453 个民营上市企业的面板数据进行估计，并进行解释变量内生性的 Hausman 检验。Hausman 检验的 P 值为 0.000，在 1% 显著性水平下拒绝了所有解释变量均外生的原假设。为有效地解决内生性问题，在静态面板回归的基础上，加入被解释变量的一阶滞后项，构建动态面板数据 GMM 模型进行估计。表 5-3 报告了计量模型的回归结果。

表 5-3　　地区制度性交易成本影响民营企业全要素生产率的基准回归结果

因变量	差分 GMM		系统 GMM	
	(1) *tfp_lp*	(2) *tfp_lp*	(3) *tfp_lp*	(4) *tfp_lp*
L. tfp_lp	0.047 ** (0.021)	-0.113 *** (0.042)	0.401 *** (0.011)	0.439 *** (0.028)
地区制度性 交易成本	-0.153 *** (0.032)	-0.338 *** (0.106)	-0.052 (0.049)	-0.691 *** (0.120)
政治关联		-0.002 (0.006)		-0.005 (0.007)
控股股东比例		-0.011 (0.092)		-0.029 (0.093)
民营化方式		-0.014 (0.045)		0.004 (0.048)

续表

因变量	差分 GMM		系统 GMM	
	(1)	(2)	(3)	(4)
	tfp_lp	tfp_lp	tfp_lp	tfp_lp
民营化时间		0.039 ***		0.026 ***
		(0.009)		(0.010)
税费负担		−1.113 ***		−1.496 ***
		(0.107)		(0.122)
资产负债率		0.293 ***		0.233 ***
		(0.062)		(0.065)
资产规模		0.144 ***		0.128 ***
		(0.024)		(0.023)
企业规模		0.007		0.019
		(0.019)		(0.020)
总经理学历水平		0.015		0.024
		(0.019)		(0.021)
总经理任职年限		− 0.002		− 0.005 ***
		(0.002)		(0.002)
总经理年龄		− 0.000		− 0.001
		(0.001)		(0.001)
加入省份控制变量	No	Yes	No	Yes
constant	3.552 ***	5.255 ***	2.191 ***	3.014 ***
	(0.078)	(0.516)	(0.061)	(0.490)
AR (1)	0.0791	0.0001	0.0068	0
AR (2)	0.7305	0.1941	0.1633	0.4927
Sargan 检验	0.4818	0.4137	0.4581	0.4475
Observations	17453	17453	17453	17453

注：*** 、** 、* 分别表示在 1%、5%、10% 的显著性水平，括号内为相应的稳健标准误，AR (1)、AR (2) 和 Sargan 检验分别提供检验的 P 值。

表 5-3 中，方程（1）和方程（2）为差分 GMM 估计结果；方程（3）和方程（4）为系统 GMM 估计结果。表 5-3 中，所有方程的 AR（2）提供的 P 值均在 10% 的显著性水平下接受原假设，表明模型中差分方程的残差序列只存在一阶序列相关，不存在二阶序列相关，模型通过了自相关检验。表 5-3 中，Sargan 检验提供的 P 值也在 10% 的显著性水平下接受原假设，表

明所有的工具变量都是严格外生的，都是有效的。因此，差分 GMM 和系统 GMM 的估计结果是一致且可靠的。表 5-3 中，核心解释变量以及控制变量对民营企业全要素生产率回归系数的显著性和方向大致相同，进一步说明实证结果是可靠的。具体来看：

（1）从核心解释变量看，在考虑模型的动态效应之后，差分 GMM 和系统 GMM 方程（2）和方程（4）的回归结果均显示地区制度性交易成本对民营企业全要素生产率存在显著的负向影响。这说明地区制度性交易成本对民营企业全要素生产率具有显著负向影响，地区制度性交易成本的增加，不利于民营企业全要素生产率的提高，降低地区的制度性交易成本有利于提升民营企业全要素生产率。方程（4）的结果中地区制度性交易成本指数的系数为 -0.691，说明地区制度性交易成本每降低 1 个单位，民营企业全要素生产率将增加 69.1%。实证结果与前文理论分析部分提出的假设相一致，降低地区制度性交易成本能减少企业在进入市场、获得要素和寻求产权法律保障时面对不公平的特殊制度所支付的额外支出，增加预期收益和投资规模，同时能减少企业包括政治关联、寻租等在内的非生产性活动支出，将更多的支出配置到科技研发等生产性活动上，最终促进民营企业生产率的提高。因此，验证了假设 1，得到初步研究结论，降低地区制度性交易成本有利于民营企业全要素生产率的提高。

（2）从控制变量来看，民营化时间与民营企业全要素生产率显著负相关，说明民营化时间越长，民营企业全要素生产率越高，这主要是因为民营化能促进企业全要素生产率的提高。税费负担对民营企业全要素生产率的影响显著为负，税费负担越重，越不利于民营企业全要素生产率的提高。资产负债率显著正向影响民营企业全要素生产率，说明高资产负债率能促进民营企业全要素生产率提高，因为较高的资产负债率能抵消部分税负，降低企业经营成本，同时财务杠杆作用能提高自有资产的收益率，从而提高民营企业高质量发展。资产规模也显著正向影响民营企业全要素生产率，提高资产规模有利于促进民营企业全要素生产率的提升。

2. 异质性检验。

（1）分区域回归。已有文献研究表明，各地区间制度环境具有较大差异，导致民营企业发展在地区层面存在不平衡现象。同时，第三章区域制度性交易成本测度结果表明中国各省份之间的制度性交易成本差异明显。因此，为考察制度性交易成本影响民营企业全要素生产率的区域差异，将全部样本分为东部、中部、西部、东北地区四大区域来检验其影响。表 5-4 为在系统

GMM 模型下制度性交易成本影响民营企业全要素生产率的区域差异估计结果。

表 5 - 4　　　制度性交易成本影响民营企业全要素生产率的区域差异

因变量	系统 GMM			
	东部	中部	西部	东北
	(1)	(2)	(3)	(4)
	tfp_lp	tfp_lp	tfp_lp	tfp_lp
L. tfp_lp	0. 509 ***	0. 366 ***	0. 470 ***	0. 438 ***
	(0. 027)	(0. 019)	(0. 007)	(0. 012)
地区制度性交易成本	- 1. 023 ***	- 0. 893 ***	- 0. 432 ***	- 0. 061
	(0. 129)	(0. 182)	(0. 044)	(0. 060)
政治关联	- 0. 003	0. 020	- 0. 010 **	- 0. 020 ***
	(0. 008)	(0. 013)	(0. 005)	(0. 006)
控股股东比例	0. 009	0. 517 ***	0. 173 ***	- 0. 375 ***
	(0. 085)	(0. 116)	(0. 030)	(0. 045)
民营化方式	- 0. 025	- 0. 177	0. 291 ***	- 0. 023
	(0. 048)	(0. 156)	(0. 036)	(0. 068)
民营化时间	0. 035 ***	- 0. 007	0. 051 ***	- 0. 010
	(0. 010)	(0. 014)	(0. 007)	(0. 012)
税费负担	- 1. 451 ***	- 2. 320 ***	- 0. 782 ***	- 1. 616 ***
	(0. 112)	(0. 073)	(0. 026)	(0. 017)
资产负债率	0. 270 ***	- 0. 557 ***	0. 410 ***	- 0. 094 **
	(0. 070)	(0. 072)	(0. 024)	(0. 047)
资产规模	- 0. 118 ***	0. 081 **	- 0. 139 ***	- 0. 212 ***
	(0. 025)	(0. 032)	(0. 007)	(0. 011)
企业规模	- 0. 014	- 0. 028 ***	0. 151 ***	0. 142 ***
	(0. 021)	(0. 011)	(0. 007)	(0. 007)
总经理学历水平	0. 013	0. 044 ***	0. 048 ***	- 0. 169 ***
	(0. 020)	(0. 014)	(0. 007)	(0. 019)
总经理任职年限	- 0. 005 ***	- 0. 000	- 0. 009 ***	- 0. 001
	(0. 002)	(0. 002)	(0. 001)	(0. 001)
总经理年龄	0. 000	- 0. 004 ***	0. 009 ***	- 0. 017 ***
	(0. 001)	(0. 001)	(0. 001)	(0. 001)

续表

因变量	系统 GMM			
	东部	中部	西部	东北
	（1）	（2）	（3）	（4）
	tfp_lp	tfp_lp	tfp_lp	tfp_lp
省份控制变量	Yes	Yes	Yes	Yes
constant	3.263***	5.145***	3.412***	4.563***
	(0.497)	(0.626)	(0.198)	(0.211)
AR（1）	0	0.0006	0.0002	0.0003
AR（2）	0.6268	0.1709	0.9997	0.1072
Sargan 检验	0.7599	0.9998	0.4512	0.2777
Observations	12115	1001	1868	2469

注：***、**、*分别表示在1%、5%、10%的显著性水平，括号内为相应的稳健标准误，AR（1）、AR（2）和 Sargan 检验分别提供检验的 P 值。

从表5-4结果可知，AR（2）和 Sargan 检验提供的 P 值均在10%的显著性水平下接受原假设，进一步证明回归结果的可靠性。

东部、中部和西部地区制度性交易成本对民营企业全要素生产率存在显著负向影响，这说明东部、中部和西部地区制度性交易成本的降低有助于促进民营企业全要素生产率的提高，这与基准回归的全样本估计结果一致。东部地区制度性交易成本系数为 -1.023，中部地区制度性交易成本系数为 -0.893，西部地区制度性交易成本系数为 -0.432。这说明在制度性交易成本较低的地区，市场化程度高，民营企业全要素生产率对制度性交易成本的变化更敏感，降低制度性交易成本，可以促进民营企业全要素生产率大幅提升。东北地区制度性交易成本对民营企业全要素生产率的影响为负，但不显著，说明东北地区制度性交易成本对民营企业全要素生产率的影响还没有显现。这可能是因为，在东北地区制度性交易成本偏高，民营企业生产率对制度性交易成本的变化不敏感，降低制度性交易成本，并不会使民营企业全要素生产率显著提高，只有当制度性交易成本降低到一定程度时，才可能促进民营企业全要素的提高。

（2）全要素生产率高低差异分析。根据民营企业全要素生产率与各企业全要素生产率总体均值的大小，将企业样本划分为高全要素生产率的企业和低全要素生产率的企业，分别进行系统 GMM 回归检验。实证结果如表5-5所示，AR（2）和 Sargan 检验提供的 P 值均在10%的显著性水平上接受原假设，证明回归结果可靠。其中，方程（1）和方程（3）是不加控制变量、只加入制度性交易成本的回归结果，方程（2）和方程（4）是加入所有变量的回归结果。实证结果表明，对于高全要素生产率的民营企业来说，制度性交易成本显著负向影响其全要素生产率，研究结果与基准回归的全样本估计结果一致。这表明对于生产率较高的民营企业来说，地区制度性交易成本对其全要素生产率的影响较为敏感，主要是因为生产率较高的民营企业生产技术能力更强、更注重科技研发支出，降低地区制度性交易成本能降低民营企业在进入市场、获取生产要素和获取产权、法律保护方面的支出，促使民营企业将更多的资金投入到科技研发从而提高其企业全要素生产率。对于低生产率的企业来说，地区制度性交易成本对其全要素生产率的影响不显著，这表明对于生产率较低的民营企业来说，地区制度性交易成本对其全要素生产率的影响不敏感。

表 5 - 5　　　　　　　　　　分全要素生产率高低的实证结果

因变量	系统 GMM			
	高全要素生产率 （1） tfp_lp	高全要素生产率 （2） tfp_lp	低全要素生产率 （3） tfp_lp	低全要素生产率 （4） tfp_lp
L. tfp_lp	0. 595 *** （0. 024）	0. 215 *** （0. 036）	0. 343 *** （0. 011）	0. 241 *** （0. 026）
地区制度性交易成本	− 0. 497 *** （0. 082）	− 0. 408 *** （0. 114）	0. 058 （0. 067）	− 0. 232 （0. 150）
政治关联		0. 004 （0. 007）		− 0. 023 ** （0. 010）
控股股东比例		− 0. 082 （0. 102）		− 0. 081 （0. 105）
民营化方式		− 0. 007 （0. 035）		0. 096 （0. 093）
民营化时间		0. 060 *** （0. 010）		0. 024 * （0. 013）
税费负担		− 1. 024 *** （0. 138）		− 1. 373 *** （0. 087）
资产负债率		0. 179 ** （0. 071）		0. 112 （0. 073）

续表

因变量	系统 GMM			
	高全要素生产率 （1） *tfp_lp*	高全要素生产率 （2） *tfp_lp*	低全要素生产率 （3） *tfp_lp*	低全要素生产率 （4） *tfp_lp*
资产规模		0.065 ** （0.026）		−0.304 *** （0.027）
企业规模		−0.018 （0.022）		0.037 （0.024）
总经理学历水平		0.021 （0.015）		0.059 * （0.031）
总经理任职年限		−0.005 *** （0.002）		−0.003 （0.003）
总经理年龄		0.000 （0.001）		0.002 （0.002）
加入省份控制变量	No	Yes	No	Yes
constant	2.111 *** （0.122）	0.809 （0.542）	1.972 *** （0.067）	6.991 *** （0.659）
AR（1）	0	0	0.0441	0
AR（2）	0.2134	0.1916	0.1514	0.35
Sargan 检验	0.4672	0.9726	0.4029	0.4322
Observations	8946	8946	8507	8507

注：***、**、* 分别表示在1%、5%、10%的显著性水平，括号内为相应的稳健标准误，AR（1）、AR（2）和 *Sargan* 检验分别提供检验的 P 值。

3. 稳健性检验。为了检验研究结论的稳健性，采用差分 GMM 模型对制度性交易成本影响民营企业全要素生产率的区域异质性以及民营企业全要素生产率高低的异质性分别进行了估计，具体回归结果如表5-6和表5-7所示。从回归结果来看，制度性交易成本对民营企业全要素生产率的回归系数方向和显著性均与表5-4、表5-5的结果大体一致，进一步说明本书的研究结论稳健可靠。

表 5 - 6　　制度性交易成本影响民营企业全要素生产率区域差异的稳健性检验

因变量	差分 GMM			
	东部 （1）	中部 （2）	西部 （3）	东北 （4）
	tfp_lp	tfp_lp	tfp_lp	tfp_lp
L. tfp_lp	- 0. 126 *** （0. 045）	0. 093 *** （0. 020）	0. 057 *** （0. 006）	0. 076 （0. 072）
地区制度性交易成本	- 0. 589 *** （0. 125）	- 0. 195 *** （0. 064）	- 0. 386 *** （0. 029）	- 0. 209 （0. 705）
政治关联	0. 002 （0. 007）	- 0. 004 （0. 005）	- 0. 041 *** （0. 004）	0. 013 （0. 051）
控股股东比例	- 0. 101 （0. 075）	- 0. 158 ** （0. 062）	0. 403 *** （0. 046）	0. 664 ** （0. 286）
民营化方式	- 0. 037 （0. 047）	- 0. 009 （0. 031）	- 0. 056 （0. 037）	0. 000 （0. 000）
民营化时间	0. 048 *** （0. 009）	- 0. 004 （0. 011）	0. 030 *** （0. 008）	0. 030 （0. 051）
税费负担	- 1. 059 *** （0. 083）	- 1. 476 *** （0. 054）	- 0. 712 *** （0. 030）	- 2. 120 *** （0. 456）
资产负债率	0. 272 *** （0. 067）	- 0. 215 *** （0. 052）	0. 313 *** （0. 036）	- 0. 440 * （0. 247）
资产规模	- 0. 140 *** （0. 025）	- 0. 246 *** （0. 013）	- 0. 232 *** （0. 012）	- 0. 121 * （0. 063）
企业规模	0. 000 （0. 019）	0. 069 *** （0. 009）	0. 071 *** （0. 005）	- 0. 048 （0. 043）
总经理学历水平	0. 010 （0. 018）	- 0. 159 *** （0. 023）	0. 083 *** （0. 014）	0. 064 （0. 059）
总经理任职年限	- 0. 002 （0. 002）	- 0. 006 *** （0. 002）	- 0. 006 *** （0. 001）	0. 007 （0. 009）
总经理年龄	0. 000 （0. 001）	- 0. 011 *** （0. 001）	0. 004 *** （0. 001）	- 0. 011 ** （0. 004）
省份控制变量	Yes	Yes	Yes	Yes
constant	5. 797 *** （0. 525）	2. 750 *** （0. 239）	4. 719 *** （0. 247）	7. 015 *** （2. 388）
AR （1）	0. 0008	0. 0507	0. 0304	0
AR （2）	0. 392	0. 2607	0. 142	0. 1246
Sargan 检验	0. 227	0. 2128	0. 3882	0. 211
Observations	12115	2469	1868	1001

注：***、**、*分别表示在1%、5%、10%的显著性水平，括号内为相应的稳健标准误，AR（1）、AR（2）和 Sargan 检验分别提供检验的 P 值。

表5-7　　　　　　　　　　分全要素生产率高低的稳健性检验

因变量	差分 GMM			
	高全要素生产率 (1) tfp_lp	高全要素生产率 (2) tfp_lp	低全要素生产率 (3) tfp_lp	低全要素生产率 (4) tfp_lp
L. tfp_lp	0.678 *** (0.041)	- 0.146 *** (0.048)	0.438 *** (0.022)	0.054 (0.043)
地区制度性交易成本	- 0.701 *** (0.112)	- 0.366 *** (0.117)	0.052 (0.071)	- 0.187 (0.158)
政治关联		0.004 (0.007)		- 0.024 *** (0.009)
控股股东比例		0.002 (0.115)		- 0.031 (0.108)
民营化方式		- 0.026 (0.034)		0.124 (0.099)
民营化时间		0.058 *** (0.009)		0.031 ** (0.012)
税费负担		- 0.924 *** (0.125)		- 1.171 *** (0.090)
资产负债率		0.124 * (0.074)		0.116 (0.079)
资产规模		0.084 *** (0.029)		- 0.327 *** (0.029)
企业规模		- 0.013 (0.023)		0.026 (0.025)
总经理学历水平		0.017 (0.015)		0.049 (0.031)
总经理任职年限		- 0.003 * (0.002)		- 0.004 (0.003)
总经理年龄		- 0.000 (0.001)		0.004 * (0.002)
省份控制变量	No	Yes	No	Yes
constant	1.970 *** (0.209)	0.753 (0.587)	1.675 *** (0.090)	8.225 *** (0.714)
AR (1)	0	0.0345	0.0355	0.0181
AR (2)	0.2545	0.1234	0.1473	0.1886
Sargan 检验	0.9924	0.8078	0.3335	0.7326
Observations	8946	8946	8507	8507

注：***、**、*分别表示在1%、5%、10%的显著性水平，括号内为相应的稳健标准误，AR
(1)、AR(2)和 Sargan 检验分别提供检验的 P 值。

（二）作用机制和区域异质性研究

上文已经分析了地区制度性交易成本对民营企业全要素生产率的影响。接下来，将进一步验证地区制度性交易成本对民营企业进入的影响，进而间接影响民营企业全要素生产率这一作用机制是否存在，以及是否会由于地区制度性交易成本差异性而导致民营企业进入行为和全要素生产率的差异。

1. 中介机制检验。本书首先利用民营企业进入中介变量，从总体上分析地区制度性交易成本对民营企业全要素生产率的间接影响。如表 5 - 8 所示，其中，方程（1）~方程（3）是地区制度性交易成本，民营企业进入以及 LP 法计算的民营企业全要素生产率之间中介效应检验递归模型的三步结果，方程（2）中地区制度性交易成本对民营企业进入的影响采用 Probit 回归分析。方程（4）~方程（6）是地区制度性交易成本，民营企业进入以及 OP 法计算的民营企业全要素生产率之间中介效应检验递归模型的三步结果，方程（5）中地区制度性交易成本对民营企业进入的影响采用 Logit 回归分析。运用不同方法计算和回归的结果中重要解释变量的系数显著性和符号都一致，因此，说明了回归结果稳健可靠。以方程（1）~方程（3）的估计结果为主要解释结果。方程（1）中的回归结果显示，地区制度性交易成本显著负向影响民营企业全要素生产率。方程（2）中的 Probit 回归结果显示，地区制度性交易成本对民营企业进入的影响系数显著为负，说明二者存在显著的负向变动关系，地区制度性交易成本越高，越不利于民营企业进入。因此，得到初步研究结论，地区制度性交易成本降低有利于民营企业进入。而方程（3）中民营企业进入对民营企业全要素生产率的影响系数显著为正，说明民营企业进入与民营企业全要素生产率之间存在正向变动关系，民营企业进入促进了民营企业全要素生产率提升。这意味着降低地区制度性交易成本，会促进民营企业进入，从而提升民营企业全要素生产率。方程（3）中地区制度性交易成本对民营企业全要素生产率的影响系数显著为负，$\beta_1 \times \gamma_2$ 的符号与 α_1 符号相一致，因此，民营企业进入发挥部分中介效应。降低地区制度性交易成本，可以促进民营企业进入，加剧市场竞争，促使企业增加研发创新支出，从而促进民营企业全要素生产率的提高。因此，验证了假设 2。

表5-8　　地区制度性交易成本影响民营企业全要素生产率的中介机制检验结果

因变量	（1） OLS tfp_lp	（2） Probit 民营企业进入	（3） OLS tfp_lp	（4） OLS tfp_op	（5） Logit 民营企业进入	（6） OLS tfp_op
地区制度性 交易成本	-0.327 *** （0.066）	-1.058 *** （0.271）	-0.324 *** （0.065）	-0.327 *** （0.066）	-1.930 *** （0.475）	-0.324 *** （0.065）
民营企业进入			0.111 *** （0.021）			0.111 *** （0.021）
政治关联	0.002 （0.013）	-0.121 ** （0.060）	0.003 （0.013）	0.002 （0.013）	-0.168 （0.104）	0.003 （0.013）
控股股东比例	0.511 *** （0.041）	4.087 *** （0.250）	0.472 *** （0.042）	0.511 *** （0.041）	7.572 *** （0.478）	0.472 *** （0.042）
民营化方式	-0.047 *** （0.017）	0.051 （0.081）	-0.048 *** （0.017）	-0.047 *** （0.017）	0.129 （0.144）	-0.048 *** （0.017）
民营化时间	0.002 （0.015）	-1.966 *** （0.148）	0.024 （0.015）	0.002 （0.015）	-4.604 *** （0.454）	0.024 （0.015）
税费负担	-1.928 *** （0.055）	0.345 （0.293）	-1.934 *** （0.055）	-1.928 *** （0.055）	0.284 （0.762）	-1.934 *** （0.055）
资产负债率	0.512 *** （0.033）	0.029 （0.158）	0.507 *** （0.033）	0.512 *** （0.033）	-0.052 （0.286）	0.507 *** （0.033）
资产规模	0.007 （0.008）	-0.397 *** （0.043）	0.012 （0.008）	-0.055 *** （0.008）	-0.646 *** （0.078）	-0.050 *** （0.008）
企业规模	0.135 *** （0.007）	-0.009 （0.035）	0.135 *** （0.007）	0.144 *** （0.007）	-0.033 （0.062）	0.143 *** （0.007）
总经理学历水平	0.004 （0.012）	-0.079 （0.052）	0.005 （0.011）	0.004 （0.012）	-0.161 * （0.091）	0.005 （0.011）
总经理任职年限	-0.006 *** （0.002）	-0.310 *** （0.019）	-0.005 ** （0.002）	-0.006 *** （0.002）	-0.584 *** （0.036）	-0.005 ** （0.002）
总经理年龄	0.003 *** （0.001）	0.001 （0.003）	0.003 *** （0.001）	0.003 *** （0.001）	0.002 （0.006）	0.003 *** （0.001）
加入省份控制变量	Yes	Yes	Yes	Yes	Yes	Yes
constant	2.706 *** （0.445）	0.515 （1.277）	2.588 *** （0.445）	2.706 *** （0.445）	-1.775 （2.283）	2.588 *** （0.445）
年份控制	Yes	Yes	Yes	Yes	Yes	Yes
地区控制	Yes	Yes	Yes	Yes	Yes	Yes
R-squared	0.289	0.484	0.291	0.268	0.490	0.271
Observations	17453	17453	17453	17453	17453	17453

注：***、**、* 分别表示在1%、5%、10%的显著性水平，括号内为相应的稳健标准误。

2. 地区作用机制异质性研究。对东部、中部、西部和东北地区制度性交易成本通过民营企业进入影响民营企业全要素生产率的作用机制分别进行检验，结果如表5－9～表5－12所示。由表5－9东部地区的检验结果可知，方程（2）中，地区制度性交易成本对民营企业进入的影响显著为负；方程（3）中，民营企业进入对民营企业全要素生产率的影响显著为正。因此，民营企业进入在东部地区发挥中介效应。方程（3）中，地区制度性交易成本显著负向影响民营企业全要素生产率，同时$\beta_1 \times \gamma_2$的符号与α_1符号相一致。因此，在东部地区，民营企业进入发挥部分中介效应。降低该地区的制度性交易成本，能显著促进民营企业进入，从而加剧市场竞争，促进民营企业全要素生产率的提高。这主要是因为，东部地区的制度性交易成本比较低，市场机制发挥的作用大，民营企业进入对制度性交易成本的变化敏感，民营企业进入能加剧市场竞争，发挥竞争效应和创新激励效应，从而影响民营企业全要素生产率。

表5－9　　　　　东部地区制度性交易成本影响民营企业
全要素生产率的中介机制检验结果

因变量	(1) OLS tfp_lp	(2) Probit 民营企业进入	(3) OLS tfp_lp	(4) OLS tfp_op	(5) Logit 民营企业进入	(6) OLS tfp_op
地区制度性交易成本	-0.530*** (0.087)	-0.871** (0.361)	-0.525*** (0.087)	-0.518*** (0.085)	-1.849*** (0.603)	-0.515*** (0.084)
民营企业进入			0.115*** (0.024)			0.114*** (0.023)
政治关联	0.029* (0.015)	-0.159** (0.068)	0.031** (0.015)	0.028* (0.015)	-0.222* (0.116)	0.030** (0.015)
控股股东比例	0.505*** (0.049)	4.320*** (0.306)	0.461*** (0.050)	0.489*** (0.048)	7.997*** (0.581)	0.447*** (0.049)
民营化方式	-0.082*** (0.020)	-0.000 (0.096)	-0.081*** (0.020)	-0.082*** (0.020)	0.095 (0.164)	-0.082*** (0.020)
民营化时间	0.009 (0.017)	-1.855*** (0.155)	0.032* (0.018)	-0.001 (0.017)	-4.342*** (0.462)	0.022 (0.017)
税费负担	-1.865*** (0.062)	0.508** (0.251)	-1.872*** (0.062)	-1.879*** (0.062)	0.941* (0.495)	-1.887*** (0.062)

续表

因变量	(1) OLS tfp_lp	(2) Probit 民营企业进入	(3) OLS tfp_lp	(4) OLS tfp_op	(5) Logit 民营企业进入	(6) OLS tfp_op
资产负债率	0.527 *** (0.038)	0.062 (0.181)	0.521 *** (0.038)	0.522 *** (0.037)	0.033 (0.319)	0.516 *** (0.037)
资产规模	0.019 ** (0.009)	− 0.393 *** (0.049)	0.024 *** (0.009)	− 0.040 *** (0.009)	− 0.631 *** (0.088)	− 0.034 *** (0.009)
企业规模	0.119 *** (0.008)	− 0.028 (0.040)	0.118 *** (0.008)	0.127 *** (0.008)	− 0.069 (0.069)	0.127 *** (0.008)
总经理学历水平	− 0.007 (0.013)	− 0.068 (0.059)	− 0.005 (0.013)	− 0.001 (0.013)	− 0.143 (0.102)	0.001 (0.013)
总经理任职年限	− 0.007 *** (0.002)	− 0.294 *** (0.021)	− 0.006 ** (0.002)	− 0.007 *** (0.002)	− 0.566 *** (0.041)	− 0.006 ** (0.002)
总经理年龄	0.003 *** (0.001)	− 0.003 (0.004)	0.003 *** (0.001)	0.003 *** (0.001)	− 0.005 (0.007)	0.003 *** (0.001)
加入省份控制变量	Yes	Yes	Yes	Yes	Yes	Yes
constant	1.998 *** (0.616)	0.637 (1.546)	1.842 *** (0.616)	2.147 *** (0.596)	− 2.285 (2.737)	2.005 *** (0.596)
年份控制	Yes	Yes	Yes	Yes	Yes	Yes
省份控制	Yes	Yes	Yes	Yes	Yes	Yes
R-squared	0.277	0.481	0.280	0.255	0.486	0.257
Observations	12115	12115	12115	12115	12115	12115

注：*** 、** 、* 分别表示在1%、5%、10%的显著性水平，括号内为相应的稳健标准误。

表5－10 　　　　　中部地区制度性交易成本影响民营企业
全要素生产率的中介机制检验结果

因变量	(1) OLS tfp_lp	(2) Probit 民营企业进入	(3) OLS tfp_lp	(4) OLS tfp_op	(5) Logit 民营企业进入	(6) OLS tfp_op
地区制度性 交易成本	− 0.472 * (0.255)	− 2.847 ** (1.253)	− 0.488 * (0.255)	− 0.483 ** (0.198)	− 2.377 * (1.435)	− 0.490 ** (0.198)
民营企业进入			0.105 (0.064)			0.109 * (0.060)

续表

因变量	(1) OLS tfp_lp	(2) Probit 民营企业进入	(3) OLS tfp_lp	(4) OLS tfp_op	(5) Logit 民营企业进入	(6) OLS tfp_op
政治关联	-0.055 (0.038)	0.265 (0.194)	-0.058 (0.038)	-0.072** (0.035)	0.319 (0.306)	-0.074** (0.035)
控股股东比例	0.651*** (0.116)	4.746*** (0.723)	0.613*** (0.118)	0.649*** (0.107)	7.912*** (1.217)	0.614*** (0.108)
民营化方式	0.007 (0.043)	0.172 (0.240)	0.004 (0.043)	0.025 (0.040)	0.370 (0.404)	0.023 (0.040)
税费负担	-2.786*** (0.195)	-0.854 (1.336)	-2.783*** (0.195)	-2.912*** (0.185)	-1.253 (2.154)	-2.911*** (0.185)
资产负债率	0.396*** (0.103)	-0.497 (0.473)	0.387*** (0.103)	0.406*** (0.094)	-0.662 (0.776)	0.399*** (0.094)
资产规模	-0.046* (0.027)	-0.491*** (0.143)	-0.040 (0.027)	-0.064*** (0.023)	-0.825*** (0.235)	-0.059** (0.023)
企业规模	0.162*** (0.022)	0.045 (0.109)	0.162*** (0.022)	0.137*** (0.019)	0.111 (0.181)	0.137*** (0.019)
总经理学历水平	0.017 (0.033)	-0.040 (0.163)	0.018 (0.033)	0.021 (0.031)	0.081 (0.263)	0.022 (0.031)
总经理任职年限	0.002 (0.006)	-0.422*** (0.066)	0.003 (0.006)	0.001 (0.006)	-0.716*** (0.108)	0.002 (0.006)
总经理年龄	0.006*** (0.002)	0.017 (0.012)	0.006*** (0.002)	0.006*** (0.002)	0.040** (0.019)	0.006*** (0.002)
加入省份控制变量	Yes	Yes	Yes	Yes	Yes	Yes
constant	4.897*** (1.413)	2.491 (4.400)	4.734*** (1.416)	5.608*** (1.241)	0.051 (6.454)	5.482*** (1.241)
年份控制	Yes	Yes	Yes	Yes	Yes	Yes
省份控制	Yes	Yes	Yes	Yes	Yes	Yes
R-squared	0.324	0.313	0.326	0.324	0.283	0.326
Observations	2469	2469	2469	2469	2469	2469

注：***、**、*分别表示在1%、5%、10%的显著性水平，括号内为相应的稳健标准误。

表5-11   西部地区制度性交易成本影响民营企业
全要素生产率的中介机制检验结果

因变量	(1) OLS tfp_lp	(2) Probit 民营企业进入	(3) OLS tfp_lp	(4) OLS tfp_op	(5) Logit 民营企业进入	(6) OLS tfp_op
地区制度性交易成本	-0.283 * (0.169)	-1.322 * (0.753)	-0.278 (0.169)	-0.283 * (0.169)	-2.222 * (1.313)	-0.278 (0.169)
民营企业进入			0.110 (0.079)			0.110 (0.079)
政治关联	-0.009 (0.048)	-0.309 (0.248)	-0.005 (0.048)	-0.009 (0.048)	-0.560 (0.421)	-0.005 (0.048)
控股股东比例	0.489 *** (0.134)	4.511 *** (0.861)	0.458 *** (0.135)	0.489 *** (0.134)	7.891 *** (1.564)	0.458 *** (0.135)
民营化方式	0.052 (0.056)	0.091 (0.306)	0.050 (0.056)	0.052 (0.056)	0.075 (0.553)	0.050 (0.056)
税费负担	-1.364 *** (0.163)	-4.139 ** (1.697)	-1.363 *** (0.163)	-1.364 *** (0.163)	-6.773 ** (2.905)	-1.363 *** (0.163)
资产负债率	0.498 *** (0.112)	-0.644 (0.683)	0.499 *** (0.111)	0.498 *** (0.112)	-0.568 (1.183)	0.499 *** (0.111)
资产规模	-0.081 *** (0.026)	-0.200 (0.192)	-0.078 *** (0.026)	-0.143 *** (0.026)	-0.433 (0.345)	-0.140 *** (0.026)
企业规模	0.257 *** (0.022)	0.062 (0.161)	0.257 *** (0.022)	0.266 *** (0.022)	0.024 (0.282)	0.266 *** (0.022)
总经理学历水平	-0.023 (0.042)	-0.448 ** (0.212)	-0.019 (0.042)	-0.023 (0.042)	-0.960 ** (0.385)	-0.019 (0.042)
总经理任职年限	-0.014 * (0.007)	-0.350 *** (0.076)	-0.013 * (0.007)	-0.014 * (0.007)	-0.691 *** (0.150)	-0.013 * (0.007)
加入省份控制变量	Yes	Yes	Yes	Yes	Yes	Yes
constant	-0.437 (1.334)	-3.591 (4.186)	-0.456 (1.333)	-0.437 (1.334)	-6.860 (7.462)	-0.456 (1.333)
年份控制	Yes	Yes	Yes	Yes	Yes	Yes
省份控制	Yes	Yes	Yes	Yes	Yes	Yes
R-squared	0.379	0.265	0.380	0.360	0.277	0.361
Observations	1868	1868	1868	1868	1868	1868

注：***、**、*分别表示在1%、5%、10%的显著性水平，括号内为相应的稳健标准误。

表 5 - 12　　　　　东北地区制度性交易成本影响民营企业
全要素生产率的中介机制检验结果

因变量	(1) OLS tfp_lp	(2) Probit 民营企业进入	(3) OLS tfp_lp	(4) OLS tfp_op	(5) Logit 民营企业进入	(6) OLS tfp_op
地区制度性 交易成本	0.328 (0.943)	-2.241 (3.233)	0.195 (0.942)	0.328 (0.943)	-3.552 (5.480)	0.195 (0.942)
民营企业进入			0.203* (0.112)			0.203* (0.112)
政治关联	-0.062 (0.065)	-0.393 (0.348)	-0.054 (0.065)	-0.062 (0.065)	-0.645 (0.600)	-0.054 (0.065)
控股股东比例	0.432** (0.178)	3.772** (1.532)	0.399** (0.178)	0.432** (0.178)	7.113** (3.092)	0.399** (0.178)
民营化方式	0.024 (0.067)	0.219 (0.430)	0.020 (0.067)	0.024 (0.067)	0.428 (0.800)	0.020 (0.067)
税费负担	-3.661*** (0.496)	1.506 (3.397)	-3.722*** (0.495)	-3.661*** (0.496)	3.664 (5.905)	-3.722*** (0.495)
资产负债率	0.375** (0.164)	1.172 (1.295)	0.367** (0.163)	0.375** (0.164)	2.526 (2.498)	0.367** (0.163)
资产规模	0.130*** (0.034)	-0.624* (0.341)	0.136*** (0.034)	0.067** (0.034)	-1.162* (0.664)	0.073** (0.034)
企业规模	0.066** (0.030)	0.001 (0.238)	0.064** (0.030)	0.074** (0.030)	0.008 (0.441)	0.072** (0.030)
总经理学历水平	0.098* (0.055)	0.031 (0.310)	0.100* (0.055)	0.098* (0.055)	0.074 (0.561)	0.100* (0.055)
总经理任职年限	-0.010 (0.010)	-0.547*** (0.142)	-0.009 (0.010)	-0.010 (0.010)	-0.947*** (0.255)	-0.009 (0.010)
总经理年龄	0.010** (0.004)	0.044 (0.028)	0.010** (0.004)	0.010** (0.004)	0.083 (0.051)	0.010** (0.004)
加入省份控制变量	Yes	Yes	Yes	Yes	Yes	Yes
constant	-1.549 (6.713)	6.111 (14.369)	-0.477 (6.717)	-1.549 (6.713)	8.897 (24.977)	-0.477 (6.717)
年份控制	Yes	Yes	Yes	Yes	Yes	Yes
省份控制	Yes	Yes	Yes	Yes	Yes	Yes
R-squared	0.395	0.270	0.401	0.372	0.271	0.378
Observations	1001	1001	1001	1001	1001	1001

注：***、**、*分别表示在1%、5%、10%的显著性水平，括号内为相应的稳健标准误。

表 5 - 10 是中部地区制度性交易成本影响民营企业全要素生产率的中介机制检验结果。以方程（4）~方程（6）的估计结果为主要解释结果。方程（5）中，地区制度性交易成本对民营企业进入的影响显著为负；方程（6）中，民营企业进入对民营企业全要素生产率的影响显著为正。因此，民营企

业进入在中部地区发挥中介效应。方程（4）中，地区制度性交易成本显著负向影响民营企业全要素生产率，同时 $\beta_1 \times \gamma_2$ 的符号与 α_1 符号相一致。因此，在中部地区，民营企业进入发挥部分中介效应。降低该地区的制度性交易成本，能显著促进民营企业进入，从而加剧市场竞争，促进民营企业全要素生产率的提高。这主要是因为，中部地区的制度性交易成本也相对较低，市场机制发挥的作用大，民营企业进入对制度性交易成本的变化敏感，民营企业进入能加剧市场竞争，发挥竞争效应和创新激励效应，从而影响民营企业全要素生产率。

表 5-11 是西部地区制度性交易成本影响民营企业全要素生产率的中介机制检验结果。方程（1）中，地区制度性交易成本显著负向影响民营企业全要素生产率。方程（2）中，地区制度性交易成本对民营企业进入的影响显著为负，说明降低地区制度性交易成本能显著促进西部地区的民营企业进入。方程（3）中，民营企业进入对民营企业全要素生产率的影响系数不显著。由于 β_1 和 γ_2 中有一个不显著，还需要进一步进行 Sobel 检验，检验结果显示 P 值为 0.4935，不显著，说明西部地区民营企业进入的中介效应不显著。因此，说明在西部地区制度性交易成本通过影响民营企业进入从而影响民营企业全要素生产率的中介机制不存在。这可能是因为在西部地区制度性交易成本主要通过其他中介机制来影响民营企业全要素生产率，例如降低制度性交易成本能够减少民营企业的成本支出，促使其将资金更多地投入到创新和管理中，从而提升民营企业全要素生产率。

表 5-12 是东北地区制度性交易成本影响民营企业全要素生产率的中介机制检验结果。方程（1）中，采用 OLS 方法的回归结果显示，东北地区制度性交易成本对民营企业全要素生产率的影响不显著，和表 5-4 中采用系统 GMM 方法和表 5-6 中采用差分 GMM 方法的回归结果一致，这也进一步说明了检验结果非常稳健。方程（2）和方程（3）中的检验结果也表明在东北地区民营企业进入的中介机制效应不显著。

第二节　行业制度性交易成本与民营企业全要素生产率

一、引言

我国民营企业在进入市场、获取要素和寻求产权法律保障等各方面都面临着只适用于特定群体的特殊制度的歧视和限制，其中尤以某些行业市场准入方面的限制更为突出。调查表明，我国有将近 30 多个产业领域对非公有制企业存在进入限制，在全社会 80 多个行业中，只有 41 个行业允许民营企业进入，而外资企业能进入 60 个行业，民营企业难以进入金融投资回报率高的垄断行业。在汽车、交通运输、能源和金融等政府管制性行业中，只有约 20% 的民营企业能进入，而 90.31% 的国有企业则可以进入（陈斌等，2008）。在这些行业中，政府对于民营企业进入的管制，增加了民营企业的进入成本。近年来，政府不断提出要放开管制，鼓励民营资本进入。例如，2005 年发布《关于鼓励支持和引导个体私营等非公有制经济发展的若干意见》（非公经济 36 条）；2009 年出台《关于进一步促进中小企业发展的若干意见》；2010 年发布《关于鼓励和引导民间投资健康发展的若干意见》（民间投资 36 条），尤其在 2023 年出台了多项促进民企发展的政策、文件；2023 年 7 月，中共中央、国务院印发《关于促进民营经济发展壮大的意见》，国家发改委发布《关于进一步抓好抓实促进民间投资工作、努力调动民间投资积极性的通知》，国家发展改革委、国家市场监管总局、国家税务总局等 8 部门印发《关于实施促进民营经济发展近期若干举措的通知》；2023 年 8 月，国家发展改革委发布《关于完善政府诚信履约机制优化民营经济发展环境的通知》等。这表明了政府破除民营企业市场准入壁垒、降低民营企业进入的制度性门槛的决心。但是，民营企业在进入某些行业中仍然面临着不少困难，进入成本要高于公有制企业，使民营企业承担着相对较高的制度性交易成本。

不同行业的进入壁垒不同，制度性交易成本也具有差异。在电力、石油天然气和烟草等垄断性行业中，企业进入壁垒较高，这些垄断性行业给社会带来的福利损失达到 GDP 的 6.28%（易信，2017）。制度性交易成本作为企业的一种负担，必然会对民营企业的发展产生影响。不同行业制度性交易成本不同，对民营企业的全要素生产率也是否会产生异质性影响？行业制度性交易成本是否会通过影响民营企业进入从而影响民营企业全要素生产率？这是本章要验证的主要问题。

二、研究设计

（一）模型设定

为考察行业制度性交易成本是否通过影响民营企业进入进而影响民营企业全要素生产率，本书设定如下中介效应模型来分析行业制度性交易成本通过民营企业进入影响民营企业全要素生产率的中介效应。在中介效应模型中，*IITC* 为行业制度性交易成本，*ENTRY* 为民营企业进入，*TFP* 为民营企业全要素生产率；α_1 代表行业制度性交易成本与民营企业全要素生产率间的总效应，$\beta_1 \times \gamma_2$ 代表通过民营企业进入影响的中介效应，γ_1 代表行业制度性交易成本对民营企业全要素生产率的直接效应，如果中介变量唯一，则存在如下关系：$\alpha_1 = \gamma_1 + \beta_1 \times \gamma_2$，总效应等于中介效应与直接效应之和。

首先，考察行业制度性交易成本对民营企业全要素生产率的影响，构造如下回归模型来分析行业制度性交易成本对民营企业全要素生产率的影响：

$$TFP_{iqt} = \alpha_1 IITC_{iqt} + \alpha_2 X_{it} + \alpha_3 Z_{qt} + \lambda_q + \mu_t + \theta_{iqt} \qquad (5-7)$$

其中，i 代表 A 股上市民营企业；q 代表企业所在行业；t 代表年份。TFP_{iqt} 是民营企业全要素生产率，作为被解释变量。$IITC_{iqt}$ 是企业 i 所在的 q 行业在第 t 年的制度性交易成本。X_{it} 是企业层面的控制变量，包含政治关联、控股股东持股比例、民营化方式、民营化时间、企业税费负担、资产负债率、资产规模、企业规模、总经理学历水平、总经理任职年限和总经理年龄等。Z_{qt} 是行业层面的控制变量，包含行业人均增加值（*IEV*）、行业固定资产投资（*IFAI*）、行业外商直接投资（*IFDI*）。λ_q 和 μ_t 分别是行业固定效应和年份固定效应，θ_{iqt} 是随机扰动项。

其次，为考察行业制度性交易成本对民营企业进入的影响，构造回归模型来研究行业制度性交易成本对民营企业进入的影响；

$$ENTRY_{iqt} = \beta_1 IITC_{iqt} + \beta_2 X_{it} + \beta_3 Z_{qt} + \lambda_q + \mu_t + \theta_{iqt} \qquad (5-8)$$

其中，$ENTRY_{iqt}$ 代表民营企业是否进入。

最后，为研究地区制度性交易成本、民营企业进入和民营企业全要素生产率的内在联系，设定如下模型：

$$TFP_{iqt} = \gamma_1 IITC_{iqt} + \gamma_2 ENTRY_{iqt} + \gamma_3 X_{it} + \gamma_4 Z_{qt} + \lambda_q + \mu_t + \theta_{iqt} \qquad (5-9)$$

（二）变量说明与数据来源

1. 研究变量的定义说明。

（1）被解释变量。民营企业全要素生产率。被解释变量仍然是民营企业全要素生产率，用企业全要素生产率（*TFP*）来衡量。仍然用 LP 法计算民营企业 *TFP*，作基准回归分析分析，然后用 OP 方法计算的民营企业全要素生产率进行稳健性检验。

（2）核心解释变量。行业制度性交易成本。很多研究都采用国有企业员工数量在其所在行业的占比（*GOV*1）和国有企业固定资产投资在其所在行业的占比（*GOV*2）这两个变量来衡量不同行业中政府的行政垄断程度或管制水平（史宇鹏，2007；李涛等，2017）。由于行业层面的数据量较少且获取不易，也同样采用这两个变量作为不同行业制度性交易成本的替代变量，将国有企业员工在所在行业的占比和国有企业固定资产投资在所有行业的占比这两个变量分别赋予50%的权重，然后相加，得到行业制度性交易成本指标。

（3）中介变量。民营企业进入指标。对民营企业进入的衡量与上文类似，进行如下界定：若民营企业在 $t-1$ 期不在数据库但在 t 期进入数据库，则民营企业为 t 年进入企业，将民营企业进入变量 *entry* 定义为1；反之定义为0。

（4）控制变量。

①企业层面的控制变量。与上文类似，选取政治关联、控股股东持股比例（*shareholder*）、民营化方式（*way*）、民营化时间（*time*）等公司管理情况控制变量；企业税费负担（*tax*），企业资产负债率（*leverage*），资产规模（ln*asset*），企业规模（ln*size*）等企业特征控制变量，以及总经理学历水平（*CEOeducation*）、总经理任职年限（*CEOtenure*）、总经理年龄（*CEOage*）等企业高管个人特征变量。除此之外，还选取了企业多元化程度控制变量。众多研究（胡旭阳，史晋川，2008；罗党论，2009）表明，民营企业的多元化水平会影响企业的行业进入，民营企业的多元化目的在于追求新的利益增长点，因此倾向于进入存在超额利润的高壁垒行业。此外，行业制度性交易成本也会影响民营企业的行业进入以及多元化投资。选取收入 Herfindahl 指数（*HI*）来衡量企业多元化程度，即各行业收入占总收入比重的平方和，*HI* 值越高，企业多元化程度越低，具体计算公式如下：

$$HI = \sum_{i=1}^{m} P_i^2 \tag{5-10}$$

其中，P_i 为各行业收入占总收入的比重。

②行业特征的控制变量。行业人均增加值（*IEV*），用行业增加值与行业员工人数之比来衡量。此外，还有行业固定资产投资（*IFAI*）、行业外商直接投资（*IFDI*）控制变量。

上述变量是本节研究所需的所有研究变量，各变量的定义如表5-13所示。

表 5 – 13　　　　　　　　　　　　变量定义

变量	简写	定义
民营企业全要素生产率	TFP	民营企业全要素生产率
行业制度性交易成本	IITC	国有企业员工所在行业占比×50% + 国有企业固定资产投资所在行业占比×50%
民营企业进入	entry	虚拟变量，若企业在当年进入，则为1；否则为0
多元化程度	HI	各行业收入占总收入比重的平方和
政治关联	pconnect	虚拟变量，存在政治关联为1；否则为0
控股股东持股比例	shareholder	控股股东持股比例
民营化方式	way	虚拟变量，若为IPO上市，则为1；否则为0
民营化时间	time	虚拟变量，民营化时间3年以上为1；否则为0
企业税费负担	tax	税费/销售额
企业资产负债率	leverage	总负债/总资产
资产规模	lnasset	年末总资产的自然对数
企业规模	lnsize	企业员工总数的自然对数
总经理学历水平	CEOedu	虚拟变量，硕士以上是高学历，设置为1，其他为0
总经理任职年限	CEOtenure	总经理的任职年限
总经理年龄	CEOage	总经理的年龄
行业人均增加值	IEV	行业增加值与行业员工人数之比
行业固定资产投资	IFAI	行业固定资产投资
行业外商直接投资	IFDI	行业外商直接投资
地区开放度	open	进出口总额/GDP

2. 样本选择和数据来源。本章使用的数据来源于两方面：一是民营上市企业数据；二是行业层面的经济数据。同样选取沪深证券交易所上市的民营上市企业为原始样本，然后根据民营上市公司所在行业将民营上市公司样本与2012~2017年行业层面的经济数据相匹配，民营上市公司的行业分布资料来自Wind资讯中的主营业务组成数据，行业分类以2012年国民经济行业分类为准，行业层面的经济数据来源于《中国统计年鉴》，最终得到10183家A股民营上市企业样本。

三、模型检验及结果分析

（一）行业制度性交易成本对民营企业发展全要素生产率的影响

1. 基准回归结果。首先考察行业制度性交易成本对民营企业发展全要素生产率的影响。本书利用Hausman检验，最终确定用固定效应模型对2012~

2017年中国10183个民营上市企业的面板数据进行估计，表5-14报告了计量模型的回归结果。模型（1）和模型（2）是将LP法计算的民营企业全要素生产率作为被解释变量的回归结果，模型（3）和模型（4）是将OP法计算的民营企业全要素生产率作为被解释变量的回归结果。所有模型的结果均显示，行业制度性交易成本对民营企业全要素生产率的影响显著为负。这说明行业制度性交易成本的增加，使企业进入行业的壁垒和限制增加，企业进入成本增加，降低了预期收益和投资规模，同时企业为获取行业准入权限所支付的非生产性支出变多，不利于民营企业全要素生产率的提升。因此，得到初步研究结论，行业层面制度性交易成本的增加不利于民营企业全要素生产率的提高。

表5-14　　　　　行业制度性交易成本对民营企业全要素生产率的影响

因变量	(1) tfp_lp	(2) tfp_lp	(3) tfp_op	(4) tfp_op
行业制度性交易成本	-0.450*** (0.035)	-0.259*** (0.060)	-0.662*** (0.038)	-0.626*** (0.087)
政治关联		0.009 (0.015)		0.009 (0.015)
控股股东比例		0.565*** (0.049)		0.568*** (0.049)
民营化方式		-0.017 (0.020)		-0.017 (0.020)
民营化时间		-0.028 (0.017)		-0.030* (0.017)
税费负担		-1.802*** (0.073)		-1.804*** (0.073)
资产负债率		0.527*** (0.039)		0.514*** (0.039)
资产规模		0.018* (0.010)		-0.045*** (0.010)
企业规模		0.143*** (0.009)		0.152*** (0.009)
总经理学历水平		0.014 (0.013)		0.015 (0.013)
总经理任职年限		-0.006*** (0.002)		-0.006** (0.002)
总经理年龄		0.002** (0.001)		0.002** (0.001)
行业人均增加值		0.019 (0.023)		-0.012 (0.021)

续表

因变量	(1) *tfp_lp*	(2) *tfp_lp*	(3) *tfp_op*	(4) *tfp_op*
行业固定资产投资		0.006 (0.008)		−0.014 * (0.008)
行业外商直接投资		0.005 (0.011)		−0.018 (0.011)
constant	3.693 *** (0.019)	1.426 *** (0.339)	2.463 *** (0.019)	2.465 *** (0.362)
行业控制	Yes	Yes	Yes	Yes
年份控制	Yes	Yes	Yes	Yes
R-squared	0.019	0.256	0.033	0.232
Observations	10183	10183	10183	10183

注：*** 、** 、* 分别表示在1%、5%、10%的显著性水平，括号内为相应的稳健标准误。

2. 异质性检验。

（1）行业制度性交易成本高低差异分析。不同行业间政府的管制程度具有较大差异，导致民营企业发展在行业层面存在不平衡现象。因此，为考察制度性交易成本影响民营企业全要素生产率的行业差异，本书根据各行业制度性交易成本与行业制度性交易成本总体均值的大小，将企业样本划分为处于高制度性交易成本行业的企业和低制度性交易成本行业的企业，分别进行回归检验。表5-15为在固定效应模型下制度性交易成本影响民营企业全要素生产率的行业差异估计结果。模型（1）和模型（2）是将LP法计算的民营企业全要素生产率作为被解释变量的回归结果；模型（3）和模型（4）是将OP法计算的民营企业全要素生产率作为被解释变量的回归结果。所有模型的回归结果均显示，制度性交易成本对民营企业全要素生产率存在显著负向影响，与上文基准回归的结果一致。接下来分析不同制度性交易成本行业的影响差异，主要以模型（1）和模型（2）的估计结果为主要解释结果。由模型（1）和模型（2）的结果可知，对于处在高制度性交易成本行业的民营企业来说，行业制度性交易成本每降低1个单位，民营企业全要素生产率将增加0.655个单位；而对于处在低制度性交易成本行业的民营企业来说，行业制度性交易成本每降低1个单位，民营企业全要素生产率将增加4.366个单位。这说明，制度性交易成本对处于低制度性交易成本行业的民营企业全要素生产率的影响，大于高制度性交易成本行业的民营企业全要素生产率的影响。在低制度性交易成本的行业，民营企业全要素生产率对制度性交易成本的变化更为敏感。这是因为，制度性交易成本较高的行业大多是关系国家安全和国民经济命脉的主要行业，行业本身就存在很高的技术壁垒和资金壁垒，降低行业制度性交易成本对民营企业全要素生产率的影响要小一些。

表 5 – 15　　　　　　　　　行业制度性交易成本高低差异分析

因变量	(1) 高制度性交易成本 tfp_lp	(2) 低制度性交易成本 tfp_lp	(3) 高制度性交易成本 tfp_op	(4) 低制度性交易成本 tfp_op
行业制度性交易成本	− 0. 655 *** (0. 158)	− 4. 366 *** (0. 758)	− 0. 165 *** (0. 023)	− 1. 330 *** (0. 116)
政治关联	− 0. 011 (0. 021)	0. 014 (0. 010)	0. 015 (0. 027)	0. 010 (0. 010)
控股股东比例	0. 540 *** (0. 112)	0. 271 *** (0. 053)	0. 510 *** (0. 126)	0. 326 *** (0. 052)
民营化方式	0. 062 (0. 070)	− 0. 025 (0. 026)	0. 100 (0. 093)	− 0. 040 (0. 025)
民营化时间	− 0. 030 (0. 028)	0. 009 (0. 014)	0. 049 (0. 032)	− 0. 002 (0. 013)
税费负担	− 0. 855 *** (0. 059)	− 1. 323 *** (0. 083)	− 0. 732 *** (0. 052)	− 1. 616 *** (0. 086)
资产负债率	0. 793 *** (0. 087)	0. 200 *** (0. 038)	0. 262 *** (0. 068)	0. 363 *** (0. 040)
资产规模	− 0. 128 *** (0. 022)	− 0. 082 *** (0. 012)	− 0. 140 *** (0. 027)	− 0. 076 *** (0. 012)
企业规模	0. 160 *** (0. 021)	0. 158 *** (0. 011)	0. 164 *** (0. 027)	0. 141 *** (0. 011)
总经理学历水平	0. 022 (0. 030)	− 0. 039 *** (0. 015)	− 0. 082 ** (0. 038)	− 0. 029 ** (0. 014)
总经理任职年限	0. 003 (0. 005)	− 0. 002 (0. 002)	− 0. 004 (0. 006)	− 0. 001 (0. 002)
总经理年龄	− 0. 004 * (0. 002)	− 0. 001 (0. 001)	− 0. 004 (0. 003)	− 0. 000 (0. 001)
行业人均增加值	− 0. 079 * (0. 041)	0. 260 *** (0. 043)	− 0. 037 (0. 050)	0. 074 *** (0. 026)
行业固定资产投资	0. 183 *** (0. 027)	− 0. 354 *** (0. 041)	0. 177 *** (0. 035)	− 0. 029 ** (0. 012)

续表

因变量	(1) 高制度性交易成本 tfp_lp	(2) 低制度性交易成本 tfp_lp	(3) 高制度性交易成本 tfp_op	(4) 低制度性交易成本 tfp_op
行业外商直接投资	0.015 (0.013)	0.245 *** (0.050)	0.009 (0.015)	0.013 (0.013)
constant	4.321 *** (0.694)	1.641 * (0.881)	2.879 *** (0.841)	3.296 *** (0.397)
行业控制	Yes	Yes	Yes	Yes
年份控制	Yes	Yes	Yes	Yes
R-squared	0.253	0.261	0.209	0.247
Observations	2318	7865	2318	7865

注：***、**、*分别表示在1%、5%、10%的显著性水平，括号内为相应的稳健标准误。

（2）民营企业全要素生产率高低差异分析。为考察制度性交易成本对不同全要素生产率民营企业的影响差异，本书根据民营企业全要素生产率与各企业全要素生产率总体均值的大小，将企业样本划分为高全要素生产率的企业和低全要素生产率的企业，分别进行回归检验。表5-16为在固定效应模型下制度性交易成本对不同全要素生产率民营企业全要素生产率的影响差异估计结果。模型（1）和模型（2）是将LP法计算的民营企业全要素生产率作为被解释变量的回归结果；模型（3）和模型（4）是将OP法计算的民营企业全要素生产率作为被解释变量的回归结果。所有模型的回归结果均显示，制度性交易成本对民营企业全要素生产率存在显著负向影响，与上文基准回归的结果一致。接下来分析制度性交易成本对不同民营企业全要素生产率的影响差异，主要以模型（1）和模型（2）的估计结果为主要解释结果。由模型（1）和模型（2）的结果可知，对于高全要素生产率的民营企业来说，行业制度性交易成本每降低1个单位，民营企业全要素生产率将增加0.168个单位；而对于低全要素生产率的民营企业来说，行业制度性交易成本每降低1个单位，民营企业全要素生产率将增加0.310个单位。这说明，行业制度性交易成本对低全要素生产率的民营企业全要素生产率的影响，大于高全要素生产率的民营企业全要素生产率的影响。这是因为，行业制度性交易成本主要表现在进入某行业所面临的制度壁垒方面，相对于全要素生产率较好的民营企业来说，全要素生产率较差的民营企业难以减轻制度性交易成本对企业进入的障碍作用，行业制度性交易成本对全要素生产率较差的民营企业的约束作用更强，全要素生产率较差的民营企业对行业制度性交易成本具有更高的敏感性，降低行业制度性交易成本能减少全要素生产率较差民营企业的成本支出，从而促使生产率较低的民营企业全要素生产率得到大幅提升。

表5-16　　　　　　　　　　民营企业全要素生产率高低差异分析

因变量	(1) 高全要素生产率 tfp_lp	(2) 低全要素生产率 tfp_lp	(3) 高全要素生产率 tfp_op	(4) 低全要素生产率 tfp_op
行业制度性交易成本	-0.168 * (0.094)	-0.310 *** (0.111)	-0.101 ** (0.054)	-0.192 ** (0.078)
政治关联	0.004 (0.009)	-0.001 (0.012)	0.008 (0.009)	0.002 (0.012)
控股股东比例	0.182 *** (0.047)	0.131 ** (0.057)	0.191 *** (0.046)	0.137 ** (0.058)
民营化方式	-0.041 * (0.022)	0.040 (0.026)	-0.043 * (0.022)	0.050 * (0.026)
民营化时间	0.009 (0.013)	-0.021 (0.016)	0.012 (0.013)	-0.022 (0.016)
税费负担	-1.871 *** (0.155)	-0.792 *** (0.052)	-1.752 *** (0.156)	-0.773 *** (0.052)
资产负债率	0.272 *** (0.040)	0.004 (0.038)	0.278 *** (0.039)	0.015 (0.039)
资产规模	0.058 *** (0.011)	-0.144 *** (0.011)	0.023 ** (0.011)	-0.174 *** (0.012)
企业规模	-0.030 *** (0.010)	0.188 *** (0.011)	-0.024 ** (0.010)	0.190 *** (0.011)
总经理学历水平	-0.002 (0.013)	-0.010 (0.015)	-0.001 (0.013)	-0.010 (0.015)
总经理任职年限	-0.002 (0.002)	0.000 (0.003)	-0.003 * (0.002)	0.001 (0.003)
总经理年龄	-0.001 (0.001)	0.000 (0.001)	-0.001 (0.001)	0.000 (0.001)
行业人均增加值	0.151 *** (0.030)	-0.138 *** (0.027)	0.192 *** (0.031)	-0.152 *** (0.028)
行业固定资产投资	-0.040 *** (0.010)	0.024 *** (0.009)	-0.026 *** (0.009)	0.019 ** (0.009)
行业外商直接投资	-0.002 (0.011)	0.021 ** (0.011)	-0.003 (0.011)	0.020 * (0.011)

因变量	(1) 高全要素生产率 tfp_lp	(2) 低全要素生产率 tfp_lp	(3) 高全要素生产率 tfp_op	(4) 低全要素生产率 tfp_op
constant	1.583 *** (0.473)	6.079 *** (0.446)	0.287 (0.434)	5.693 *** (0.421)
行业控制	Yes	Yes	Yes	Yes
年份控制	Yes	Yes	Yes	Yes
R-squared	0.194	0.228	0.154	0.230
Observations	5106	5077	5149	5034

注：***、**、*分别表示在1%、5%、10%的显著性水平，括号内为相应的稳健标准误。

（二）作用机制和行业异质性研究

上文已经分析了行业制度性交易成本对民营企业全要素生产率的影响。接下来，本书将进一步验证行业制度性交易成本影响民营企业进入，进而间接影响民营企业全要素生产率这一作用机制是否存在，以及是否会由于行业制度性交易成本差异性而呈现出民营企业进入行为和全要素生产率的差异性。

1. 中介机制检验。本书利用民营企业进入中介变量，从总体上分析行业制度性交易成本对民营企业全要素生产率的间接影响。如表 5 – 17 所示，其中，模型（1）~模型（3）是行业制度性交易成本、民营企业进入以及 LP 法计算的民营企业全要素生产率之间中介效应检验递归模型的三步结果，模型（2）中行业制度性交易成本对民营企业进入的影响采用 Probit 回归分析。模型（4）~模型（6）是行业制度性交易成本、民营企业进入以及 OP 法计算的民营企业全要素生产率之间中介效应检验递归模型的三步结果，模型（5）中行业制度性交易成本对民营企业进入的影响采用 Logit 回归分析。运用不同方法计算和回归的结果中重要解释变量的系数显著性和符号都一致，因此，说明了回归结果稳健可靠。本书主要以模型（1）~模型（3）的估计结果为主要解释结果。模型（1）中的回归结果显示，行业制度性交易成本显著负向影响民营企业全要素生产率。模型（2）中的 Probit 回归结果显示，行业制度性交易成本对民营企业进入的影响系数显著为负，说明二者存在显著的负向变动关系，行业制度性交易成本越高，越不利于民营企业进入。因此，得到初步研究结论，行业制度性交易成本降低有利于民营企业进入。而模型（3）中民营企业进入对民营企业全要素生产率的影响系数显著为正，说明民营企业进入与民营企业全要素生产率之间存在正向变动关系，民营企业进入促进了民营企业全要素生产率。这意味着行业制度性交易成本增加，会抑制民营企业进入，从而阻碍民营企业全要素生产率的提升。模型（3）中行业制度性交易成本对民营企业全要素生产率的影响系数显著为负，$\beta_1 \times \gamma_2$ 的符号与 α_1 符号相一致，因此，民营企业进入发挥部分中介效应。降低行业制度性交易成本，可以促进民营企业进入，加剧市场竞争，加大科研投入和科技创新，从而促进民营企业全要素生产率的提高。

表 5 – 17　　行业制度性交易成本影响民营企业全要素生产率的中介机制检验结果

因变量	（1） OLS tfp_lp	（2） Probit 民营企业进入	（3） OLS tfp_lp	（4） OLS tfp_op	（5） Logit 民营企业进入	（6） OLS tfp_op
行业制度性 交易成本	- 0.637 *** (0.087)	- 0.750 * (0.428)	- 0.633 *** (0.086)	- 0.206 ** (0.100)	- 0.777 * (0.494)	- 0.209 ** (0.099)
民营企业进入			0.154 *** (0.026)			0.112 *** (0.017)
政治关联	0.011 (0.015)	- 0.236 *** (0.072)	0.013 (0.015)	0.006 (0.010)	- 0.377 *** (0.127)	0.008 (0.010)
控股股东比例	0.539 *** (0.049)	3.811 *** (0.345)	0.495 *** (0.050)	0.237 *** (0.049)	6.993 *** (0.649)	0.157 *** (0.050)
民营化方式	- 0.024 (0.020)	0.094 (0.095)	- 0.025 (0.020)	- 0.048 * (0.025)	0.170 (0.168)	- 0.052 ** (0.025)
民营化时间	- 0.032 * (0.017)	- 2.365 *** (0.198)	- 0.001 (0.018)	0.004 (0.013)	- 5.258 *** (0.592)	0.010 (0.013)
税费负担	- 1.748 *** (0.073)	0.319 (0.309)	- 1.759 *** (0.073)	- 1.078 *** (0.049)	0.185 (1.067)	- 1.083 *** (0.049)
资产负债率	0.523 *** (0.039)	0.464 ** (0.197)	0.511 *** (0.038)	0.317 *** (0.035)	0.685 * (0.398)	0.307 *** (0.035)
资产规模	0.018 * (0.010)	- 0.498 *** (0.059)	0.027 *** (0.010)	- 0.147 *** (0.011)	- 0.828 *** (0.112)	- 0.136 *** (0.011)
企业规模	0.143 *** (0.009)	0.032 (0.048)	0.140 *** (0.009)	0.160 *** (0.010)	0.049 (0.086)	0.158 *** (0.010)
总经理学历水平	0.019 (0.013)	- 0.103 (0.067)	0.021 (0.013)	- 0.027 ** (0.013)	- 0.217 * (0.119)	- 0.025 * (0.013)

续表

因变量	(1) OLS tfp_lp	(2) Probit 民营企业进入	(3) OLS tfp_lp	(4) OLS tfp_op	(5) Logit 民营企业进入	(6) OLS tfp_op
总经理任职年限	-0.006 *** (0.002)	-0.509 *** (0.028)	-0.004 * (0.002)	-0.002 (0.002)	-0.951 *** (0.054)	0.000 (0.002)
总经理年龄	0.002 ** (0.001)	0.008 * (0.004)	0.002 ** (0.001)	-0.001 (0.001)	0.013 * (0.008)	-0.001 (0.001)
行业人均增加值	-0.000 (0.021)	0.308 *** (0.106)	0.001 (0.021)	-0.017 (0.031)	0.570 *** (0.188)	-0.013 (0.031)
行业固定资产投资	-0.010 (0.008)	0.079 ** (0.039)	-0.009 (0.008)	0.008 (0.010)	0.138 ** (0.070)	0.009 (0.010)
行业外商直接投资	-0.023 ** (0.011)	-0.209 *** (0.061)	-0.022 ** (0.011)	0.001 (0.010)	-0.293 ** (0.117)	-0.001 (0.010)
constant	2.360 *** (0.361)	6.030 *** (2.014)	2.171 *** (0.361)	4.458 *** (0.475)	8.157 ** (3.739)	4.237 *** (0.475)
年份控制	Yes	Yes	Yes	Yes	Yes	Yes
省份控制	Yes	Yes	Yes	Yes	Yes	Yes
R-squared	0.267	0.559	0.271	0.209	0.564	0.211
Observations	10183	10183	10183	10183	10183	10183

注：***、**、* 分别表示在1%、5%、10%的显著性水平，括号内为相应的稳健标准误。

2. 行业作用机制异质性研究。分别检验在高制度性交易成本和低制度性交易成本行业中民营企业进入的中介效应机制，结果如表5-18所示。

表5-18　　　不同行业制度性交易成本影响民营企业全要素生产率的中介效应分析

因变量	高制度性交易成本			低制度性交易成本		
	(1) OLS tfp_lp	(2) Probit 民营企业进入	(3) OLS tfp_lp	(4) OLS tfp_lp	(5) Probit 民营企业进入	(6) OLS tfp_lp
行业制度性交易成本	-0.556 *** (0.138)	-0.050 (0.027)	-0.557 *** (0.138)	-4.002 ** (2.274)	-4.107 * (2.574)	-4.770 ** (2.245)
民营企业进入			0.121 ** (0.058)			0.156 *** (0.027)

续表

因变量	高制度性交易成本			低制度性交易成本		
	（1） OLS tfp_lp	（2） Probit 民营企业进入	（3） OLS tfp_lp	（4） OLS tfp_lp	（5） Probit 民营企业进入	（6） OLS tfp_lp
政治关联	0.009 （0.034）	0.041 （0.161）	0.006 （0.034）	0.011 （0.016）	− 0.220 *** （0.085）	0.015 （0.016）
控股股东比例	0.541 *** （0.113）	4.322 *** （0.767）	0.501 *** （0.114）	0.510 *** （0.053）	3.829 *** （0.407）	0.470 *** （0.053）
民营化方式	0.088 * （0.051）	0.903 *** （0.314）	0.082 （0.051）	− 0.037 * （0.020）	0.054 （0.104）	− 0.037 * （0.020）
民营化时间	− 0.057 （0.039）	− 2.320 *** （0.404）	− 0.036 （0.040）	− 0.015 （0.019）	− 2.595 *** （0.303）	0.016 （0.019）
税费负担	− 1.103 *** （0.104）	0.282 （0.683）	− 1.107 *** （0.103）	− 2.647 *** （0.106）	1.345 * （0.769）	− 2.667 *** （0.106）
资产负债率	1.139 *** （0.093）	1.194 ** （0.486）	1.119 *** （0.093）	0.227 *** （0.042）	0.050 （0.257）	0.218 *** （0.042）
资产规模	− 0.104 *** （0.021）	− 0.543 *** （0.122）	− 0.096 *** （0.021）	0.029 ** （0.011）	− 0.494 *** （0.076）	0.038 *** （0.011）
企业规模	0.133 *** （0.018）	− 0.113 （0.096）	0.132 *** （0.018）	0.148 *** （0.010）	0.093 （0.061）	0.144 *** （0.010）
总经理学历水平	0.042 （0.030）	− 0.027 （0.143）	0.043 （0.030）	0.002 （0.014）	− 0.175 ** （0.080）	0.005 （0.014）
总经理任职年限	0.002 （0.006）	− 0.578 *** （0.067）	0.003 （0.006）	− 0.007 *** （0.002）	− 0.474 *** （0.034）	− 0.005 ** （0.002）
总经理年龄	0.001 （0.002）	0.003 （0.010）	0.001 （0.002）	0.001 （0.001）	0.004 （0.005）	0.001 （0.001）
行业人均增加值	− 0.128 *** （0.026）	0.016 （0.151）	− 0.127 *** （0.026）	0.420 （0.486）	0.212 （0.287）	0.379 （0.485）
行业固定资产投资	0.095 *** （0.024）	0.212 * （0.113）	0.096 *** （0.024）	− 0.611 * （0.313）	0.367 （0.240）	− 0.640 ** （0.312）
行业外商直接投资	0.020 （0.014）	0.054 （0.084）	0.020 （0.014）	0.145 （0.126）	− 1.126 *** （0.215）	0.155 （0.126）

因变量	高制度性交易成本			低制度性交易成本		
	(1) OLS tfp_lp	(2) Probit 民营企业进入	(3) OLS tfp_lp	(4) OLS tfp_lp	(5) Probit 民营企业进入	(6) OLS tfp_lp
constant	4.928 *** (0.547)	5.730 * (3.242)	4.756 *** (0.552)	3.582 (8.830)	17.569 *** (5.614)	4.212 (8.804)
年份控制	Yes	Yes	Yes	Yes	Yes	Yes
行业控制	Yes	Yes	Yes	Yes	Yes	Yes
R-squared	0.286	0.567	0.288	0.300	0.581	0.305
Observations	2318	2318	2318	7865	7865	7865

注：*** 、** 、* 分别表示在1%、5%、10%的显著性水平，括号内为相应的稳健标准误。

其中，模型（1）~模型（3）是高制度性交易成本行业的制度性交易成本、民营企业进入以及 LP 法计算的民营企业全要素生产率之间中介效应检验递归模型的三步结果，模型（2）中行业制度性交易成本对民营企业进入的影响采用 Probit 回归分析。模型（4）~模型（6）是低制度性交易成本行业的制度性交易成本、民营企业进入以及 LP 法计算的民营企业全要素生产率之间中介效应检验递归模型的三步结果，模型（5）中行业制度性交易成本对民营企业进入的影响采用 Probit 回归分析。

对于高制度性交易成本的行业来说，模型（2）中的 Probit 回归结果显示，行业制度性交易成本对民营企业进入的影响系数为负，但不显著，说明高制度性交易成本的行业中降低制度性交易成本并不会明显增加民营企业的进入。第二列不显著，笔者根据中介效应检验程序，进一步进行 Sobel 检验，检验结果显示 P 值为 0.3592，不显著，说明在高制度性交易成本的行业，民营企业进入的中介效应不显著。因此，说明在高制度性交易成本的行业中，制度性交易成本不能通过影响民营企业进入从而影响民营企业全要素生产率。这可能是因为在高制度性交易成本的行业中，制度性交易成本主要通过其他中介机制来影响民营企业全要素生产率，例如降低行业制度性交易成本能够减少民营企业的成本支出，促使其将资金更多地投入到创新和管理中，从而提升民营企业全要素生产率。

对于低制度性交易成本的行业来说，模型（5）中的 Probit 回归结果显示，行业制度性交易成本对民营企业进入的影响系数显著为负，说明二者存在显著的负向变动关系，行业制度性交易成本越高，越不利于民营企业进入。

而模型（6）中民营企业进入对民营企业全要素生产率的影响系数显著为正，说明民营企业进入与民营企业全要素生产率之间存在正向变动关系，民营企业进入促进了民营企业全要素生产率。这意味着行业制度性交易成本增加，会抑制民营企业进入，从而降低民营企业全要素生产率。模型（6）中行业制度性交易成本对民营企业全要素生产率的影响系数为负，$\beta_1 \times \gamma_2$ 的符号与 α_1 符号相一致。因此，在低制度性交易成本的行业中，民营企业进入发挥部分中介效应，降低行业制度性交易成本，可以促进民营企业进入，从而加剧市场竞争，促进民营企业全要素生产率的提高。

3. 行业作用机制异质性稳健性检验。为了检验本书研究结论的稳健性，本书采用 OP 法计算民营企业全要素生产率，将其作为被解释变量，然后运用 Logit 方法检验制度性交易成本对民营企业进入的影响，具体回归结果如表 5-19 所示。实证结果显示制度性交易成本影响民营企业进入从而影响民营企业全要素生产率的回归系数的方向和显著性与表 5-18 的回归结果大体一致，说明本书的研究结论稳健可靠。

表 5-19　　　　　　　　不同行业制度性交易成本影响民营企业
全要素生产率中介效应的稳健性检验

因变量	（1）	（2）	（3）	（4）	（5）	（6）
	高制度性交易成本			低制度性交易成本		
	OLS tfp_op	Logit 民营企业进入	OLS tfp_op	OLS tfp_op	Logit 民营企业进入	OLS tfp_op
行业制度性 交易成本	-0.655*** (0.158)	-0.363 (1.288)	-0.653*** (0.158)	-4.002** (2.274)	-1.631*** (0.443)	-4.770** (2.245)
民营企业进入			0.100*** (0.036)			0.156*** (0.027)
政治关联	-0.011 (0.021)	0.097 (0.282)	-0.012 (0.021)	0.011 (0.016)	-0.322** (0.148)	0.015 (0.016)
控股股东比例	0.540*** (0.112)	7.645*** (1.487)	0.461*** (0.115)	0.510*** (0.053)	7.011*** (0.750)	0.470*** (0.053)
民营化方式	0.062 (0.070)	1.627*** (0.582)	0.040 (0.070)	-0.037* (0.020)	0.111 (0.181)	-0.037* (0.020)
民营化时间	-0.030 (0.028)	-4.886*** (1.054)	-0.027 (0.028)	-0.015 (0.019)	-5.702*** (0.907)	0.016 (0.019)

续表

因变量	(1)	(2)	(3)	(4)	(5)	(6)
	高制度性交易成本			低制度性交易成本		
	OLS	*Logit*	*OLS*	*OLS*	*Logit*	*OLS*
	tfp_op	民营企业进入	*tfp_op*	*tfp_op*	民营企业进入	*tfp_op*
税费负担	− 0. 855 ***	− 0. 947	− 0. 857 ***	− 2. 647 ***	1. 117	− 2. 667 ***
	(0. 059)	(2. 468)	(0. 059)	(0. 106)	(1. 429)	(0. 106)
资产负债率	0. 793 ***	1. 909 **	0. 778 ***	0. 227 ***	− 0. 152	0. 218 ***
	(0. 087)	(0. 918)	(0. 087)	(0. 042)	(0. 478)	(0. 042)
资产规模	− 0. 191 ***	− 0. 893 ***	− 0. 182 ***	− 0. 033 ***	− 0. 839 ***	− 0. 024 **
	(0. 022)	(0. 226)	(0. 023)	(0. 011)	(0. 138)	(0. 011)
企业规模	0. 168 ***	− 0. 193	0. 168 ***	0. 156 ***	0. 175 *	0. 153 ***
	(0. 021)	(0. 172)	(0. 021)	(0. 010)	(0. 106)	(0. 010)
总经理学历水平	0. 022	− 0. 102	0. 023	0. 002	− 0. 323 **	0. 005
	(0. 030)	(0. 249)	(0. 030)	(0. 014)	(0. 141)	(0. 014)
总经理任职年限	0. 003	− 1. 062 ***	0. 005	− 0. 007 ***	− 0. 872 ***	− 0. 005 **
	(0. 005)	(0. 129)	(0. 005)	(0. 002)	(0. 063)	(0. 002)
总经理年龄	− 0. 004 *	0. 008	− 0. 004 *	0. 001	0. 008	0. 001
	(0. 002)	(0. 018)	(0. 002)	(0. 001)	(0. 009)	(0. 001)
行业人均增加值	− 0. 079 *	0. 048	− 0. 074 *	0. 420	0. 479	0. 379
	(0. 041)	(0. 272)	(0. 041)	(0. 486)	(0. 551)	(0. 485)
行业固定资产投资	0. 183 ***	0. 319	0. 183 ***	− 0. 611 *	0. 591	− 0. 640 **
	(0. 027)	(0. 207)	(0. 027)	(0. 313)	(0. 445)	(0. 312)
行业外商直接投资	0. 015	0. 107	0. 015	0. 145	− 1. 912 ***	0. 155
	(0. 013)	(0. 153)	(0. 013)	(0. 126)	(0. 486)	(0. 126)
constant	4. 321 ***	8. 791	4. 144 ***	3. 582	28. 628 **	4. 212
	(0. 694)	(5. 894)	(0. 696)	(8. 830)	(11. 584)	(8. 804)
年份控制	Yes	Yes	Yes	Yes	Yes	Yes
省份控制	Yes	Yes	Yes	Yes	Yes	Yes
R-squared	0. 242	0. 569	0. 244	0. 266	0. 586	0. 271
Observations	1435	1435	1435	5319	5319	5319

注: ***、**、* 分别表示在1%、5%、10%的显著性水平, 括号内为相应的稳健标准误。

第三节　本章小结

本章第一节内容是从地区层面对制度性交易成本影响民营企业全要素生产率，以及制度性交易成本通过民营企业进入中介机制从而影响民营企业全要素生产率这两方面的问题进行验证。

首先，从地区层面分析制度性交易成本对民营企业全要素生产率的影响。总体上看，地区制度性交易成本对民营企业全要素生产率具有显著的负向影响，地区层面的制度性交易成本越高，越不利于民营企业全要素生产率的提高。

为考察制度性交易成本影响民营企业全要素生产率的区域差异，本书分别验证了东部、中部、西部和东北地区四个区域制度性交易成本对民营企业全要素生产率的影响。实证结果表明，东部、中部和西部地区制度性交易成本对民营企业全要素生产率存在显著负向影响，这说明东部、中部和西部地区制度性交易成本的降低有助于促进民营企业全要素生产率的提高；东北地区制度性交易成本对民营企业全要素生产率的影响为负，但不显著，说明东北地区制度性交易成本对民营企业全要素生产率的影响还没有显现。

为考察地区制度性交易成本对不同全要素生产率民营企业的影响差异，本书根据民营企业全要素生产率与各企业全要素生产率总体均值的大小，将企业样本划分为高全要素生产率的企业和低全要素生产率的企业，分别进行回归检验。实证结果表明，对于高全要素生产率的企业来说，制度性交易成本显著负向影响其全要素生产率。这表明对于生产率较高的民营企业来说，制度性交易成本对其全要素生产率的影响较为敏感。对于低生产率的企业来说，制度性交易成本对其全要素生产率的影响不显著，这表明对于生产率较低的民营企业来说，制度性交易成本对其全要素生产率的影响不敏感。

其次，检验地区制度性交易成本通过影响民营企业进入从而影响民营企业全要素生产率的中介机制是否存在，以及是否会由于地区制度性交易成本差异性而导致民营企业进入行为和全要素生产率的差异。研究结果表明，对于全样本来说，民营企业进入发挥部分中介效应，降低地区制度性交易成本，可以促进民营企业进入，从而加剧市场竞争，发挥竞争效应和创新激励效应，促进民营企业全要素生产率的提高。而分地区异质性的研究中，只有东部和中部地区，民营企业进入的中介机制显著，在西部和东北地区民营企业进入的中介机制不显著。这主要是因为在东部和中部地区制度性交易成本比较低，市场机制发挥的作用大，民营企业进入对制度性交易成本的变化敏感，民营企业进入在制度性交易成本影响民营企业全要素生产率的过程中能发挥中间作用机制。

本章第二节是从行业层面对制度性交易成本影响民营企业全要素生产率，以及制度性交易成本通过民营企业进入中介机制从而影响民营企业全要素生产率这两方面的问题进行验证。

首先，从行业层面分析制度性交易成本对民营企业全要素生产率的影响。总体上看，行业制度性交易成本对民营企业全要素生产率具有显著的负向影响，行业层面的制度性交易成本越高，越不利于民营企业全要素生产率的提高。

为考察制度性交易成本影响民营企业全要素生产率的行业差异，本书根据各行业制度性交易成本与行业制度性交易成本总体均值的大小，将企业样本划分为处于高制度性交易成本行业的企业和低制度性交易成本行业的企业，分别进行回归检验。实证结果表明，制度性交易成本对民营企业全要素生产率存在显著负向影响，同时不同行业间存在差异影响，制度性交易成本对低制度性交易成本行业的民营企业全要素生产率的影响大于高制度性交易成本行业的民营企业全要素生产率的影响。在低制度性交易成本的行业，民营企业全要素生产率对制度性交易成本的变化更为敏感。

为考察制度性交易成本对不同全要素生产率民营企业的影响差异，本书根据民营企业全要素生产率与各企业全要素生产率总体均值的大小，将企业样本划分为高全要素生产率的企业和低全要素生产率的企业，分别进行回归检验。实证结果表明，制度性交易成本对民营企业全要素生产率存在显著负向影响。同时，制度性交易成本对不同全要素生产率的民营企业产生不同影响，制度性交易成本对低全要素生产率的民营企业全要素生产率的影响大于高全要素生产率的民营企业全要素生产率的影响。相对于全要素生产率较好的民营企业来说，全要素生产率较差的民营企业对制度性交易成本具有更高的敏感性，降低制度性交易成本能促使生产率较低的民营企业全要素生产率得到大幅提升。

其次，检验行业制度性交易成本通过影响民营企业进入从而影响民营企业全要素生产率的中介机制是否存在，以及是否会由于行业制度性交易成本差异性而呈现出民营企业进入行为和全要素生产率的差异性。全部样本的检验结果表明，民营企业进入在行业制度性交易成本影响民营企业全要素生产率的过程中发挥部分中介效应。分行业异质性的检验证明，在制度性交易成本高的行业中，民营企业进入中介效应不存在，制度性交易成本可能通过其他机制影响民营企业全要素生产率；而在制度性交易成本较低的行业中，民营企业发挥部分中介效应，降低行业制度性交易成本，可以促进民营企业进入，从而加剧市场竞争，促进低制度性交易成本行业中民营企业全要素生产率的提高。

第六章

制度性交易成本与企业创新

——以民营企业为例

第一节 地区制度性交易成本与民营企业创新

一、引言

科技是国家强盛之基，创新是民族进步之魂。习近平总书记强调，当前，我们必须牢牢抓住科技创新这个"牛鼻子"，大力发展专精特新企业，发挥好补链固链强链作用，构建新的发展格局，推动经济全要素生产率。创新是全要素生产率的本质，民营经济是推动经济全要素生产率的重要主体。因此，提升民营企业创新能力是建设现代化经济体系、促进经济全要素生产率的关键动力与战略支撑。民营企业作为科技创新的重要载体，是推动社会主义市场经济发展的重要力量，也是推进供给侧结构性改革以及经济全要素生产率的重要主体。然而，在制度性交易成本的困扰下[①]，我国绝大部分企业的生存与发展受到了极大限制，特别是民营企业。制度性交易成本的上升提高了企业进入的门槛，降低了企业从事实体投资的动机，使潜在的企业难以发展成现实的企业，不利于企业的市场进入和投资增加。据统计，我国2006～2012年新登记的企业法人增长率均不足10%，这一情况直到2014年我国实施商事制度改革后才逐渐好转。商事制度改革旨在简化登记注册流程，放宽工商登记条件，减少企业开办和业务办理时间，降低企业制度性交易成本，促进企业创新创业。统计数据表明，2014年后私营企业数量大幅度增加，且呈现逐年递增趋

---

① 在我国，制度性交易成本是在2015年供给侧结构性改革所提及的概念。降低制度性交易成本是供给侧结构性改革的任务之一。本书的制度性交易成本是指特殊制度产生的交易成本。

势，私营企业占比也在逐年递增。截至 2020 年，全国私营企业数量高达22835565 家，环比增长 20.68%；比 2014 年增加 15569377 个，增长 214.27%；私营企业占比更是达到 91.14%，比 2014 年增长 33.17%。可见，我国在实施商事制度改革以后，制度性交易成本有所降低，民营企业数量呈加速增长态势，民营企业占比显著提升，民营经济得到快速发展。

　　然而，我国大多数民营企业呈现规模小、资金少、技术基础薄弱、抗风险能力不足等特点，多而不专，多而不精，严重阻碍了民营企业创新之路。除了自身因素外，民营企业走创新之路还面临一系列外在特殊制度环境的压力。近年来，为加大创新企业培育力度，中央及地方各级政府出台了多项政策，但一些政策在执行中仍存在"肠梗阻""最后一公里"不畅、支持适配性不足等问题，例如民营企业进入市场面临的限制较多，形式可进入而实质上难以进入等现象很多；在获取生产要素方面，民营企业获取融资依然受到很多限制，面临的融资成本很高，户籍制度依然限制着劳动力人口的流动，导致企业获取劳动力要素的成本上升；在产权保护的过程中，民营企业产权并未真正得到公平保护，公权力侵害私有产权和民营企业资产等现象还时有发生。所有这些特殊制度都使民营企业面临着不公正的市场竞争环境，为了突破这些特殊制度的限制障碍，民营企业往往寻求政治关联、寻租腐败等非正式机制来获取制度上的便利，这些都增加了非生产性活动支出，产生较高的制度性交易成本，致使民营企业难以持续进行创新活动，创新发展之路困难重重。

　　不难发现，制度因素是制约民营企业发展的一个重要因素，制度性交易成本是阻碍民营企业创新的重要因素。现有文献对制度性交易成本的研究多是聚焦于各类报纸的政策解读，对制度性交易成本的内涵理解存在许多差异，测度方法也存在差异。国外大多数学者认为制度性交易成本是公共政策引致的成本，故一般采用比较时间成本的分析方法对其进行测算（McCann，2005；Demirbag et al.，2007；Khan & Jarrell，2008）。詹科夫（Djankov，2002）搜集信息，调查了 85 个国家开办一个企业所需的注册程序、时间和费用，发现不同国家间的情况差异非常大，有的国家如莫桑比克和意大利开办企业所需的程序、时间和费用较大；而加拿大则非常少。这种测度方法一般衡量了一部分企业，而且无法结合企业自身的特征信息，不能准确衡量整体全局的制度性交易成本。因此，国内一些学者从企业投资、利润及生产性活动的变化间接衡量了制度性交易成本（卢现祥和朱迪，2019；杨艳和车明，2020）。杨艳和车明（2020）认为制度性交易成本是经济主体为遵守制度规定而产生的非生产性成本，不会增加最终产出，通过投入—产出效率的高低可以间接衡量制度性交易成本的高低。

制度性交易成本必然会增加企业生产和经营的新约束条件，导致企业增加额外的成本。制度性交易成本高昂的国家，大多数生产效率低下、经济技术落后，原因在于它们使用一种"不好"的制度—汲取型制度（Acemoglu & Johnson，2005；卢现祥和李小平，2008；夏杰长和刘诚，2017；周其仁，2017；李慧和卢现祥，2021）。鲍莫尔（Baumol，1996）认为企业家在生产性活动和非生产性活动之间的选择受到制度质量的影响，好的制度能促使企业家更多地从事生产性活动，促进经济增长。索柏（Sobel，2004）对此进行了实证检验，验证了好的制度能鼓励企业家生产性活动，促进经济增长。科瓦奇和斯普鲁克（Kovac & Spruk，2016）量化了交易成本对跨国经济的影响，认为减少交易成本能促进经济增长。因此，能促进经济增长的非人格化的开放准入秩序制度就是好的制度，在这种制度下的制度性交易成本越低，所有主体都能公平公正地参与市场竞争，促进企业创新水平的提升。在人格化的有限准入秩序制度下，不同主体在经济活动中的规则和权限具有差异，制度性交易成本越高，越不利于企业创新水平的提升。要助力民营企业创新之路行稳致远，需要企业、资本和政府共同努力，降低民营企业制度性交易成本，为民营企业营造良好的创新生态。那么，现阶段我国民营企业面临的制度性交易成本是多少呢？是高还是低呢？对民营企业创新水平有怎样的影响呢？如何降低制度性交易成本来促进民营企业创新水平，助力民营企业创新呢？这些问题的回答，不仅对企业科学应对制度政策，而且对政府有效制定制度政策，都具有重要的现实意义。鉴于此，本书根据前文构建的制度性交易成本指数，以民营上市企业为研究样本，实证检验了制度性交易成本对民营企业创新水平的影响。

二、研究假说

企业全要素生产率的本质是创新，提升民营企业全要素生产率的落脚点也在于创新。企业作为经济发展中的重要主体，其创新活动受到制度性交易成本的影响。创新环境越适宜，创新的潜力和成果就越大，制度性交易成本的高低则直接关系着企业创新环境的好坏。当经济体中存在大量的特殊制度，如产权安全缺乏保障、法律实施不力、进入遭遇障碍、垄断限制存在时，企业面临的制度性交易成本较高，冗长的审批流程以及不透明的收费标准导致非生产性成本较高，以利润最大化为目的的企业必然倾向于做短期的且固定资本投入较少的投资，从而缩减创新投入；而那些固定资本投入较多的大型企业只存在于政府保护之下，政府补贴、关税保护、政治组织的支付等政府保护往往无益于创新活动的开展。此外，过高的制度性交易成本使企业家及投资者不能从事生产性、创造性活动，贸易、再分配活动以及黑市交易将有可能成为最有利可图的业务，那么他们会转向从事非生产性、寻租活动。当存在激励因素促使人们去攫取而不是创造，即从事掠夺、寻租行为而不是生产性行为更能获益的时候，社会经济的发展就会受到阻碍。

从制度基础观的视角解释企业创新已经成为一种重要范式（Peng et al.，2008）。特别是，我国实施的简政放权、"放管服"、行政审批、商事制度改革等一系列政策如何影响企业创新，受到学界的大量关注。张景华和刘畅（2021）基于 2008～2016 年上市企业数据，研究发现简政放权越彻底，企业制度性交易成本越低，对创新活动的激励效应愈加显著。邓悦等（2019）基于 2018 年中国企业—劳动力匹配调查的微观数据，研究发现"放管服"改革降低了制度性交易成本，提升了企业创新全要素生产率。王永进和冯笑（2018）以各地行政审批中心成立为"准自然实验"，利用 DID 实证方法探讨了行政审批改革与企业创新的关系，研究发现行政审批改革降低了企业的制度性交易成本，从而促进企业进行研发和技术创新。何晓斌等（2021）利用 2010 年全国私营企业调查数据发现了类似的观点。夏杰长和刘诚（2020）以是否设立市场监管局两方面来测度商事改革，研究发现商事改革进展较好的地区，制度性交易成本越低，越有利于地区创新水平提升。李小平和余东升（2021）基于 2010～2018 年中国 A 股上市企业数据，也发现商事制度改革降低了制度性交易成本，有助于企业创新水平的提升。基于上述分析内容，提出研究假说 1：

假说 1：降低制度性交易成本有利于民营企业创新水平的提升。

制度性交易成本通过影响企业的成本和利润来影响企业的进入，从而影响企业创新水平。高制度性交易成本使许多潜在的企业无法真正进入市场。一方面，制度性交易成本的上升提高了企业进入的门槛，企业进入的成本太高，从而使潜在的企业难以发展成现实的企业。另一方面，过高的制度性交易成本使企业更多地进行非生产性活动，减少了生产性活动的投入，制度性交易成本的上升会挤占企业投资利润，降低企业从事实体投资的动机，从而减少企业进入数量。特殊制度的存在，使那些具有政治和经济力量的群体能优先进入市场；而无权无势的群体则被排除在外，想要进入市场还需支付更多的制度性交易成本，形成大量的非正规经济（Desoto，1989）。不同国家的企业进入规制具有差异，在进入规制程序烦琐和进入成本较高的国家中，往往腐败和非正式经济更为严重，从而不利于企业进入（Djankov et al.，2002；Dhaliwal et al.，2013；Branstetter et al.，2014），也不利于产品市场规模的扩大（Scarpetta et al.，2002）。企业进入所需登记注册的程序越复杂、最低注册资本金越高，越不利于企业进入（Dreher & Gassebner，2013）。詹科夫（Djankov，2008）的研究表明，进入规制成本每增加1%，企业的市场进入率会降低0.32%，而在缺乏严格管制的国家企业进入率会降低5%。通过对进入规制程序的改革，能降低进入成本，促进企业进入数量的增加（David et al.，2011；Fisman & Wang，2015；Raymond & Wang，2018）。毕青苗等（2018）研究发现制度性交易成本的降低，显著提高了企业进入率。综上所述，降低制度性交易成本，能显著促进企业进入。

近年来，中国政府大力推进政审批改革和商事制度改革制度，就是为了减少政府对企业的干预，降低企业制度性交易成本，降低企业进入门槛（Amici et al.，2016），促进企业进入。企业的进入导致在位企业面临更大的进入威胁和竞争压力。企业竞争加剧，既可能倒逼企业提升研发创新水平以摆脱"竞争"、避免破产倒闭，也可能使企业因竞争带来的创新租金消散而从事创新活动的激励效应减弱（Aghion et al.，2005）。当在位企业的先发优势不是来自技术优势时，企业有较强激励将市场势力转为政治权力，影响潜在企业的进入和创新。进入企业的增加还可以推动在位企业的创新。阿吉翁（Aghion，2009）等发现，新企业的市场进入极大激发了在位企业技术创新的热情，在位企业将试图通过提高创新水平来应对潜在威胁和保持领先地位。然而研发水平低的企业给研发水平高的企业带来的竞争压力较小，企业改进技术和加强管理以提高创新水平的激励也相对较弱，竞争的租金消散效应将起支配作用（郭小年和邵宜航，2019）。因此，制度性交易成本的降低会使在位企业更快地进行研发创新，这是制度性交易成本降低的激励效应。同时，制度性交易成本的降低会使难以提升研发水平的企业退出市场的可能性变大，这是达尔文主义的市场选择效应（李小平和余东升，2021）。综上所述，本书绘制了民营企业创新发展的路线图，如图6-1所示。基于上述分析内容，提出研究假说2。

假说2：制度性交易成本的降低，有利于民营企业进入，从而促进民营企业创新水平的提升。

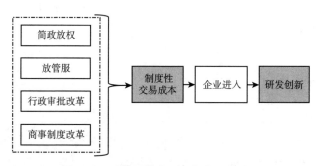

图6-1 助推民营企业创新发展的路线

三、研究设计

(一) 模型设定

为验证研究假设1,首先构造如下基准回归模型来分析制度性交易成本对民营企业创新水平的影响,具体模型如下:

$$inov_{ipt} = \alpha_0 + \alpha_1 sys_{ipt} + \beta X_{ipt} + \eta_i + \delta_p + \mu_t + \varepsilon_{ict} \qquad (6-1)$$

式(6-1)中,i 代表A股上市民营企业,p 代表企业所在省份,t 代表年份。$inov_{ipt}$ 是民营企业创新水平,作为被解释变量。sys_{ipt} 是企业 i 所在的 p 省在第 t 年的制度性交易成本。X_{ipt} 是企业层面和省级层面的控制变量,企业控制变量包含政治关联、控股股东持股比例、民营化方式、民营化时间、企业税费负担、资产负债率、资产规模、企业规模等。省级控制变量包含经济发展水平(人均 GDP)、教育水平、财政自主度、贸易开放度等。η_i、δ_p 和 μ_t 分别是企业、省份和年份固定效应,ε_{ict} 是随机扰动项。本书重点关注式(6-1)中 α_1 的回归结果。为了消除可能的异方差和自相关,所有的回归均在省级层面聚类。

为验证研究假说2,考察制度性交易成本是否会通过影响民营企业进入进而影响民营企业创新,设定如下中介效应模型来分析区域制度性交易成本通过民营企业进入影响民营企业创新的中介效应,具体模型如下:

$$inov_{ipt} = \alpha_0 + \alpha_1 sys_{ipt} + X_{ipt} + \eta_1 + \delta_1 + \mu_1 + \varepsilon_1$$
$$entry_{ipt} = \beta_0 + \beta_1 sys_{ipt} + X_{ipt} + \eta_2 + \delta_2 + \mu_2 + \varepsilon_2$$
$$inov_{ipt} = \chi_0 + \chi_1 sys_{ipt} + \chi_2 entry_{ipt} + X_{ipt} + \eta_3 + \delta_3 + \mu_3 + \varepsilon_3 \qquad (6-2)$$

在式(6-2)中,$inov_{ipt}$、sys_{ipt} 和 X_{ipt} 的具体定义同式(6-1)。$entry_{ipt}$ 表

示中介机制变量，为企业进入变量，具体定义见下文。η 为企业固定效应，δ 为省级固定效应，μ 为年份固定效应，ε 为误差项。为了消除可能的异方差和自相关，所有的回归均在省级层面聚类。

（二）变量说明与数据来源

1. 变量说明。

（1）被解释变量。企业创新水平（inov）。借鉴学者王桂军和卢潇潇（2019）的方法，在基准回归、中介机制检验和异质性分析回归中，借助中国 A 股上市民营企业三种专利申请数量之和加 1，对其取对数来评估企业创新[①]，在稳健性回归中，借助国内民营企业研发投入（rd），对其取对数来评估民营企业创新。

（2）核心解释变量。制度性交易成本指标。本书分析中的核心解释变量是省级层面的制度性交易成本（sys）。本书认为制度性交易成本是由于特殊制度而产生的交易成本。制度性交易成本难以直接衡量，它体现在企业进入、经营发展与退出的整个生命周期内所面临的不合理或不公平的外部制度环境，如过高的准入壁垒、过多的要素市场管制、不完善的产权保护等制度。因此，为保证指标构建的合理性与数据的连续且可获得性，主要借鉴市场化指数与企业经营环境指数的构造方式（韩永辉等，2017；王小鲁等，2018），运用宏观统计数据构建指标体系来间接衡量制度性交易成本。制度性交易成本主要包括企业进入的成本、获取要素的成本、获取产权保护和实施的成本等，主要从以下几方面进行构建：政府干预程度、要素市场规制、知识产权保护程度、法治水平、公共设施成本。并根据其内涵及现有研究确立每个方面指数下的分项指数，有的分项指数还包括若干二级分项指数。如表 6-1 所示，这一指标体系包括 5 个方面指数、13 个一级分项指数、15 个二级分项指数。通过计算各单项指数的得分（最大为 10 分，最小为 0 分），运用熵值法计算权重，将属于同一方面的各单项指数按一定权重加权合成方面指数，最后将 5 个方面指数按一定权重合成总的制度性交易成本指数。经过上述处理，各项指标得分（包括方面指数、一级分项指数、二级分项指数）均与制度性交易成本呈正相关，即指标得分越大，制度性交易成本越高；反之，则制度性交易成本越低。表 6-1 展示了本书构建制度性交易成本的具体指标。

---

① 为了避免中国 A 股上市企业三种专利申请数量之和为零，取对数没有意义，将中国 A 股上市民营企业三种专利申请数量之和均加 1 之后再取对数。

表6-1   制度性交易成本指标体系构成

方面指数	分项指数	权重（%）	指标解释（二级分项指数）	属性	数据来源
政府干预程度（20.77%）	政府干预经济程度	7.14	政府支出/GDP	正向	中国统计年鉴
	政府规模	5.18	公共管理、社会保障和社会组织就业人数/本省（市）总人口之比	正向	中国统计年鉴
	政府行政事业性收费占比	4.56	行政事业性收费占财政收入比重	正向	中国财政税收统计年鉴
	政府廉洁	3.89	地区腐败案件数量/（每万）公职人员比例	正向	中国检察年鉴、各省市区人民检察院工作报告、中国统计年鉴
要素市场干预程度（10.34%）	金融市场化程度	1.13	金融市场化指数＝金融机构贷款余额/GDP 乘以（1－国有社会固定资产投资额/社会固定资产投资额）	负向	中国统计年鉴
	土地要素市场干预	9.21	国务院审批建设用地面积比重	正向	中国国土资源年鉴
			土地效率（亿元/平方公里）＝市辖区二三产业产出增加值/建成区面积	负向	中国城市统计年鉴
知识产权保护程度（62.53%）	专利侵权案件受理情况	62.29	专利未被侵权率＝1－各省当年受理的专利侵权纠纷案件数/该省当年累计授权专利数	负向	中国知识产权年鉴
	知识产权保护效果	0.24	三种专利申请批准量/科研经费支出	负向	中国统计年鉴
法治水平（1.08%）	律师在人口中的比例	0.57	律师人数/总人口	负向	中国统计年鉴
	法律执行效率	0.51	劳动争议案件结案效率	负向	中国劳动经济数据库
公共设施成本（5.29%）	交通运输	3.12	公路网密度 铁路网密度	负向	中国城乡建设数据库
	供电能力	1.11	电力消费量	负向	中国城市数据库
	供水能力	1.06	用水普及率	负向	中国城乡建设数据库

（3）中介变量。民营企业进入指标。对于民营企业进入的衡量，参考以往众多研究（毛其淋和盛斌，2013；王磊和张肇中，2019），进行如下界定：若企业在 $t-1$ 期不在数据库但在 t 期进入数据库，则企业为 t 年进入企业，将企业进入变量 $entry$ 定义为 1；反之为 0。

（4）控制变量。企业层面的控制变量。政治关联（$pcon$）。采用吴文锋等（2008）的方法，认为只要董事长或总经理中一人具有政治经历（在政府部门任职或者是人大、政协委员），则该公司存在政治关联，并使用虚拟变量来测度，存在政治关联为 1；否则为 0。数据来源于 2003 ~ 2017 年中国民营上市公司高管工作经历资料，只要有一条数据显示其政治经历，就认为该企业具有政治关联。参考罗党论和刘晓龙（2009）、李莉等（2013）的研究，选择如下变量控制民营上市企业的公司治理情况，如控股股东持股比例（$share$）、民营化方式（way）、民营化时间（$time$）。民营化方式中的 IPO 上市和买壳上市对企业创新产生不同的影响，若为 IPO 上市，则为 1；否则为 0。民营化时间（$time$）也是虚拟变量，企业民营化时间 3 年以上为 1；否则为 0。企业税费负担（tax），用税费占销售额的比例来衡量；企业资产负债率（lev），用总负债与总资产之比衡量；资产规模（$asset$），用企业年末总资产的自然对数衡量；企业规模（$size$），用企业员工总数的自然对数来衡量。省级特征的控制变量。经济发展水平（gdp），采用各个省市人均 GDP 的对数来衡量；教育水平（edu），采用各省市总人口中的普通高等学校在校学生人数占比来衡量；财政自主度（fin），采用各省市财政收入占财政支出的比重衡量；贸易开放程度（$open$），采用各省市进出口总额占当地 GDP 的比重来表示。所有研究变量的定义如表 6 - 2 所示。

表 6 - 2 变量定义

变量	简写	定义
企业创新	$inov$	民营企业三种专利申请数量之和加 1 取对数
研发强度	rd	民营企业研发投入取对数
企业进入	$entry$	虚拟变量，若企业进入某地区，则为 1；否则为 0
制度性交易成本	sys	制度性交易成本指数
政治关联	$pcon$	虚拟变量，存在政治关联为 1；否则为 0
控股股东持股比例	$share$	控股股东持股比例
民营化方式	way	虚拟变量，若为 IPO 上市，则为 1；否则为 0
民营化时间	$time$	虚拟变量，民营化时间 3 年以上为 1；否则为 0

变量	简写	定义
企业税费负担	*tax*	税费/销售额
资产负债率	*lev*	总负债/总资产
资产规模	*asset*	年末总资产的自然对数
企业规模	*size*	企业员工总数的自然对数
经济发展水平	*gdp*	人均 GDP 的自然对数
教育水平	*edu*	普通高等学校在校学生人数/总人口
财政自主度	*fin*	财政收入/财政支出
贸易开放度	*open*	进出口总额/GDP

2. 数据来源。使用的数据来源于两方面：一是民营上市企业数据；二是宏观经济数据。一方面，以 2003～2017 年所有在沪深证券交易所上市的民营上市企业为原始样本。选取 CSMAR 数据库 A 股民营上市企业的原因是本书研究重点在于制度性交易成本对民营企业进入、民营企业创新的影响，大多数与民营企业相关的数据库是调查数据库，数据样本量少且不连续，更不适用于研究企业进入；而上市企业可以较好地代表每个地区的企业状况，同时覆盖众多行业，并且数据披露较好、数据可得性强，能很好地反映制度性交易成本对民营企业进入与全要素生产率的影响。

为消除异常值的影响，参考以往相关研究，首先，按照以下原则对原始样本进行筛选：（1）剔除样本期内 ST 和 *ST 类企业；（2）剔除总资产小于总负债的样本；（3）对固定资产净额、营业收入、总资产等生产投入类指标小于等于 0 或缺失以及其他核心变量存在缺失的企业样本进行剔除。其次，根据制度性交易成本的构建方法，对测算省级制度性交易成本的变量以及其余省市控制变量进行了整理。最后，将上市企业数据与省级数据进行匹配。经过上述数据处理过程，最终得到 17144 个样本总数。

四、结果与分析

在实证分析之前，为了直观地判断制度性交易成本与民营企业创新之间的关系，进一步通过描绘企业面临的制度性交易成本与民营企业专利数量之间的散点图，可以直观观察民营企业创新水平随企业面临的制度性交易成本而变化的大致趋势。同时，根据散点图呈现出来的变化趋势选择合适的函数来进行拟合，进而找到民营企业创新水平与制度性交易成本两个变量之间的函数关系。为此，绘制了制度性交易成本与民营企业创新的散点图以及拟合线，具体如图 6-2 所示，不难发现制度性交易成本与民营企业专利数量之间的拟合趋势线的斜率为负，可以初步判断出：制度性交易成本与民营企业创新水平之间存在负向相关关系，即企业面临的制度性交易成本越低，民营企业创新水平越高。对于两者的因果关系验证，本书在后面的实证分析中给予解答。

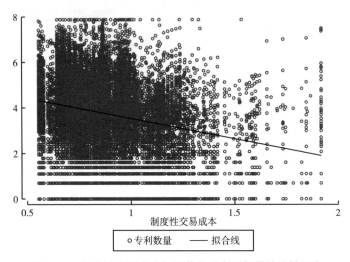

图 6-2　制度性交易成本与民营企业专利数量的线性拟合

（一）基准回归结果

运用静态面板估计方法对 2003~2017 年中国 17144 个民营上市企业的面板数据进行估计，并进行了解释变量内生性的 Hausman 检验。Hausman 检验的 P 值为 0.000，在 1% 显著性水平下拒绝了所有解释变量均外生的原假设。为有效地解决内生性问题，本书在静态面板回归的基础上，加入被解释变量的一阶滞后项，构建动态面板数据 GMM 模型进行估计。表 6-3 报告了 GMM 模型下制度性交易成本影响民营企业创新的基准回归结果。表 6-3 中，方程（1）和方程（2）为差分 GMM 估计结果，方程（3）和方程（4）为系统 GMM 估计结果。表 6-3 中，所有方程的 AR（2）提供的 P 值均在 10% 的显著性水平下接受原假设，表明模型中差分方程的残差序列只存在一阶序列相关，不存在二阶序列相关，模型通过了自相关检验。表 6-3 中，Sargan 检验提供的 P 值也在 10% 的显著性水平下接受原假设，表明所有的工具变量都是严格外生的，都是有效的。因此，差分 GMM 和系统 GMM 的估计结果是一致且可靠的。表6-3中，核心解释变量以及控制变量对民营企业创新水平的回归系数显著性和方向大致相同，这进一步证明了本书选取的实证模型是合适的，研究结论是可信的。

表6-3　　　　　　　　　　　基准回归结果

变量	差分 GMM		系统 GMM	
	(1) inov	(2) inov	(3) inov	(4) inov
L. inov	0.8475*** (0.005)	0.8321*** (0.027)	0.8897*** (0.005)	1.0269*** (0.017)
sys	-0.0580*** (0.016)	-0.0143*** (0.003)	-0.0429*** (0.012)	-0.0275*** (0.006)
pcon		-0.0088 (0.010)		-0.0290*** (0.010)
share		0.0005 (0.001)		0.0021*** (0.001)
way		0.0508 (0.134)		0.1928 (0.123)
time		-0.0141 (0.012)		-0.0482*** (0.012)
tax		-0.0083 (0.029)		-0.0174 (0.030)
lev		0.0062 (0.048)		0.0256 (0.050)
asset		-0.0312* (0.017)		-0.0504*** (0.019)
size		0.0415*** (0.012)		0.0699*** (0.015)
constant	0.7843*** (0.083)	0.1401 (0.450)	0.5508*** (0.082)	2.2329*** (0.416)
AR (1)	0.0021	0.0149	0.0020	0.0140
AR (2)	0.3180	0.1526	0.3147	0.1391
Sargan 检验	0.4657	0.2852	0.4895	0.3887
省份控制变量	Yes	Yes	Yes	Yes

续表

变量	差分 GMM		系统 GMM	
	(1) *inov*	(2) *inov*	(3) *inov*	(4) *inov*
时间固定效应	Yes	Yes	Yes	Yes
省份固定效应	Yes	Yes	Yes	Yes
企业固定效应	Yes	Yes	Yes	Yes
Observations	17144	17144	17144	17144

注：***、**、*分别表示在1%、5%、10%的显著性水平，括号内数字代表省级层面聚类的稳健性标准误，AR（1）、AR（2）和 *Sargan* 检验分别提供检验的 *P* 值。

从核心解释变量看，在考虑模型的动态效应之后，差分 GMM 和系统 GMM 方程（2）和方程（4）的回归结果均显示制度性交易成本对民营企业创新存在显著的负向影响。以表 6－3 中方程（4）的回归结果为例，制度性交易成本的估计系数为 － 0.0275，即制度性交易成本每降低 1 个单位，民营企业创新水平将增加 2.75%，制度性交易成本的降低，有利于民营企业创新水平的提升，验证了本节的研究假说 1。这是因为降低制度性交易成本能减少民营企业在进入市场、获得要素和寻求产权法律保障时面对不公平的特殊制度所支付的额外支出，增加预期收益和投资规模，同时能减少企业包括政治关联、寻租等在内的非生产性活动支出，将更多的支出配置到科技研发等生产性活动上，最终促进民营企业创新水平的提升。

从控制变量来看，表 6－3 中，方程（4）民营化时间与民营企业创新水平显著负相关，说明民营化时间越长，民营企业创新水平越高，这主要是因为民营化能促进企业创新水平的提高。税费负担对民营企业创新的影响显著为负，税费负担越重，越不利于民营企业创新水平的提升。资产负债率显著正向影响民营企业创新，说明高资产负债率能促进民营企业创新水平的提升，因为较高的资产负债率能抵消部分税负，降低企业经营成本，同时财务杠杆作用能提高自有资产的收益率，从而有利于民营企业开展研发创新活动。资产规模和企业规模显著正向影响民营企业创新，这说明提高资产规模和企业规模有利于促进民营企业创新水平的提升。

（二）稳健性检验

为了检验前文基准回归结果的稳健性，本书首先变换民营企业创新代理变量，借助国内民营企业研发投入，对其取对数来评估企业创新，来检验制度性交易成本对民营企业研发强度的影响。表6-4报告了制度性交易成本对企业研发强度的回归结果，因变量为企业研发强度，即研发投入，表6-4中，方程（1）和方程（2）为差分GMM估计结果；方程（3）和方程（4）为系统GMM估计结果。表6-4中，所有方程的AR（2）提供的P值均在10%的显著性水平下接受原假设，与基准回归结果表6-3中的AR（2）结果类似，模型通过了自相关检验。表6-4中，Sargan检验提供的P值也在10%的显著性水平下接受原假设，与基准回归结果表6-3中的Sargan检验P值类似，所有的工具变量都是严格外生的，都是有效的，这说明基准回归结果是稳健的。方程（1）~方程（4）制度性交易成本的估计系数均显著为负，这意味着制度性交易成本对民营企业研发强度存在负向影响，降低制度性交易成本有利于民营企业加大研发投入，增加研发强度，这进一步证实了研究假说1，降低制度性交易成本有利于民营企业创新水平的提升，支持本书的研究结论。

表6-4 创新代理变量的回归结果

变量	差分 GMM		系统 GMM	
	(1) rd	(2) rd	(3) rd	(4) rd
L. rd	0.8423 *** (0.016)	0.5572 *** (0.051)	0.8584 *** (0.014)	0.6945 *** (0.030)
sys	-0.3023 *** (0.092)	-0.3784 *** (0.079)	-0.0052 ** (0.002)	-0.0665 *** (0.020)
pcon		0.0177 (0.017)		0.0228 (0.018)
share		0.0063 *** (0.002)		0.0079 *** (0.002)
way		-0.0192 (0.425)		-0.0131 (0.282)
time		-0.0029 (0.018)		-0.0211 (0.020)
tax		-0.1278 (0.103)		-0.1092 (0.113)
lev		0.0836 (0.108)		0.1065 (0.111)
asset		0.2227 *** (0.040)		0.2000 *** (0.039)

续表

变量	差分 GMM		系统 GMM	
	(1) rd	(2) rd	(3) rd	(4) rd
size		0.2401 *** (0.043)		0.2531 *** (0.043)
constant	3.1803 *** (0.361)	− 0.9126 (0.901)	2.6328 *** (0.292)	− 1.6622 * (0.867)
AR (1)	0.0000	0.0000	0.0000	0.0000
AR (2)	0.3879	0.1851	0.4054	0.1423
Sargan 检验	0.6402	0.9391	0.7976	0.3869
省份控制变量	Yes	Yes	Yes	Yes
时间固定效应	Yes	Yes	Yes	Yes
省份固定效应	Yes	Yes	Yes	Yes
企业固定效应	Yes	Yes	Yes	Yes
Observations	17144	17144	17144	17144

注：*** 、** 、* 分别表示在 1%、5%、10% 的显著性水平，括号内数字代表省级层面聚类的稳健性标准误，AR（1）、AR（2）和 *Sargan* 检验分别提供检验的 *P* 值。

由于上市企业可能在其他省市设有子公司，存在跨地区经营，实证结果可能会产生偏差，因此，本书将被解释变量民营企业创新限定为基于上市民营企业总部申请的专利数量加 1 后的对数值（*inov*_总部）进行检验，表 6 – 5 报告了制度性交易成本对上市民营企业总部申请专利数量的影响，表 6 – 5 中，AR（2）和 *Sargan* 检验提供的 *P* 值均与基准回归的结果类似，基准回归结果是稳健的。方程（1）~ 方程（4）制度性交易成本的估计系数均显著为负，这意味着排除了子公司专利申请的干扰，制度性交易成本对民营企业总部专利申请依然存在显著的负向影响，这进一步印证了本书基准回归中得到的研究结论。

表 6 – 5　　　　　　　　　　　总部专利申请稳健性检验

变量	差分 GMM		系统 GMM	
	(1) *inov*_总部	(2) *inov*_总部	(3) *inov*_总部	(4) *inov*_总部
*L. inov*_总部	0.8372 *** (0.006)	0.8087 *** (0.027)	0.8815 *** (0.005)	1.0326 *** (0.018)

续表

变量	差分 GMM		系统 GMM	
	（1） inov_总部	（2） inov_总部	（3） inov_总部	（4） inov_总部
sys	− 0.0532 *** (0.015)	− 0.0359 *** (0.008)	− 0.0421 *** (0.013)	− 0.0221 *** (0.005)
pcon		− 0.0102 (0.010)		− 0.0367 *** (0.010)
share		0.0004 (0.001)		0.0024 *** (0.001)
way		0.0527 (0.133)		0.3204 ** (0.141)
time		− 0.0054 (0.012)		− 0.0388 *** (0.013)
tax		− 0.0120 (0.024)		− 0.0239 (0.025)
lev		0.0090 (0.046)		− 0.0119 (0.050)
asset		− 0.0378 ** (0.016)		− 0.0644 *** (0.019)
size		0.0440 *** (0.012)		0.0757 *** (0.015)
constant	0.8101 *** (0.083)	0.1969 (0.448)	0.5770 *** (0.083)	2.4573 *** (0.421)
AR（1）	0.0007	0.0089	0.0006	0.0082
AR（2）	0.3208	0.1719	0.3179	0.1536
Sargan 检验	0.9557	0.1952	0.9311	0.6136
省份控制变量	Yes	Yes	Yes	Yes
时间固定效应	Yes	Yes	Yes	Yes
省份固定效应	Yes	Yes	Yes	Yes
企业固定效应	Yes	Yes	Yes	Yes
Observations	17144	17144	17144	17144

注：*** 、** 、* 分别表示在1%、5%、10%的显著性水平，括号内数字代表省级层面聚类的稳健性标准误，AR（1）、AR（2）和 Sargan 检验分别提供检验的 P 值。

（三）影响机制检验

前文已经分析了制度性交易成本对民营企业创新的影响。接下来将进一步验证制度性交易成本对民营企业进入的影响，进而影响民营企业创新这一作用机制是否存在。利用民营企业进入中介变量，来探讨制度性交易成本如何来影响民营企业创新。表6-6报告了制度性交易成本影响民营企业创新的中介机制检验结果，表6-6中，方程（1）~方程（3）是制度性交易成本、民营企业进入以及民营企业专利之间的中介效应检验递归模型的三步结果，方程（2）中制度性交易成本对民营企业进入的影响采用 Probit 回归分析。方程（4）~方程（6）是制度性交易成本、民营企业进入以及民营企业研发强度之间的中介效应检验递归模型的三步结果，方程（5）中制度性交易成本对民营企业进入的影响采用 Logit 回归分析。不难发现，不论是变换方法衡量企业创新或者变换计量模型，表6-6中，回归结果中重要解释变量的系数显著性和符号均一致，这说明回归结果稳健可靠。我们以方程（1）~方程（3）的估计结果为例，方程（1）中的回归结果显示，制度性交易成本显著负向影响民营企业创新，这与基准回归结果一致。方程（2）中的 Probit 回归结果显示，制度性交易成本对民营企业进入的影响系数显著为负，这说明制度性交易成本的降低有利于民营企业进入。方程（3）中民营企业进入对民营企业创新的影响系数显著为正，这说明民营企业进入与民营企业创新水平之间存在正向变动关系，民营企业进入促进了民营企业创新水平的提升。这主要是因为新企业的不断加入，会加剧企业之间的竞争，企业面临被淘汰的危险，为了摆脱当下的竞争劣势，企业将借助增加创新支出，通过创新行为形成更高质量的差异化产品使企业获得并保持竞争优势（Aghion et al.，2013；李小平和余东升，2021）。因此，降低制度性交易成本，可以促进民营企业进入，加剧市场竞争，促使企业增加研发创新支出，从而促进民营企业创新水平的提升，验证了本节的研究假说2。表6-6中，方程（4）~方程（6）的回归结果也支持了这一研究结论。

表6-6 　　　制度性交易成本影响民营企业创新的中介机制检验结果

变量	(1) OLS invo	(2) Probit entry	(3) OLS invo	(4) OLS rd	(5) Logit entry	(6) OLS rd
sys	-1.246 *** (0.198)	-0.058 *** (0.020)	-1.245 *** (0.198)	-0.034 *** (0.011)	-0.201 *** (0.046)	-0.035 *** (0.010)

续表

变量	（1） OLS invo	（2） Probit entry	（3） OLS invo	（4） OLS rd	（5） Logit entry	（6） OLS rd
entry			0.027 *** (0.008)			0.023 *** (0.005)
pcon	- 0.113 *** (0.038)	- 0.028 (0.060)	- 0.113 *** (0.038)	- 0.068 ** (0.031)	- 0.017 (0.105)	- 0.068 ** (0.031)
share	0.002 * (0.001)	0.041 *** (0.002)	0.002 (0.001)	0.001 (0.001)	0.080 *** (0.005)	0.001 (0.001)
way	0.604 *** (0.051)	0.592 *** (0.106)	0.603 *** (0.051)	0.585 *** (0.041)	1.458 *** (0.229)	0.584 *** (0.041)
time	0.121 *** (0.039)	- 1.959 *** (0.102)	0.127 *** (0.041)	- 0.089 *** (0.033)	- 4.404 *** (0.299)	- 0.084 ** (0.034)
tax	- 0.517 ** (0.217)	0.063 (0.093)	- 0.521 ** (0.217)	- 0.979 *** (0.165)	0.159 (0.218)	- 0.983 *** (0.165)
lev	- 0.393 *** (0.097)	0.231 (0.150)	- 0.395 *** (0.097)	- 1.258 *** (0.080)	0.055 (0.279)	- 1.260 *** (0.080)
asset	- 0.015 (0.025)	- 0.357 *** (0.040)	- 0.013 (0.025)	0.469 *** (0.020)	- 0.548 *** (0.074)	0.470 *** (0.021)
size	0.430 *** (0.021)	- 0.050 (0.031)	0.430 *** (0.021)	0.470 *** (0.018)	- 0.106 * (0.057)	0.470 *** (0.018)
constant	- 0.054 (1.288)	2.348 (1.827)	- 0.071 (1.288)	3.279 *** (1.252)	2.234 (3.311)	3.266 *** (1.252)
省份控制变量	Yes	Yes	Yes	Yes	Yes	Yes
时间固定效应	Yes	Yes	Yes	Yes	Yes	Yes
省份固定效应	Yes	Yes	Yes	Yes	Yes	Yes
企业固定效应	Yes	Yes	Yes	Yes	Yes	Yes
R-squared	0.204		0.204	0.398		0.398
Observations	17144	17144	17144	17144	17144	17144

注：***、**、*分别表示在1%、5%、10%的显著性水平，括号内数字代表省级层面聚类的稳健性标准误，AR（1）、AR（2）和 Sargan 检验分别提供检验的 P 值。

（四）异质性分析

1. 区域异质性估计。已有文献研究表明，各地区间制度环境具有较大差异，导致民营企业发展在地区层面存在不平衡现象。此外，前文的测度结果表明中国各地区之间的制度性交易成本存在明显差异。因此，为考察制度性交易成本影响民营企业创新水平的地区差异，本书将全部样本分为东部、中部、西部、东北地区四大区域来检验其影响。表6-7报告了系统 GMM 模型下制度性交易成本影响民营企业创新的区域异质性估计结果。表6-7中，方程（1）~方程（4）分别表示东部、中部、西部、东北四大地区的估计结果，不难发现，AR（2）和 *Sargan* 检验提供的 *P* 值均在10%的显著性水平下接受原假设，进一步证明回归结果的可靠性。东部、中部地区制度性交易成本对民营企业创新存在显著负向影响，这说明东部和中部地区制度性交易成本的降低有助于促进民营企业创新水平的提升，这与基准回归的全样本估计结果一致。值得注意的是，东部地区制度性交易成本对民营企业创新的作用要大于中部地区。这说明在制度性交易成本较低的地区，市场化程度高，民营企业创新水平对制度性交易成本的变化更敏感，降低制度性交易成本，可以促进民营企业创新水平大幅提升。西部和东北地区制度性交易成本对民营企业创新的影响为负，但不显著，这说明西部和东北地区制度性交易成本对民营企业创新水平的影响还没有显现。这可能是因为西部和东北地区制度性交易成本相对东中部地区要高，民营企业创新水平对制度性交易成本的变化不敏感，降低制度性交易成本，并不会使民营企业创新水平显著提高，只有当制度性交易成本降低到一定程度时，才可能促进民营企业创新水平的提高。

表6-7　　　　　　　　　区域异质性估计结果

变量	系统 GMM			
	（1） 东部 *invo*	（2） 中部 *invo*	（3） 西部 *invo*	（4） 东北 *invo*
L. invo	1.0079 *** （0.020）	0.9995 *** （0.023）	0.9379 *** （0.021）	0.6725 *** （0.039）
sys	-0.2708 *** （0.103）	-0.0069 ** （0.003）	-0.0908 （0.077）	-0.1409 （0.325）
pcon	-0.0288 ** （0.012）	-0.0033 （0.007）	-0.0260 ** （0.011）	-0.0209 （0.028）

续表

变量	系统 GMM			
	（1） 东部 *invo*	（2） 中部 *invo*	（3） 西部 *invo*	（4） 东北 *invo*
share	0.0009 (0.001)	0.0042 *** (0.001)	0.0073 *** (0.001)	− 0.0023 (0.002)
way	0.2172 ** (0.110)	0.9219 *** (0.124)	1.0495 *** (0.205)	− 1.6996 *** (0.600)
time	− 0.0302 ** (0.013)	0.0367 * (0.019)	0.0458 * (0.025)	− 0.1315 *** (0.036)
tax	− 0.0410 (0.136)	− 0.0882 *** (0.016)	− 0.0237 (0.137)	1.2511 *** (0.133)
lev	− 0.0288 (0.059)	0.0011 (0.055)	0.1943 ** (0.085)	− 0.0297 (0.223)
asset	− 0.0775 *** (0.020)	− 0.1005 *** (0.017)	− 0.1649 *** (0.021)	0.2234 *** (0.055)
size	0.0646 *** (0.019)	0.1590 *** (0.015)	0.1189 *** (0.028)	0.1131 *** (0.027)
constant	2.7493 *** (0.469)	0.6491 (0.544)	1.2677 *** (0.428)	− 2.1204 ** (0.938)
AR（1）	0.0477	0.0025	0.0046	0.0021
AR（2）	0.2119	0.1944	0.8133	0.3511
Sargan 检验	0.7409	0.6626	0.9398	1.0000
省份控制变量	Yes	Yes	Yes	Yes
时间固定效应	Yes	Yes	Yes	Yes
省份固定效应	Yes	Yes	Yes	Yes
企业固定效应	Yes	Yes	Yes	Yes
Observations	12291	2317	1703	833

注：*** 、** 、* 分别表示在 1%、5%、10% 的显著性水平，括号内数字代表省级层面聚类的稳健性标准误，AR（1）、AR（2）和 *Sargan* 检验分别提供检验的 *P* 值。

2. 融资约束异质性估计。资金是企业进行研发创新的重要动力，公司资金的主要渠道之一是融资。企业融资成本以及难度高等诸多问题越来越明显，这对企业的创新以及研发形成较大的阻碍。因此，借鉴哈德洛克和皮尔斯

（Hadlock & Pierce，2010）的方法，借助 SA 指数来评估上市企业的融资能力①，将测度的 SA 值分别按大小分成两组公司样本，即融资约束较低及较高，来考察制度性交易成本对不同融资约束民营企业的研发创新会产生什么样的影响。表 6 - 8 报告了制度性交易成本对异质性融资约束民营企业的估计结果。表 6 - 8 中，方程（1）和方程（3）是融资约束较高的民营企业的估计结果；方程（2）和方程（4）是融资约束较低的民营企业的估计结果。不难发现，无论是否加入企业控制变量，制度性交易成本对高融资约束民营企业研发创新存在显著的负向影响；对低融资约束民营企业研发创新的影响不明显。这是因为与低融资约束民营企业相比，高融资约束民营企业对于资金的需求更高，受融资难、融资贵的影响相对较大，制度性交易成本的降低可以显著促使高融资约束民营企业的融资成本降低，获取更多的边际收益，从而更能促进高融资约束民营企业的研发创新。

表 6 - 8   融资约束异质性估计结果

变量	系统 GMM			
	（1） 高融资约束 *invo*	（2） 低融资约束 *invo*	（3） 高融资约束 *invo*	（4） 低融资约束 *invo*
L. invo	0.8758 *** （0.001）	0.8898 *** （0.005）	1.0830 *** （0.016）	0.9911 *** （0.018）
sys	− 0.4961 *** （0.006）	− 0.0016 （0.076）	− 0.8168 *** （0.087）	− 0.0202 （0.104）
pcon			− 0.0317 *** （0.010）	− 0.0418 *** （0.006）
share			0.0020 *** （0.001）	0.0082 *** （0.001）
way			0.2058 * （0.120）	− 0.7162 *** （0.092）
time			− 0.0495 *** （0.013）	0.0189 （0.023）

---

① 本书采用随时间变化不大的企业规模和企业年龄构建 SA 指数，具体计算公式：$SA = − 0.737 ×$ 企业规模 $+ 0.043 ×$ 企业规模^2 $+ 0.04 ×$ 企业年龄，SA 的绝对值越大表示融资约束越弱。

续表

变量	系统 GMM			
	（1） 高融资约束 *invo*	（2） 低融资约束 *invo*	（3） 高融资约束 *invo*	（4） 低融资约束 *invo*
tax			-0.0279 (0.040)	-2.1675*** (0.216)
lev			0.0572 (0.044)	-0.0776 (0.055)
asset			-0.0193 (0.019)	-0.1856*** (0.010)
size			0.0671*** (0.018)	0.0765*** (0.009)
constant	0.5861*** (0.074)	1.2375*** (0.007)	1.3688*** (0.400)	8.3574*** (0.314)
AR（1）	0.0052	0.0234	0.0210	0.0017
AR（2）	0.2967	0.1816	0.1456	0.2194
Sargan 检验	0.4792	0.5627	0.2136	0.5004
省份控制变量	Yes	Yes	Yes	Yes
时间固定效应	Yes	Yes	Yes	Yes
省份固定效应	Yes	Yes	Yes	Yes
企业固定效应	Yes	Yes	Yes	Yes
Observations	8572	8572	8572	8572

注：***、**、*分别表示在1%、5%、10%的显著性水平，括号内数字代表省级层面聚类的稳健性标准误，AR（1）、AR（2）和 *Sargan* 检验分别提供检验的 P 值。

3. 专利异质性估计。企业专利申请数量是企业创新能力的主要代表，发明专利则是衡量微观企业乃至一个国家自主研发创新能力和核心竞争力最为重要的标准（王永进和冯笑，2018），其技术含量较高；而实用新型专利和外观专利大多属于模仿型专利，技术含量较低。因此，不同类型的申请专利是否会对制度性交易成本降低的敏感程度不同呢？因此，本书考察了制度性交易成本对民营企业专利数据库中发明、实用、外观设计三种专利申请的影响，表6-9报告了三种专利异质性估计结果。表6-9中，方程（1）~方程（3）是未加入企业控制变量的估计结果；方程（4）~方程（6）是加入企业控制变量的估计结果。不难发现，制度性交易成本对实用型专利和外观设计专利存在显著的负向影响；而对发明专利的影响作用不明显。这说明制度性交易成本的降低有利于民营企业外观设计以及实用新型专利的申请；对发明专利的促进作用还未显现。由此可知，发明专利应是中国民营企业创新今后关注的重要方面。当务之急，应进一步深化行政审批改革，降低制度性交易成本，实施创新驱动发展战略，推动科技进步，加强对高技术企业的扶植，促进低技术企业的自主创新，特别是核心技术的研发，实现由模仿到引领创新的转变。

表 6 – 9　　　　　　　　　　　异质性专利的估计结果

变量	系统 GMM					
	（1） 发明 *invo*	（2） 实用 *invo*	（3） 外观 *invo*	（4） 发明 *invo*	（5） 实用 *invo*	（6） 外观 *invo*
L. invo	1.0605 *** （0.000）	1.3028 *** （0.001）	1.1647 *** （0.000）	0.8934 *** （0.001）	1.3004 *** （0.002）	1.1439 *** （0.001）
sys	− 2.5599 （2.014）	− 0.3328 *** （0.012）	− 0.3287 *** （0.007）	− 2.2783 （2.222）	− 0.1262 ** （0.055）	− 0.1989 *** （0.019）
pcon				0.3660 （0.578）	0.6782 （0.490）	− 0.3498 ** （0.164）
share				− 1.3767 *** （0.212）	− 0.2216 *** （0.035）	− 0.0296 * （0.017）
way				− 8.2932 *** （0.694）	6.2647 *** （0.521）	6.9108 *** （0.567）
time				3.6216 * （2.195）	− 3.3335 *** （0.636）	− 2.5497 *** （0.205）
tax				− 8.2479 ** （0.325）	− 2.5286 （1.994）	− 2.7003 *** （0.674）
lev				6.7064 *** （0.862）	− 1.2829 （2.743）	− 0.8470 （0.808）
asset				9.0067 *** （2.063）	3.0939 *** （1.024）	4.5493 *** （0.467）
size				8.6114 *** （1.570）	8.2131 *** （1.024）	7.8529 *** （0.440）

续表

变量	系统 GMM					
	（1） 发明 *invo*	（2） 实用 *invo*	（3） 外观 *invo*	（4） 发明 *invo*	（5） 实用 *invo*	（6） 外观 *invo*
constant	2.7442 *** （0.178）	− 3.5341 *** （0.227）	− 2.1451 *** （0.696）	6.6348 （6.568）	4.5847 *** （0.323）	− 7.4804 *** （0.382）
AR （1）	0.0018	0.0134	0.0034	0.0005	0.0017	0.0086
AR （2）	0.2166	0.8766	0.7132	0.1071	0.2750	0.7480
Sargan 检验	0.2894	0.6474	0.2640	0.4453	0.6107	0.2138
省份控制变量	Yes	Yes	Yes	Yes	Yes	Yes
时间固定效应	Yes	Yes	Yes	Yes	Yes	Yes
省份固定效应	Yes	Yes	Yes	Yes	Yes	Yes
企业固定效应	Yes	Yes	Yes	Yes	Yes	Yes
Observations	17144	17144	17144	17144	17144	17144

注：*** 、** 、* 分别表示在1%、5%、10%的显著性水平，括号内数字代表省级层面聚类的稳健性标准误，AR（1）、AR（2）和 *Sargan* 检验分别提供检验的 *P* 值。

五、结论与启示

良好的制度有利于降低企业制度性交易成本，为企业提供良好的创新环境。如何大力发展专精特新企业是推动经济全要素生产率的关键。鲜有文献以实证方法全面衡量民营企业面临的制度交易成本，并检验其对民营企业创新水平的影响。为此，在理论分析的基础上，构建了2003~2017年制度性交易成本指数，利用民营上市企业数据和省级数据的匹配数据，采用 GMM 方法实证分析了制度性交易成本对民营企业创新行为的影响以及对不同专利类型、不同类型企业的影响差异。本书得到以下主要结论：一是降低制度性交易成本有利于民营企业创新水平的提升，这种提升作用主要是通过促进民营企业进入来实现的。二是制度性交易成本降低对民营企业创新的提升作用存在异质性，对东中部地区企业、高融资约束企业、实用型专利和外观专利的促进作用更大。

本书的政策启示主要有以下几点：第一，持续推进"放管服"改革，深化商事制度改革，优化政府职能，赋予市场主体自主权，释放制度活力，减少企业在进入市场、获取要素、寻求产权保护和法治过程中面临的不公平的特殊制度，为民营企业提供开放、公平的竞争秩序和市场环境，降低企业制度性交易成本，加强民营企业自主研发能力，特别是核心技术的研发，培育新的竞争优势，实现民营企业迈向专精特新。第二，我国的地域分割不利于形成统一的现代市场体系，提高了企业制度性交易成本。各地区的保护政策等特殊制度只适用于当地的特定群体，企业跨区经营需要突破这种特殊制度壁垒，使生产要素和生产资料难以在不同区域之间自由地流动，增加了企业市场准入、流通与要素获取成本，这些都是由特殊制度导致的地区分割所引起的制度性交易成本。应打破地域分割和行业垄断，不断建立和健全全国统一的市场准入负面清单制度，推动"非禁即入"普遍落实，使各类市场主体皆可依法平等进入市场准入负面清单以外的行业、领域、业务等，为民营企业提供更为优越与公平公正的营商与准入环境，促使民营企业不但可以进入市场的大门，而且可以进入产业的小门，获得制度"红利"。第三，融资难、融资贵阻碍了民营企业创新活动，这就需要政府进一步深化金融企业改革，完善融资支持、财税优惠等配套措施，切实降低民营企业负担，促进民营企业创新水平的提升。最后，制度性交易成本的降低对发明专利的促进作用不明显。因此，创新驱动发展战略应当同"放管服"改革和市场改革等有效融合，促进民营企业自主创新，提高产品附加值，实现民营企业全要素生产率。

第二节　行业制度性交易成本与民营企业创新

一、引言

在中国经济快速发展的过程中，民营企业发展不断壮大，在经济发展中占有较大比重。然而，与大型的国有企业相比，民营企业进入国民经济的关键领域和重要行业依旧比较困难。具体来说，在全国规模以上企业中，民营企业的主营业务大多集中在服装、餐饮、机械等利润相对较低且竞争激烈的行业；而对于能源、烟草、金融等国家垄断的高利润行业，鲜有民营企业进入。根据人民网披露的信息可知，在我国诸多的重点经济领域，国有资本仍独占鳌头；民营控股公司的投资在环境、水利和公共设施管理业所占的比例仅为6.6%；在仓储、邮政和交通运输业所占的投资比例为7.5%；即便是近年来民间资本大举进入的金融业所占的投资比例也不足一成（9.6%）。虽然政府颁布的一系列文件明确提出了促进民营经济发展的举措，鼓励民间资本进入诸多受政府控制的经济领域，并且鼓励更多的民营企业进入金融、石油、航空等高壁垒行业，但民营企业在进入这些行业过程中仍存在较多的市场隐形壁垒。

不同行业的进入壁垒不同，制度性交易成本也具有差异。在金融、石油、航空和烟草等垄断性行业中，企业进入壁垒较高，制度性交易成本也必然较高。制度性交易成本作为企业的一种负担，必然会对民营企业的创新产生影响。不同行业制度性交易成本不同，对民营企业的发展也是否会产生异质性影响？行业制度性交易成本是否会通过影响民营企业进入从而影响民营企业发展？这是本章要验证的主要问题。

二、研究设计

（一）模型设定

为考察行业制度性交易成本是否通过影响民营企业进入进而影响民营企业创新，设定如下中介效应模型来分析行业制度性交易成本通过民营企业进入影响民营企业创新的中介效应。在中介效应模型中，$IITC$ 为行业制度性交易成本，$ENTRY$ 为民营企业进入，$INOV$ 为民营企业创新；α_1 代表行业制度性交易成本与民营企业创新间的总效应，$\beta_1 \times \gamma_2$ 代表通过民营企业进入影响的中介效应，γ_1 代表行业制度性交易成本对民营企业创新的直接效应，如果中介变量唯一，则存在如下关系：$\alpha_1 = \gamma_1 + \beta_1 \times \gamma_2$，总效应等于中介效应与直接效应之和。

首先，考察行业制度性交易成本对民营企业创新的影响，验证本章提出的研究假设1，构造如下回归模型来分析行业制度性交易成本对民营企业创新的影响：

$$INOV_{iqt} = \alpha_1 IITC_{iqt} + \alpha_2 X_{it} + \alpha_3 Z_{qt} + \lambda_q + \mu_t + \theta_{iqt} \qquad (6-3)$$

其中，i 代表 A 股上市民营企业；q 代表企业所在行业；t 代表年份。$INOV_{iqt}$ 是民营企业创新，作为被解释变量。$IITC_{iqt}$ 是企业 i 所在的 q 行业在第 t 年的制度性交易成本。X_{it} 是企业层面的控制变量，包含政治关联、控股股东持股比例、民营化方式、民营化时间、企业税费负担、资产负债率、资产规模、企业规模、总经理学历水平、总经理任职年限和总经理年龄等。Z_{qt} 是行业层面的控制变量，包含行业人均增加值（IEV）、行业固定资产投资（$IFAI$）、行业外商直接投资（$IFDI$）。λ_q 和 μ_t 分别是行业固定效应和年份固定效应，

θ_{iqt} 是随机扰动项。

其次，为考察行业制度性交易成本对民营企业进入的影响，构造回归模型来研究行业制度性交易成本对民营企业进入的影响；

$$ENTRY_{iqt} = \beta_1 IITC_{iqt} + \beta_2 X_{it} + \beta_3 Z_{qt} + \lambda_q + \mu_t + \theta_{iqt} \qquad (6-4)$$

其中，$ENTRY_{iqt}$ 代表民营企业是否进入。

最后，为研究地区制度性交易成本、民营企业进入和民营企业全要素生产率的内在联系，设定如下模型：

$$INOV_{iqt} = \gamma_1 IITC_{iqt} + \gamma_2 ENTRY_{iqt} + \gamma_3 X_{it} + \gamma_4 Z_{qt} + \lambda_p + \mu_t + \theta_{ipt}$$
$$(6-5)$$

（二）变量说明与数据来源

1. 研究变量的定义说明。

（1）被解释变量。民营企业创新。被解释变量仍然是民营企业创新水平（*inov*）。同样的，借鉴学者王桂军和卢潇潇（2019）的方法，在基准回归、中介机制检验和异质性分析回归中，借助中国 A 股上市民营企业三种专利申请数量之和加 1，对其取对数来评估企业创新[①]。在本书的稳健性回归中，借助国内民营企业研发投入（*rd*），对其取对数来评估民营企业创新。

（2）核心解释变量。行业制度性交易成本。很多研究都采用国有企业员工数量在其所在行业的占比（*GOV*1）和国有企业固定资产投资在其所在行业的占比（*GOV*2）这两个变量来衡量不同行业中政府的行政垄断程度或管制水平（史宇鹏，2007；李涛等，2017）。由于行业层面的数据量较少且获取不易，本书也同样采用这两个变量作为不同行业制度性交易成本的替代变量，将国有企业员工在所在行业的占比和国有企业固定资产投资在所有行业的占比这两个变量分别赋予 50% 的权重，然后相加，得到行业制度性交易成本指标。

（3）中介变量。民营企业进入指标。对民营企业进入的衡量与上文类似，进行如下界定：若民营企业在 $t-1$ 期不在数据库但在 t 期进入数据库，则民营企业为 t 年进入企业，将民营企业进入变量 *entry* 定义为 1；反之定义为 0。

---

① 为了避免中国 A 股上市企业三种专利申请数量之和为零，取对数没有意义，文章将中国 A 股上市民营企业三种专利申请数量之和均加 1 之后再取对数。

（4）控制变量。

①企业层面的控制变量。与上文类似，选取政治关联、控股股东持股比例（*shareholder*）、民营化方式（*way*）、民营化时间（*time*）等公司管理情况控制变量；企业税费负担（*tax*），企业资产负债率（*leverage*），资产规模（lnasset），企业规模（lnsize）等企业特征控制变量，以及总经理学历水平（*CEOeducation*）、总经理任职年限（*CEOtenure*）、总经理年龄（*CEOage*）等企业高管个人特征变量。除此之外，还选取了企业多元化程度控制变量。众多研究（胡旭阳和史晋川，2008；罗党论，2009）表明，民营企业的多元化水平会影响企业的行业进入，民营企业的多元化目的在于追求新的利益增长点，因此倾向于进入存在超额利润的高壁垒行业。此外，行业制度性交易成本也会影响到民营企业的行业进入以及多元化投资。选取收入 Herfindahl 指数（*HI*）来衡量企业多元化程度，即各行业收入占总收入比重的平方和，*HI* 值越高，企业多元化程度越低，具体计算公式如下：

$$HI = \sum_{i=1}^{m} P_i^2 \qquad (6-6)$$

其中，P_i 为各行业收入占总收入的比重。

②行业特征的控制变量。行业人均增加值（*IEV*），用行业增加值与行业员工人数之比来衡量。此外，还有行业固定资产投资（*IFAI*）、行业外商直接投资（*IFDI*）控制变量。

上述变量是本节研究所需的所有研究变量，各研究变量的定义如表6-10所示。

表6-10 　　　　　　　　　　　　**变量定义**

变量	简写	定义
民营企业创新水平	*inov*	民营企业创新水平
行业制度性交易成本	*IITC*	国有企业员工所在行业占比×50%国有企业固定资产投资所在行业占比×50%
民营企业进入	*entry*	虚拟变量，若企业在当年进入，则为1；否则为0
多元化程度	*HI*	各行业收入占总收入比重的平方和
政治关联	*pconnect*	虚拟变量，存在政治关联为1；否则为0
控股股东持股比例	*shareholder*	控股股东持股比例
民营化方式	*way*	虚拟变量，若为IPO上市，则为1；否则为0
民营化时间	*time*	虚拟变量，民营化时间3年以上为1；否则为0

续表

变量	简写	定义
企业税费负担	*tax*	税费/销售额
企业资产负债率	*leverage*	总负债/总资产
资产规模	lnasset	年末总资产的自然对数
企业规模	lnsize	企业员工总数的自然对数
总经理学历水平	*CEOedu*	虚拟变量，硕士以上是高学历，设置为1；其他为0
总经理任职年限	*CEOtenure*	总经理的任职年限
总经理年龄	*CEOage*	总经理的年龄
行业人均增加值	*IEV*	行业增加值与行业员工人数之比
行业固定资产投资	*IFAI*	行业固定资产投资
行业外商直接投资	*IFDI*	行业外商直接投资
地区开放度	*open*	进出口总额/GDP

2. 样本选择和数据来源。数据来源于两方面：一是民营上市企业数据；二是行业层面的经济数据。一方面，以 2003～2017 年所有在沪深证券交易所上市的民营上市企业为原始样本。选取 CSMAR 数据库 A 股民营上市企业的原因是本书研究重点在于行业制度性交易成本对民营企业进入、民营企业创新的影响，大多数与民营企业相关的数据库是调查数据库，数据样本量少且不连续，更不适用于研究企业进入；而上市企业可以较好地代表每个地区的企业状况，同时覆盖众多行业，并且数据披露较好、数据可得性强，能很好地反映行业制度性交易成本对民营企业进入与创新的影响。

为消除异常值的影响，参考以往相关研究，首先按照以下原则对原始样本进行筛选：（1）剔除样本期内 ST 和 *ST 类企业；（2）剔除总资产小于总负债的样本；（3）对固定资产净额、营业收入、总资产等生产投入类指标小于等于 0 或缺失以及其他核心变量存在缺失的企业样本进行剔除。然后，根据行业制度性交易成本的构建方法，对测算省级行业制度性交易成本的变量以及其余省市控制变量进行了整理。最后，将上市企业数据与省级数据进行匹配。经过上述数据处理过程，最终得到 14888 个样本总数。

三、模型检验及结果分析

在实证分析之前，为了直观地判断行业制度性交易成本与民营企业创新之间的关系，本书进一步通过描绘企业面临的行业制度性交易成本与民营企业专利数量之间的散点图，可以直观地观察民营企业创新水平随企业面临的行业制度性交易成本而变化的大致趋势。同时，根据散点图呈现出来的变化趋势选择合适的函数来进行拟合，进而找到民营企业创新水平与行业制度性交易成本两个变量之间的函数关系。为此，绘制了行业制度性交易成本与民营企业创新的散点图以及拟合线，具体如图 6 - 3 所示，不难发现行业制度性交易成本与民营企业专利数量之间的拟合趋势线的斜率为负，可以初步判断出：行业制度性交易成本与民营企业创新水平之间存在负向相关关系，即企业面临的行业制度性交易成本越低，民营企业创新水平越高。对于两者的因果关系验证，在后面的实证分析中给予解答。

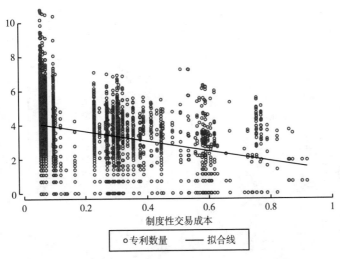

图 6 - 3　行业制度性交易成本与民营企业专利数量的线性拟合

（一）基准回归结果

首先运用静态面板估计方法对 2003 ~ 2017 年中国 14888 个民营上市企业的面板数据进行估计，并进行了解释变量内生性的 Hausman 检验。Hausman 检验的 P 值为 0.000，在 1% 显著性水平下拒绝了所有解释变量均外生的原假设。为有效地解决内生性问题，在静态面板回归的基础上，加入被解释变量的一阶滞后项，构建动态面板数据 GMM 模型进行估计。表 6 - 11 报告了 GMM 模型下行业制度性交易成本影响民营企业创新的基准回归结果。表 6 - 11 中，方程（1）和方程（2）为差分 GMM 估计结果；方程（3）和方程（4）为系统 GMM 估计结果。表 6 - 11 中，所有方程的 AR（2）提供的 P 值均在 10% 的显著性水平下接受原假设，表明模型中差分方程的残差序列只存在一阶序列相关，不存在二阶序列相关，模型通过了自相关检验。表 6－11 中，Sargan 检验提供的 P 值也在 10% 的显著性水平下接受原假设，表明所有的工具变量都是严格外生的，都是有效的。因此，差分 GMM 和系统 GMM 的估计结果是一致且可靠的。表 6－11 中，核心解释变量以及控制变量对民营企业创新水平的回归系数显著性和方向大致相同，这进一步证明了本书选取的实证模型是合适的，研究结论是可信的。

表 6－11　　　　　　　　　　　　　基准回归结果

变量	差分 GMM		系统 GMM	
	(1) inov	(2) inov	(3) inov	(4) inov
L. inov	0.7840 *** (0.012)	0.8087 *** (0.030)	0.8483 *** (0.011)	0.9618 *** (0.024)
sys	− 0.1468 *** (0.046)	− 0.1775 *** (0.049)	− 0.0765 *** (0.022)	− 0.1576 *** (0.036)
pcon		− 0.0024 (0.014)		− 0.0072 (0.014)
share		0.0007 (0.001)		0.0034 *** (0.001)
way		0.0395 (0.123)		0.5924 *** (0.181)
time		− 0.0186 (0.015)		− 0.0324 * (0.017)
tax		0.1012 (0.132)		− 0.0469 (0.129)
lev		0.0958 (0.062)		0.1496 ** (0.065)
asset		− 0.0217 (0.025)		− 0.1057 *** (0.023)
size		0.0298 (0.026)		0.0574 ** (0.024)
constant	1.0158 *** (0.052)	1.0785 *** (0.390)	0.7393 *** (0.049)	1.4312 *** (0.428)
AR (1)	0.0000	0.0004	0.0000	0.0004

变量	差分 GMM		系统 GMM	
	(1) *inov*	(2) *inov*	(3) *inov*	(4) *inov*
AR（2）	0.6697	0.3615	0.6006	0.3794
Sargan 检验	0.8613	0.5375	0.1164	0.7406
行业控制变量	Yes	Yes	Yes	Yes
时间固定效应	Yes	Yes	Yes	Yes
企业固定效应	Yes	Yes	Yes	Yes
Observations	14888	14888	14888	14888

注：***、**、* 分别表示在 1%、5%、10% 的显著性水平，括号内数字代表行业层面聚类的稳健性标准误，AR（1）、AR（2）和 *Sargan* 检验分别提供检验的 P 值。

从核心解释变量看，在考虑模型的动态效应之后，差分 GMM 和系统 GMM 方程（2）和方程（4）的回归结果均显示行业制度性交易成本对民营企业创新存在显著的负向影响。以表 6 – 11 中方程（4）的回归结果为例，行业制度性交易成本的估计系数为 – 0.1576，即行业制度性交易成本每降低 1 个单位，民营企业创新水平将增加 15.76%，行业制度性交易成本的降低，有利于民营企业创新水平的提升。这是因为降低行业制度性交易成本能减少民营企业在进入行业的壁垒和限制，降低企业进入成本，增加预期收益和投资规模，同时能减少企业包括政治关联、寻租等在内的非生产性活动支出，将更多的支出配置到科技研发等生产性活动上，最终促进民营企业创新水平的提升。

（二）稳健性检验

为了检验前文基准回归结果的稳健性，首先变换民营企业创新代理变量，借助国内民营企业研发投入，对其取对数来评估企业创新，来检验行业制度性交易成本对民营企业研发强度的影响。表 6 – 12 中报告了行业制度性交易成本对企业研发强度的回归结果，因变量为企业研发强度，即研发投入。表 6 – 12 中，方程（1）和方程（2）为差分 GMM 估计结果；方程（3）和方程（4）为系统 GMM 估计结果。表 6 – 12 中，所有方程的 AR（2）提供的 P 值均在 10% 的显著性水平下接受原假设，与基准回归结果表 6 – 11 中的 AR（2）结果类似，模型通过了自相关检验。表 6 – 12 中，Sargan 检验提供的 P 值也在 10% 的显著性水平下接受原假设，与基准回归结果表 6 – 12 中的 *Sargan* 检验 P 值类

似，所有的工具变量都是严格外生的，都是有效的，这说明基准回归结果是
稳健的。方程（1）~方程（4）行业制度性交易成本的估计系数均显著为负，
这意味着行业制度性交易成本对民营企业研发强度存在负向影响，降低行业
制度性交易成本有利于民营企业加大研发投入，增加研发强度，降低行业制
度性交易成本能促进民营企业创新水平的提升。

表6-12 创新代理变量的回归结果

变量	差分 GMM		系统 GMM	
	(1) rd	(2) rd	(3) rd	(4) rd
L. rd	1. 0073 *** (0. 037)	0. 6778 *** (0. 086)	0. 9935 *** (0. 023)	0. 7633 *** (0. 048)
sys	− 0. 0392 *** (0. 013)	− 0. 2526 *** (0. 051)	− 0. 1026 *** (0. 027)	− 0. 5914 *** (0. 112)
pcon		0. 0260 (0. 019)		0. 0328 * (0. 019)
share		0. 0087 *** (0. 002)		0. 0098 *** (0. 002)
way		0. 0789 (0. 258)		0. 1065 (0. 259)
time		− 0. 0255 (0. 024)		− 0. 0254 (0. 025)
tax		0. 0420 (0. 717)		0. 0641 (0. 694)
lev		0. 0071 (0. 137)		− 0. 0304 (0. 142)
asset		0. 2201 *** (0. 065)		0. 1488 *** (0. 055)
size		0. 3195 *** (0. 100)		0. 3677 *** (0. 102)
constant	0. 0649 (0. 685)	− 1. 9896 * (1. 042)	0. 2830 (0. 427)	− 2. 4135 *** (0. 809)
AR (1)	0. 0000	0. 0000	0. 0000	0. 0000
AR (2)	0. 4294	0. 3525	0. 4398	0. 2926

续表

变量	差分 GMM		系统 GMM	
	（1）	（2）	（3）	（4）
	rd	rd	rd	rd
Sargan 检验	0.3982	0.3518	0.8788	0.1172
行业控制变量	Yes	Yes	Yes	Yes
时间固定效应	Yes	Yes	Yes	Yes
企业固定效应	Yes	Yes	Yes	Yes
Observations	14888	14888	14888	14888

注：***、**、*分别表示在1%、5%、10%的显著性水平，括号内数字代表行业层面聚类的稳健性标准误，AR（1）、AR（2）和 Sargan 检验分别提供检验的 P 值。

　　由于上市企业可能在其他省市设有子公司，存在跨地区经营，实证结果可能会产生偏差，因此，将被解释变量民营企业创新限定为基于上市民营企业总部申请的专利数量加 1 后的对数值（inov_总部）进行检验。表 6 – 13 报告了行业制度性交易成本对上市民营企业总部申请专利数量的影响，表 6 – 13 中，AR（2）和 Sargan 检验提供的 P 值均与基准回归的结果类似，基准回归结果是稳健的。方程（1）~方程（4）行业制度性交易成本的估计系数均显著为负，这意味着排除了子公司专利申请的干扰，行业制度性交易成本对民营企业总部专利申请依然存在显著的负向影响，这进一步印证了我们的主要发现，支持本书基准回归中得到的研究结论。

表 6 – 13　　　　　　　　　　总部专利申请稳健性检验

变量	差分 GMM		系统 GMM	
	（1）	（2）	（3）	（4）
	inov_总部	inov_总部	inov_总部	inov_总部
L. inov_总部	0.7758 ***	0.8035 ***	0.8341 ***	0.9410 ***
	(0.012)	(0.030)	(0.011)	(0.026)
sys	− 0.1602 ***	− 0.1634 ***	− 0.0619 ***	− 0.1489 ***
	(0.051)	(0.044)	(0.019)	(0.036)
pcon		− 0.0036		− 0.0097
		(0.013)		(0.014)
share		0.0006		0.0030 ***
		(0.001)		(0.001)

续表

变量	差分 GMM		系统 GMM	
	(1) inov_总部	(2) inov_总部	(3) inov_总部	(4) inov_总部
way		0.0368 (0.123)		0.6833 *** (0.198)
time		− 0.0171 (0.015)		− 0.0241 (0.017)
tax		0.0991 (0.131)		− 0.0469 (0.128)
lev		0.0909 (0.061)		0.1415 ** (0.065)
asset		− 0.0249 (0.024)		− 0.0982 *** (0.023)
size		0.0322 (0.026)		0.0500 ** (0.024)
constant	1.0427 *** (0.053)	1.1531 *** (0.378)	0.7908 *** (0.050)	1.3401 *** (0.423)
AR (1)	0.0007	0.0089	0.0006	0.0082
AR (2)	0.3208	0.1719	0.3179	0.1536
Sargan 检验	0.9557	0.1952	0.9311	0.6136
行业控制变量	Yes	Yes	Yes	Yes
时间固定效应	Yes	Yes	Yes	Yes
企业固定效应	Yes	Yes	Yes	Yes
Observations	14888	14888	14888	14888

注: *** 、 ** 、 * 分别表示在1%、5%、10%的显著性水平,括号内数字代表行业层面聚类的稳健性标准误,AR (1)、AR (2) 和 Sargan 检验分别提供检验的 P 值。

(三) 影响机制检验

前文已经分析了行业制度性交易成本对民营企业创新的影响。接下来,将进一步验证行业制度性交易成本对民营企业进入的影响,进而影响民营企业创新这一作用机制是否存在。利用民营企业进入中介变量,来探讨行业制度性交易成本如何来影响民营企业创新。表6 - 14 报告了行业制度性交易成本影响民营企业创新的中介机制检验结果,表6 - 14 中,方程(1) ~ 方程(3)

是行业制度性交易成本、民营企业进入以及民营企业专利之间的中介效应检验递归模型的三步结果，方程（2）中行业制度性交易成本对民营企业进入的影响采用 Probit 回归分析。方程（4）~ 方程（6）是行业制度性交易成本、民营企业进入以及民营企业研发强度之间的中介效应检验递归模型的三步结果，方程（5）中行业制度性交易成本对民营企业进入的影响采用 Logit 回归分析。不难发现，不论是变换方法衡量企业创新或者变换计量模型，表6-14 中，回归结果中重要解释变量的系数显著性和符号均一致，这说明回归结果稳健可靠。以方程（1）~ 方程（3）的估计结果为例，方程（1）中的回归结果显示，行业制度性交易成本显著负向影响民营企业创新，这与基准回归结果一致。方程（2）中的 Probit 回归结果显示，行业制度性交易成本对民营企业进入的影响系数显著为负，这说明行业制度性交易成本的降低有利于民营企业进入。方程（3）中民营企业进入对民营企业创新的影响系数显著为正，这说明民营企业进入与民营企业创新水平之间存在正向变动关系，民营企业进入促进了民营企业创新水平的提升。这主要是因为新企业的不断加入，会加剧企业之间的竞争，企业面临被淘汰的危险，为了摆脱当下的竞争劣势，企业将借助增加创新支出，通过创新行为形成更高质量的差异化产品使企业获得并保持竞争优势（Aghion et al.，2013；李小平和余东升，2021）。因此，降低行业制度性交易成本，可以促进民营企业进入，加剧市场竞争，促使企业增加研发创新支出，从而促进民营企业创新水平的提升。表6-14 中，方程（4）~ 方程（6）的回归结果也支持了这一研究结论。

表 6-14　行业制度性交易成本影响民营企业创新的中介机制检验结果

变量	(1) OLS invo	(2) Probit entry	(3) OLS invo	(4) OLS rd	(5) Logit entry	(6) OLS rd
sys	-2.392*** (0.116)	-0.378** (0.175)	-2.390*** (0.116)	-0.671*** (0.094)	-0.590* (0.312)	-0.672*** (0.094)
entry			0.054*** (0.017)			0.031*** (0.009)
pcon	-0.162*** (0.036)	-0.129** (0.064)	-0.162*** (0.036)	-0.059* (0.031)	-0.202* (0.111)	-0.059* (0.031)
share	0.001 (0.001)	0.046*** (0.003)	0.001 (0.001)	-0.001 (0.001)	0.090*** (0.006)	-0.001 (0.001)

续表

变量	(1) OLS invo	(2) Probit entry	(3) OLS invo	(4) OLS rd	(5) Logit entry	(6) OLS rd
way	0.729 *** (0.052)	0.775 *** (0.136)	0.732 *** (0.052)	0.565 *** (0.044)	1.771 *** (0.294)	0.564 *** (0.044)
time	0.012 (0.040)	−2.190 *** (0.140)	−0.000 (0.042)	−0.125 *** (0.035)	−4.948 *** (0.421)	−0.118 *** (0.037)
tax	−0.559 * (0.308)	0.927 *** (0.241)	−0.545 * (0.309)	−0.945 *** (0.179)	1.734 *** (0.546)	−0.949 *** (0.179)
lev	0.000 (0.102)	0.819 *** (0.169)	0.008 (0.102)	−1.189 *** (0.087)	1.248 *** (0.342)	−1.193 *** (0.087)
asset	0.029 (0.026)	−0.576 *** (0.050)	0.026 (0.026)	0.514 *** (0.022)	−0.953 *** (0.094)	0.517 *** (0.023)
size	0.364 *** (0.022)	0.051 (0.040)	0.365 *** (0.022)	0.506 *** (0.020)	0.064 (0.071)	0.505 *** (0.020)
constant	0.130 (0.453)	6.488 *** (0.895)	0.192 (0.458)	2.846 *** (0.389)	9.330 *** (1.724)	2.811 *** (0.394)
行业控制变量	Yes	Yes	Yes	Yes	Yes	Yes
时间固定效应	Yes	Yes	Yes	Yes	Yes	Yes
企业固定效应	Yes	Yes	Yes	Yes	Yes	Yes
R-squared	0.204		0.204	0.398		0.398
Observations	14888	14888	14888	14888	14888	14888

注：***、**、*分别表示在1%、5%、10%的显著性水平，括号内数字代表行业层面聚类的稳健性标准误，AR（1）、AR（2）和 *Sargan* 检验分别提供检验的 *P* 值。

（四）异质性分析

1. 行业异质性估计。已有文献研究表明，各行业间制度环境具有较大差异，导致民营企业发展在行业层面存在不平衡现象。此外，前文的测度结果表明中国各行业制度性交易成本存在明显差异。因此，为考察行业制度性交易成本影响民营企业创新水平的行业差异，本书将全部样本分为高技术和低技术行业来检验其影响。表6-15报告了系统 GMM 模型下制度性交易成本影响民营企业创新的行业异质性估计结果。

表 6 - 15   行业异质性估计结果

变量	系统 GMM			
	（1） 高技术 *invo*	（2） 低技术 *invo*	（3） 高技术 *invo*	（4） 低技术 *invo*
L. invo	0.9550 *** (0.016)	0.8266 *** (0.013)	0.9303 *** (0.045)	0.9635 *** (0.030)
sys	-0.2975 ** (0.125)	-0.1280 (0.161)	-0.8170 ** (0.338)	-0.1804 (0.182)
pcon			-0.0027 (0.016)	0.0088 (0.021)
share			0.0024 * (0.001)	0.0014 (0.002)
way			0.3250 ** (0.146)	0.7498 ** (0.342)
time			-0.0563 *** (0.020)	0.0492 ** (0.025)
tax			0.0326 (0.163)	-0.2143 (0.401)
lev			0.1230 (0.077)	0.0827 (0.125)
asset			-0.1015 *** (0.028)	-0.0753 ** (0.032)
size			0.0490 * (0.029)	0.0752 *** (0.025)
constant	0.8645 *** (0.059)	0.3110 *** (0.067)	1.7372 *** (0.499)	0.7286 (0.570)
AR （1）	0.0000	0.0459	0.0011	0.0154
AR （2）	0.7127	0.4242	0.2579	0.2925
Sargan 检验	0.47707	0.2199	0.4581	0.7907
行业控制变量	Yes	Yes	Yes	Yes
时间固定效应	Yes	Yes	Yes	Yes
企业固定效应	Yes	Yes	Yes	Yes
Observations	8658	6230	8658	6230

注：*** 、** 、* 分别表示在1%、5%、10%的显著性水平，括号内数字代表行业层面聚类的稳健性标准误，AR （1）、AR （2）和 *Sargan* 检验分别提供检验的 *P* 值。

表 6 - 15 中，方程（1）~（4）分别表示高技术和低技术行业的估计结果，不难发现，AR （2）和 *Sargan* 检验提供的 *P* 值均在10%的显著性水平下接受原假设，进一步证明回归结果的可靠性。高技术行业制度性交易成本对

民营企业创新存在显著负向影响，这说明高技术行业制度性交易成本的降低有助于促进民营企业创新水平的提升，这与基准回归的全样本估计结果一致。低技术行业制度性交易成本对民营企业创新的影响为负，但不显著。值得注意的是高技术行业制度性交易成本对民营企业创新的作用要大于低技术行业。这说明民营企业创新水平对高技术行业制度性交易成本的变化更敏感，降低行业制度性交易成本，可以促进民营企业创新水平大幅提升。

2. 融资约束异质性估计。资金是企业进行研发创新的重要动力，公司资金的主要渠道之一是融资。企业融资成本以及难度高等诸多问题越来越明显，这对企业的创新以及研发形成较大的阻碍。因此，本书借鉴哈德洛克和皮尔斯（2010）的方法，借助 SA 指数来评估上市企业的融资能力[①]，将测度的 SA 值分别按大小分成两组公司样本，即融资约束较低及较高，来考察行业制度性交易成本对不同融资约束民营企业的研发创新会产生什么样的影响。表 6－16 报告了行业制度性交易成本对异质性融资约束民营企业的估计结果。表 6－16 中，方程（1）和方程（3）是融资约束较高的民营企业的估计结果；方程（2）和方程（4）是融资约束较低的民营企业的估计结果。不难发现，无论是否加入企业控制变量，行业制度性交易成本对高融资约束民营企业研发创新存在显著的负向影响；对低融资约束民营企业研发创新的影响不明显。这是因为与低融资约束民营企业相比，高融资约束民营企业对于资金的需求更高，受融资难、融资贵的影响相对较大，行业制度性交易成本的降低可以显著促使高融资约束民营企业的融资成本降低，获取更多的边际收益，从而更能促进高融资约束民营企业的研发创新。

表 6－16 融资约束异质性估计结果

变量	系统 GMM			
	（1） 高融资约束 *invo*	（2） 低融资约束 *invo*	（3） 高融资约束 *invo*	（4） 低融资约束 *invo*
L. invo	0.9469 *** （0.027）	0.8498 *** （0.012）	0.9211 *** （0.100）	0.9490 *** （0.028）
sys	－ 0.7122 ** （0.325）	－ 0.1983 （0.127）	－ 0.8808 ** （0.434）	－ 0.3294 （0.328）

① 本书采用随时间变化不大的企业规模和企业年龄构建 SA 指数，具体计算公式：$SA = -0.737 \times$ 企业规模 $+ 0.043 \times$ 企业规模$^2 + 0.04 \times$ 企业年龄，SA 的绝对值越大表示融资约束越弱。

续表

变量	系统 GMM			
	(1) 高融资约束 *invo*	(2) 低融资约束 *invo*	(3) 高融资约束 *invo*	(4) 低融资约束 *invo*
pcon			−0.0033 (0.014)	−0.0090 (0.042)
share			0.0029** (0.001)	0.0031 (0.004)
way			0.4989*** (0.171)	1.4316 (1.210)
time			−0.0284* (0.017)	0.0212 (0.045)
tax			0.0244 (0.122)	−0.6843 (1.094)
lev			0.1416** (0.062)	0.0319 (0.329)
asset			−0.1025*** (0.021)	−0.1484 (0.158)
size			0.0685*** (0.025)	0.0484 (0.122)
constant	0.7112*** (0.052)	0.4746*** (0.144)	1.4037*** (0.426)	2.2912 (2.498)
AR (1)	0.0000	0.0471	0.0008	0.0009
AR (2)	0.7145	0.4277	0.3741	0.2261
Sargan 检验	0.5066	0.3130	0.1871	0.7314
行业控制变量	Yes	Yes	Yes	Yes
时间固定效应	Yes	Yes	Yes	Yes
企业固定效应	Yes	Yes	Yes	Yes
Observations	7444	7444	7444	7444

注：***、**、*分别表示在1%、5%、10%的显著性水平，括号内数字代表行业层面聚类的稳健性标准误，AR（1）、AR（2）和 *Sargan* 检验分别提供检验的 P 值。

3. 专利异质性估计。企业专利申请数量是企业创新能力的主要代表，发明专利则是衡量微观企业乃至一个国家自主研发创新能力和核心竞争力最为重要的标准（王永进和冯笑，2018），其技术含量较高，而实用新型专利和外观专利大多属于模仿型专利，技术含量较低。因此，不同类型的申请专利是否会对行业制度性交易成本降低的敏感程度不同呢？本书考察了行业制度性交易成本对民营企业专利数据库中发明、实用、外观设计三种专利申请的影响，表6-17报告了三种专利异质性估计结果。表6-17中，方程（1）~方程（3）是未加入企业控制变量的估计结果；方程（4）~方程（6）是加入企业控制变量的估计结果。不难发现，行业制度性交易成本对实用型专利和外观设计专利存在显著的负向影响；而对发明专利的影响作用不明显。这说明行业制度性交易成本的降低有利于民营企业外观设计以及实用新型专利的申请，对发明专利的促进作用还未显现。由此可知，发明专利应是中国民营企业创新今后关注的重要方面。当务之急，应进一步打破企业进入制度壁垒，降低行业制度性交易成本，实施创新驱动发展战略，推动科技进步，加强对高技术企业的扶植，促进低技术企业的自主创新，特别是核心技术的研发，实现由模仿到引领创新的转变。

表6-17　　　　　　　　　　异质性专利的估计结果

变量	系统 GMM					
	（1） 发明 *invo*	（2） 实用 *invo*	（3） 外观 *invo*	（4） 发明 *invo*	（5） 实用 *invo*	（6） 外观 *invo*
L. invo	1.0897 *** （0.001）	1.2880 *** （0.003）	1.1481 *** （0.002）	1.0807 *** （0.003）	1.2802 *** （0.004）	1.1451 *** （0.003）
sys	−1.3542 （1.514）	−2.2364 *** （0.857）	−5.1618 *** （0.612）	−1.4148 （1.578）	−2.5249 *** （0.592）	−1.0680 *** （0.243）
pcon				0.6527 （1.244）	−1.5564 （1.002）	0.3193 （0.441）
share				−0.0083 （0.139）	0.1556 * （0.082）	0.0583 * （0.032）
way				3.5118 *** （0.810）	31.4212 （37.377）	−0.1535 （7.643）
time				−2.3410 （2.113）	−1.2064 （1.832）	−0.4310 （0.517）
tax				7.4851 （41.234）	−0.7900 （16.268）	1.9630 （4.241）

续表

变量	系统 GMM					
	(1) 发明 *invo*	(2) 实用 *invo*	(3) 外观 *invo*	(4) 发明 *invo*	(5) 实用 *invo*	(6) 外观 *invo*
lev				−2.2072 (10.170)	3.1968 (5.820)	1.0771 (1.957)
asset				3.8870 (4.518)	−5.3210* (2.829)	−0.9221 (0.708)
size				7.0591 (6.457)	4.8765 (4.169)	2.1584* (1.184)
constant	1.9375 (1.986)	−4.4178*** (0.676)	−0.1715 (0.860)	−4.2352*** (0.148)	40.0461 (69.757)	−0.3448 (15.190)
AR (1)	0.0030	0.0188	0.0060	0.0064	0.0067	0.0072
AR (2)	0.2729	0.2092	0.5727	0.2751	0.1345	0.7130
Sargan 检验	0.3277	0.3975	0.3611	0.8140	0.3271	0.2251
行业控制变量	Yes	Yes	Yes	Yes	Yes	Yes
时间固定效应	Yes	Yes	Yes	Yes	Yes	Yes
企业固定效应	Yes	Yes	Yes	Yes	Yes	Yes
Observations	14888	14888	14888	14888	14888	14888

注：***、**、*分别表示在1%、5%、10%的显著性水平，括号内数字代表行业层面聚类的稳健性标准误，AR（1）、AR（2）和 *Sargan* 检验分别提供检验的 *P* 值。

第三节 本章小结

本章第一节的内容是从地区层面对制度性交易成本影响民营企业创新，以及制度性交易成本通过民营企业进入中介机制从而影响民营企业创新这两方面的问题进行验证。

首先，从地区层面分析制度性交易成本对民营企业创新的影响。总体上看，地区制度性交易成本对民营企业创新具有显著的负向影响，地区层面的制度性交易成本越高，越不利于民营企业创新水平的提高。

接下来进一步验证制度性交易成本影响民营企业创新的作用机制。研究表明，降低制度性交易成本，可以促进民营企业进入，加剧市场竞争，促使企业增加研发创新支出，从而促进民营企业创新水平的提升。

为考察制度性交易成本影响民营企业创新发展的区域差异，本书分别验证了东部、中部、西部和东北地区四个区域制度性交易成本对民营企业创新的影响。实证结果表明，东部、中部地区制度性交易成本对民营企业创新存在显著负向影响，这说明东部和中部地区制度性交易成本的降低有助于促进民营企业创新水平的提升，西部和东北地区制度性交易成本对民营企业创新的影响为负，但不显著，这说明西部和东北地区制度性交易成本对民营企业创新水平的影响还没有显现。

为考察制度性交易成本对不同融资约束民营企业研发创新会的影响，表6-8报告了制度性交易成本对异质性融资约束民营企业的估计结果。结果表明，制度性交易成本对高融资约束民营企业研发创新存在显著的负向影响；对低融资约束民营企业研发创新的影响不明显。这是因为与低融资约束民营企业相比，高融资约束民营企业对于资金的需求更高，受融资难、融资贵的影响相对较大，制度性交易成本的降低可以显著促使高融资约束民营企业的融资成本降低，获取更多的边际收益，从而更能促进高融资约束民营企业的研发创新。

为考察制度性交易成本对不同类型的申请专利的影响，本书考察了制度性交易成本对民营企业专利数据库中发明、实用、外观设计三种专利申请的影响。研究表明，制度性交易成本对实用型专利和外观设计专利存在显著的负向影响；而对发明专利的影响作用不明显。这说明制度性交易成本的降低有利于民营企业外观设计以及实用新型专利的申请，对发明专利的促进作用还未显现。

本章第二节从行业层面对制度性交易成本影响民营企业创新，以及制度性交易成本通过民营企业进入中介机制从而影响民营企业创新发展这两方面的问题进行验证。

首先，从行业层面分析制度性交易成本对民营企业创新的影响。总体上看，行业制度性交易成本对民营企业创新具有显著的负向影响，行业层面的制度性交易成本越高，越不利于民营企业创新水平的提高。

接下来进一步验证制度性交易成本对民营企业创新的影响机制。研究结果表明，制度性交易成本通过民营企业进入这一中介机制来影响民营企业创新，降低行业制度性交易成本，可以促进民营企业进入，加剧市场竞争，促使企业增加研发创新支出，从而促进民营企业创新水平的提升。

为考察制度性交易成本影响民营企业创新水平的行业差异，本书将全部样本分为高技术和低技术行业来检验其影响。结果表明，高技术行业制度性交易成本对民营企业创新存在显著负向影响，这说明高技术行业制度性交易成本的降低有助于促进民营企业创新水平的提升。低技术行业制度性交易成本对民营企业创新的影响为负，但不显著。

为考察行业制度性交易成本对不同融资约束民营企业研发创新的影响，本书借助 SA 指数来评估上市企业的融资能力，将测度的 SA 值分别按大小分成融资约束较低及较高两组公司样本来检验其影响。结果表明，行业制度性交易成本对高融资约束民营企业研发创新存在显著的负向影响，对低融资约束民营企业研发创新的影响不明显。

第七章

降低制度性交易成本的案例分析

——以商事制度改革为例

第一节　商事制度改革与企业全要素生产率

一、引言

中国经济正处于从高速增长转向高质量增长的关键时期，而实现经济高质量增长的重要基础在于提高微观企业全要素生产率水平。从制度改革视角上来看，这就需要政府持续推进行政审批改革，进一步"简政放权"，提高行政审批效率。为此，2014年国务院发布《关于促进市场公平竞争维护市场正常秩序的若干意见》，正式启动商事制度改革。商事制度改革是行政审批制度改革发展过程中产生的一种派生制度创新，是对行政审批环节流程的优化和再造。这一制度创新优化和降低注册登记程序、手续和门槛，缩减企业非生产性时间，降低企业制度性成本，激发企业创业创新活力。那么一个自然的疑问是：商事制度改革能否提高企业全要素生产率水平呢？如果能，其具体的影响机制又是什么呢？为此，本书将手工收集整理的中国286个地级市商事制度改革数据与2010~2018年A股上市企业数据库匹配，实证评估了商事制度改革对企业全要素生产率的影响。这些问题的回答可以为进一步深化商事制度改革、提升企业全要素生产率、推动经济全要素生产率提供政策参考。

实际上，商事制度改革早期的相关文献更多的是从理论层面进行一些定性的研究，例如陈海疆和王海杰（2014）、宋姗姗和陈晖（2015）分别定性地分析了厦门、河南以及珠海等地区的商事制度改革实践情况，探讨了特定地区商事制度改革的方向与可能遇到的问题，并针对性地指出了今后商事制度改革的方向。这些文献大部分采用的是案例研究方法，难以提供充分的证

据来验证商事制度改革落实的经济效益。因而，一些学者开始关注商事制度
改革的宏观经济全要素生产率。徐现祥和马晶（2019）采用广东省 177 个区
县的数据，发现商事制度改革的质量是提高市场进入率的主要因素。黄亮雄
等（2020）利用准自然实验方法，发现商事制度改革有利于推动地区创业活
动。这些文献对商事制度改革的研究只涉及特定区域或者国内宏观层面，到
目前为止，还没有关于商事制度改革影响微观企业全要素生产率的相关文献。
因此，本书就商事制度改革如何影响上市企业全要素生产率进行实证研究。

近年来，越来越多的文献强调行政审批改革的重要性。夏杰长和刘诚
（2017）利用 2010~2014 年中小板上市公司数据，发现行政审批改革促使公
司交易成本减少，推动了经济的快速发展。毕青苗等（2018）考察了 1998~
2007 年行政审批中心的成立对工业企业进入概率的影响，发现成立行政审批
中心有利于工业企业进入市场更加便利。王永进和冯笑（2018）基于 1998~
2006 年工业企业数据库，发现行政审批中心的成立促进了企业生产率水平的
提升。郭小年和邵宜航（2019）基于 1998~2007 年工业企业数据库，发现行
政审批制度改革显著降低了城市企业生产率分布的离散程度。詹新宇和王一
欢（2020）基于 A 股上市企业数据，发现设立行政审批中心促进了辖区内企
业全要素生产率的提升。朱光顺等（2020）基于 1999~2007 年工业企业数据
库，发现行政审批中心的成立提高了该地区企业全要素生产率水平。余龙等
（2021）基于 1998~2007 年工业企业数据库，发现设立行政审批中心对企业
全要素生产率有显著正向促进作用。但是这些文献大多集中在 2000~2010 年
的行政审批改革，主要考察的是 2000~2010 年行政审批中心成立与否或数量
多少对企业经济行为的影响，样本时间跨度也多为 2010 年之前，还未涉及新
一轮商事制度改革的影响效应。本书的研究主要聚焦新一轮商事制度改革。

本书有以下几点创新：一是率先研究了商事制度改革对微观上市企业全
要素生产率的影响，这与以往围绕行政审批改革为"准自然实验"对企业技
术进步、企业创业、企业生产率的研究文献均有所不同，前者是对行政审批
环节流程的优化和再造，具有新的内涵，更专注于微观企业的设立、经营与
退出，放宽微观企业的约束和束缚，对企业全要素生产率的影响作用巨大；
二是由于 A 股上市企业所在地级市在不同时间实施商事制度改革，而且不同
城市对商事制度改革的响应程度不同，因此，将同一年份同时实施"注册资
本认缴登记制"及"三证合一"的城市作为商事制度改革的实验组样本，采
用多期双重差分模型评估商事制度改革对企业全要素生产率的影响；三是深
入分析了商事制度改革影响企业全要素生产率的影响机制，并探究了商事制

度改革举措以及政策效果在不同企业之间的异质性，影响机制以及异质性的研究对切实落实相关举措意义重大。

二、研究设计

（一）模型构建与变量选取

由于商事制度改革遵循"先试点后推广"的原则，所以本书采用多期双重差分模型进行实证评估，具体模型构建如下：

$$TFP_{ijt} = \beta_0 + \beta_1 policy_{it} + \beta_2 X_{ijt} + \eta_i + \delta_j + \mu_t + \lambda_{ijt} \qquad (7-1)$$

式（7-1）中，下标 i 为城市，j 为 A 股上市企业，t 为年份。TFP_{ijt} 为 A 股上市企业全要素生产率变量。$policy_{it}$ 为实施商事制度改革的虚拟变量，若商事制度改革在某年被企业所在地级市引进，$policy_{it}$ 在当年及以后赋值为 1；其余赋值为 0。X_{ijt} 为企业和城市层面的控制变量，η_i 为城市固定效应，δ_j 为企业固定效应，μ_t 为年份固定效应，λ_{ijt} 为误差项。本书重点关注式（7-1）中 β_1 的回归结果。为了消除可能的异方差和自相关，所有的回归均在城市层面聚类。

1. 被解释变量。对企业全要素生产率的计算，普通 OLS 方法面临同时性偏差和选择性偏差的问题，而 OP 方法和 LP 方法可以解决这两个问题。同时，由于采用半参数的估计方法，OP 方法和 LP 方法规避了普通 OLS 方法的生产函数形式设定问题。因此，借鉴朱光顺等（2020）方法，将基于 OP 方法计算的企业全要素生产率作为基本回归结果给出，而将基于 LP 方法计算的结果作为稳健性检验。

2. 核心解释变量。为了更好地契合商事制度改革"以点到面"的渐进式改革模式，本书不同于学者黄亮雄等（2020）的做法，将商事制度改革实施的时间作为分界变量，也不同于学者刘诚和杨继东（2020）采用地级市是否成立市场监管局来衡量商事制度改革，而是将设定规则转向商事制度改革实施的具体内容和措施上。因此，本书将某城市在某年度上半年同时实施"注册资本认缴登记制"及"三证合一"两项措施认定为当年商事制度改革城市样本[①]；将某城市在某年度下半年同时实施"注册资本认缴登记制"及"三

---

① 根据收集的数据显示，部分城市在 2014 年同时实施了这两项改革措施，截至 2015 年 6 月底，在我们考察的样本城市中，仍有 182 个城市还没能同时实施这两项措施，到 2015 年 12 月底，仍有 49 个城市没能同时实施这两项措施。

证合一"认定为下一年商事制度改革城市样本。

3. 控制变量。企业层面：企业规模，借助年末资产总额，对其取对数来评估。现金流水平，借助企业经营活动现金流量净额与资产总额之比来评估。企业盈利能力，借助息税前利润占平均资产总额之比来评估。企业资本结构，借助公司期末负债总额占资产总额之比来衡量。企业成长性，借助企业营业收入增长率来评估。城市层面：经济发展，借助各个城市人均 GDP，对其取对数来评估。产业结构，借助 GDP 当中第二产业占比来评估。贸易开放程度，借助各个城市 GDP 当中，采用实际利用外商直接投资占比来评估。人力资本，借助各城市总人口当中，大学生在校人口所占比重来评估。

（二）数据说明

对所有数据的处理：第一，在各城市工商局及政府官网上，手工收集并整理中国 286 个城市商事制度改革数据①。第二，借鉴王桂军与卢潇潇（2019）的方法，将在 CSMAR 和 WIND 数据库中收集到的 2010～2018 年中国 A 股上市企业数据进行整理，删除核心变量不完善以及金融类的公司样本。第三，将地级市商事制度改革的相关数据与中国 A 股上市企业相关数据按照上市企业所属地址进行匹配，最终得到了 1453 家 A 股上市企业的 13114 个样本。

三、实证分析

（一）基准回归结果

表 7 - 1 汇报了商事制度改革影响企业全要素生产率的基准回归结果。表 7 - 1 中，第（1）和第（2）列均没有加入控制变量，第（2）列在第（1）列的基础上，控制了城市及时间固定效应，结果显示商事制度改革的估计系数均显著为正，说明商事制度改革的实施提高了企业全要素生产率。表 7 - 1 中，第（3）和第（4）列均加入了控制变量，第（3）列控制了企业和时间固定效应，第（4）列控制了企业、城市和时间固定效应，结果显示商事制度改革的估计系数也显著为正，这充分证实商事制度改革的实施确实促进了企业全要素生产率水平的提升。由此，得到初步研究结论，商事制度改革确实有助于提高企业全要素生产率水平。

---

① 具体主要包含"一照一码"和"三证合一"，还有"注册资本登记制度改革"的公布时间。

表7-1　　　　　　　　　　　　基准回归结果

变量	(1) TFP_OP	(2) TFP_OP	(3) TFP_OP	(4) TFP_OP
商事制度改革	0.0886 *** (0.0095)	0.0879 *** (0.0103)	0.0784 *** (0.0157)	0.0733 *** (0.0163)
控制变量	No	No	Yes	Yes
时间固定效应	No	Yes	Yes	Yes
城市固定效应	No	Yes	No	Yes
企业固定效应	No	No	Yes	Yes
R-squared	0.314	0.330	0.355	0.359
Observations	13114	13114	13114	13114

注：***、**、* 分别表示在 1%、5%、10% 的显著性水平，括号内数字代表城市层面聚类的稳健性标准误。

（二）稳健性检验

1. 缓解非平行趋势问题：三重差分。采用 DID 方法评估商事制度改革的经济效应，隐含一个重要的假设，就是如果没有实施商事制度改革，处理组与对照组的时间趋势应该是平行的。由于本书样本数据来源于城市与企业两个维度，商事制度改革带来的经济效应会在城市和企业两个维度发生变化，平行趋势可能无法满足。因此，借鉴王桂军和卢潇潇（2019）的方法，进一步利用三重差分模型进行回归，以缓解样本可能存在的非平行趋势问题。表 7-2 报告了三重差分的估计结果。表 7-2 中，DDD 的估计系数，反映的是在三重差分模型下，商事制度改革对企业全要素生产率的影响效应。表中第（1）~（3）列 DDD 的估计系数均显著为正，这说明，在使用 DDD 模型缓解了可能存在的非平行趋势问题之后，商事制度改革依然有助于提高企业全要素生产率水平，支持基准回归中的结论。

表7-2　　　　　　　　　　　三重差分估计结果

变量	(1) TFP_OP	(2) TFP_OP	(3) TFP_OP	(4) TFP_OP
DDD	0.0694 *** (0.0257)	0.0667 *** (0.0239)	0.0622 ** (0.0298)	0.0615 ** (0.0286)
控制变量	No	No	Yes	Yes

续表

变量	(1) *TFP_OP*	(2) *TFP_OP*	(3) *TFP_OP*	(4) *TFP_OP*
时间固定效应	No	Yes	Yes	Yes
城市固定效应	No	Yes	No	Yes
企业固定效应	No	No	Yes	Yes
R-squared	0.295	0.311	0.342	0.349
Observations	13114	13114	13114	13114

注：***、**、*分别表示在1%、5%、10%的显著性水平，括号内数字代表城市层面聚类的稳健性标准误。

2. LP测算方法。基于LP方法计算的企业全要素生产率来进行稳健性检验。表7-3报告了商事制度改革对基于LP方法计算的企业全要素生产率的回归结果，从第（1）~第（4）列，分别控制了城市、企业和时间固定效应，结果显示商事制度改革的估计系数均显著为正。这意味着，改变企业全要素生产率的测算方法，商事制度改革依然有助于企业全要素生产率水平的提升，支持本书研究结论。

表7-3　　　　　　　　　　LP测算的回归结果

变量	(1) *TFP_LP*	(2) *TFP_LP*	(3) *TFP_LP*	(4) *TFP_LP*
商事制度改革	0.1071 ** (0.0517)	0.1024 ** (0.0511)	0.0946 *** (0.0350)	0.0954 ** (0.0434)
控制变量	No	No	Yes	Yes
时间固定效应	No	Yes	Yes	Yes
城市固定效应	No	Yes	No	Yes
企业固定效应	No	No	Yes	Yes
R-squared	0.444	0.497	0.509	0.515
Observations	13114	13114	13114	13114

注：***、**、*分别表示在1%、5%、10%的显著性水平，括号内数字代表城市层面聚类的稳健性标准误。

3. 排除其他政策的干扰。研究样本的选择区间为2010~2018年，2013年国家提出的共建"一带一路"倡议可能会对研究结论造成影响，从而无法准确评估商事制度改革对企业生产率的净效应。为了剔除2013年共建"一带一路"倡议冲击的影响，本书按照国家相关部门共同推出的《愿景与行动》，明确指出的 18 个省份，还有重点建设的 10 大内陆节点城市以及 16 个沿海港口城市，将这些受共建"一带一路"倡议重点影响的省域所辖的地级城市、10 大内陆节点城市以及 16 个沿海港口城市所辖的上市企业样本删除，从而剔除共建"一带一路"倡议的政策干扰。表 7－4 报告了剔除共建"一带一路"倡议干扰之后的估计结果。结果表明，在对企业全要素生产率的回归结果中，商事制度改革的系数依然显著为正。这说明在剔除了共建"一带一路"倡议干扰之后，商事制度改革的实施仍然有助于企业全要素生产率水平的提升，本书结论依然稳健。

表 7－4 排除政策干扰的回归结果

变量	(1) TFP_OP	(2) TFP_OP	(3) TFP_OP	(4) TFP_OP
商事制度改革	0.0564 ** (0.0265)	0.0580 *** (0.0215)	0.0463 ** (0.0213)	0.0455 * (0.0267)
控制变量	No	No	Yes	Yes
时间固定效应	No	Yes	Yes	Yes
城市固定效应	No	Yes	No	Yes
企业固定效应	No	No	Yes	Yes
R-squared	0.373	0.417	0.424	0.442
Observations	13114	13114	13114	13114

注：*** 、** 、* 分别表示在 1%、5%、10% 的显著性水平，括号内数字代表城市层面聚类的稳健性标准误。

4. 控制样本选择偏差。为尽量剔除选择性偏差所产生的不利影响，利用 PSM 匹配方法，解决两组企业在个体特征上的系统性差异。表 7－5 报告了 PSM-DID 的估计结果，从第 (1)～第(4) 列，商事制度改革的系数均显著为正。这说明在消除了两组企业样本个体特征上的差异后，商事制度改革的实施仍然有助于提高企业全要素生产率，再次支持基准回归中的结论。

表 7－5 PSM-DID 的估计结果

变量	(1) TFP_OP	(2) TFP_OP	(3) TFP_OP	(4) TFP_OP
商事制度改革	0.0630 *** (0.0227)	0.0621 ** (0.0289)	0.0612 ** (0.0295)	0.0605 ** (0.0273)

续表

变量	(1) *TFP_OP*	(2) *TFP_OP*	(3) *TFP_OP*	(4) *TFP_OP*
控制变量	No	No	Yes	Yes
时间固定效应	No	Yes	Yes	Yes
城市固定效应	No	Yes	No	Yes
企业固定效应	No	No	Yes	Yes
R-squared	0.307	0.335	0.348	0.360
Observations	13114	13114	13114	13114

注：***、**、*分别表示在1%、5%、10%的显著性水平，括号内数字代表城市层面聚类的稳健性标准误。

5. 安慰剂检验。为了保证研究结论的可靠性，本书分别将商事制度改革的政策冲击时间设定为2011~2013年，表7-6中，第（1）~第（3）列分别是对应的政策时点的估计结果。研究发现，当改变政策时点之后，商事制度改革的估计系数不再显著。因此，可以排除其他潜在的不可观测因素对本书企业全要素生产率的影响，基准模型中所得出的商事制度改革对企业全要素生产率的影响效应是可信的。

表7-6 安慰剂检验

变量	(1) *TFP_OP*	(2) *TFP_OP*	(3) *TFP_OP*
商事制度改革	0.0591 (0.0837)	0.0583 (0.0826)	0.0522 (0.0842)
控制变量	Yes	Yes	Yes
城市效应控制	Yes	Yes	Yes
时间效应控制	Yes	Yes	Yes
R-squared	0.305	0.293	0.285
Observations	13114	13114	13114

注：***、**、*分别表示在1%、5%、10%的显著性水平，括号内数字代表城市层面聚类的稳健性标准误。

（三）影响机制检验

基准回归结果显示，商事制度改革能促进企业全要素生产率水平的提升，那影响的机制是什么呢？本节对其进行检验。由于商事制度改革的主旨是降低企业制度性成本，而且已有学者夏杰长和刘诚（2017）、毕青苗等（2018）、王永进和冯笑（2018）均发现行政审批改革能通过影响企业制度性交易成本对企业经济行为产生影响。因此，我们认为商事制度改革也可能通过此渠道作用于企业全要素生产率。本书主要借鉴王永进和冯笑（2018）的方法，借助公司总利润中，公司销售、管理和财务费用之和占比来评估公司非生产性成本，即制度性交易成本。表7-7报告了商事制度改革对企业全要素生产率的影响机制回归结果，表7-7中，第（1）列，商事制度改革的估计系数显著为负，说明商事制度改革能够促使企业制度性交易成本的降低。第（2）列，制度性交易成本具有明显的负估计系数，这意味着伴随企业制度性交易成本的降低，有更多的资金用于企业研发和创新，从而促进企业全要素生产率的提升。

表 7 -7   影响机制检验

变量	（1）制度性交易成本	（2）企业全要素生产率
商事制度改革	− 0. 0303 ***	0. 0557 **
	（0. 0055）	（0. 0258）
制度性交易成本		− 0. 0668 ***
		（0. 0097）
控制变量	Yes	Yes
时间效应控制	Yes	Yes
城市效应控制	Yes	Yes
R-squared	0. 258	0. 286
Observations	13114	13114

注：***、**、*分别表示在1%、5%、10%的显著性水平，括号内数字代表城市层面聚类的稳健性标准误。

（四）异质性分析

1. 区分企业规模的估计结果。按照国家统计局于2017年发布的《统计上大中小微型企业划分办法（2017）》，根据企业营业收入、资本总额和从业人员三项指标，将样本内企业分为大型企业和中小微型企业。表7-8报告了商事制度改革在不同企业规模下的回归结果。从表7-8可知，虽然商事制度改革具有正的估计系数，但是对大型企业全要素生产率的促进作用不显著；对中小微型企业全要素生产率的促进作用显著。可见，相较于大型企业而言，中小微型企业全要素生产率对商事制度改革更加敏感，商事制度改革更能促进中小微型企业全要素生产率水平的提升。

表 7-8 区分企业规模的估计结果

变量	（1） 大型企业	（2） 中小微型企业
商事制度改革	0.0370 （0.0385）	0.0524 ** （0.0189）
控制变量	Yes	Yes
时间效应控制	Yes	Yes
城市效应控制	Yes	Yes
R-squared	0.285	0.293

注：*** 、** 、* 分别表示在1%、5%、10%的显著性水平，括号内数字代表城市层面聚类的稳健性标准误。

2. 区分融资约束的估计结果。本书借鉴哈德洛克等（Hadlock，2010）的方法，借助 SA 指数来评估上市企业的融资能力[①]，将测度的 SA 值分别按大小分成两组公司样本，即融资约束较低及较高。表 7-9 报告了商事制度改革对异质性融资约束企业的估计结果。表 7-9 中，第（1）和第（2）列，商事制度改革具有显著的正向促进作用，但是第（1）列的系数大小要明显高于第（2）列，这意味着商事制度改革的实施，对于高融资约束企业全要素生产率的促进作用要大于低融资约束企业。这主要是因为，根据影响机制检验，商事制度改革可以促使高融资约束企业降低制度性交易成本，增加企业研发投入，从而更能促进高融资约束企业全要素生产率的提升。

表 7-9 区分融资约束的估计结果

变量	（1） 高融资约束企业	（2） 低融资约束企业
商事制度改革	0.0407 *** （0.0116）	0.0395 * （0.0232）
控制变量	Yes	Yes
时间效应控制	Yes	Yes

① 采用随时间变化不大的企业规模和企业年龄构建 SA 指数，具体计算公式：$SA = -0.737 \times$ 企业规模 $+0.043 \times$ 企业规模$^2 + 0.04 \times$ 企业年龄，SA 的绝对值越大表示融资约束越弱。

变量	(1) 高融资约束企业	(2) 低融资约束企业
城市效应控制	Yes	Yes
R-squared	0.305	0.316
Observations	5947	7167

注：***、**、* 分别表示在1%、5%、10%的显著性水平，括号内数字代表城市层面聚类的稳健性标准误。

四、主要研究结论与政策启示

经济全要素生产率本质上是依靠市场机制调节来实现的微观问题，企业作为市场经济的基本单元，深入挖掘其创新潜能、全面提升企业全要素生产率无疑是经济全要素生产率的重要着力点。将手工收集整理的中国 286 个地级市商事制度改革数据与 2010～2018 年 A 股上市企业数据库匹配，实证评估了商事制度改革对企业全要素生产率的影响。研究发现，第一，商事制度改革有助于企业全要素生产率水平的提升。在缓解非平行趋势、变换企业全要素生产率测算方法、排除共建"一带一路"倡议干扰、安慰剂检验之后，研究结论依然不变。第二，影响机制发现商事制度改革对企业全要素生产率的促进作用主要来源于制度性交易成本的降低。第三，商事制度改革对企业全要素生产率的政策效果存在异质性，对中小微型企业和高融资约束企业的促进作用更大。

根据研究结论，得到以下两点政策启示：一是持续深化商事制度改革，落实依法限时办结制度，切实缩减企业审批时间，提高政府办事效率，降低企业制度性交易成本，优化企业营商环境，释放制度活力，提高企业生产全要素生产率。二是商事制度改革的推进要紧密结合企业异质性，分类施策、精准发力。持续为中小微型企业提供更为优越与公平公正的营商与准入环境，促使中小微型企业不但可以进入市场的大门，而且可以进入产业的小门，获得商事制度改革更大的"红利"。同时，进一步深化金融企业改革，完善融资支持、财税优惠等配套措施，切实降低企业负担，促进企业全要素生产率。

第二节　商事制度改革与企业 ESG 表现

一、引言

ESG（environment、social and governance）代表环境、社会和治理，目前是衡量上市公司可持续性的标准之一。国家"十四五"规划提出了全面节约战略，发展了绿色低碳产业，促进了绿色低碳化生产方式的形成，为中国未来的绿色转型进一步指明了方向。绿色低碳和可持续发展带来的社会责任要求也在重塑企业的经营理念（谢红军和吕雪，2022）。在经济发展的新阶段，企业不仅需要提高自身发展质量和管理效率，还需要更加重视环境保护，减少碳排放，注重长期可持续发展。ESG 是国际社会衡量企业绿色可持续发展水平的重要标准（Baker et al.，2021）。自 2020 年 9 月中国在联合国大会上承诺实现"双碳"目标以来，ESG 投资及相关政策引起了社会各界的关注。企业对 ESG 的重视以及构建的 ESG 优势已成为未来企业的新型竞争优势（谢红军和吕雪，2022）。因此，如何提高 ESG 责任履行能力已成为企业全要素生产率不可回避的问题。

现有文献对企业 ESG 全要素生产率影响因素的研究可分为宏观和微观两个方面。从宏观角度来看，影响 ESG 全要素生产率的因素可以进一步细分为政策制度、经济制度、文化制度、法律制度等方面。从政策制度的角度来看，低碳城市试点政策能有效提升企业的 ESG 表现（王治等，2023）。碳排放权交易政策的实施能够有效提升企业 ESG 信息披露质量，且政府环保补助在其中发挥显著的中介作用（蔡海静和周臻颖，2022）。从经济体系的角度来看，学者们发现，经济发展水平较高、金融体系以市场为导向、社会责任市场指数较高的国家往往具有更好的 ESG 全要素生产率。在文化方面，学者们关注权力距离、宗教与和谐、平等、自治和其他文化因素，发现权力距离较小、宗教信徒较少、和谐、平等和自治水平较高的地区往往具有更好的 ESG 表现（Ioannou & Serafeim，2012；Cai et al.，2016）。从法律起源的角度来看，一些学者发现，普通法国家的 ESG 水平往往低于民法国家（Liang & Renneboog，2016）。从微观角度来看，影响企业 ESG 全要素生产率的因素大致可以分为公司特征和高管特征。在公司特征方面，学者认为，交叉上市、规模更大、自由现金流更多、广告投资更多的公司往往具有更高的 ESG 水平。其中，对交叉上市与企业 ESG 全要素生产率之间的关系进行了重要的研究。学者们普遍认为，交叉上市后，企业将提高 ESG 水平，向投资者展示自己的实力，从而减少外国投资者的劣势，获得外国投资者的青睐。因此，交叉上市公司更关注 ESG 全要素生产率，其 ESG 水平往往更高（Boubakri et al.，2016；Bosco & Misani，2016；Yu & Luu，2021）。在高管特征方面，年轻的 CEO、女性的 CEO、向各个政党捐款的 CEO 以及经常出现在媒体上的 CEO 往往在 ESG 上投入更多的精力，并拥有更高的公司 ESG 水平（Borghesi et al.，2014）。此外，一些学者发现，高管的政治取向也会影响他们对 ESG 的投资。当高管是民主党派人士时，他们倾向于在企业 ESG 上投入更多，从而使公司的 ESG 水平更高（Giuli & Kostovetsky，2014）。

商事制度改革是国内市场经济改革的重要内容之一。现有文献主要关注商事制度改革的宏观经济全要素生产率，例如商事制度改革对市场进入率、公司制度成本、吸引外资、城市创新水平等方面的影响。徐现祥和马晶（2019）研究发现商事制度改革的质量是提高市场进入率的主要因素。张莉等（2019）研究发现商事制度改革有利于降低企业面临的制度性成本。黄亮雄等（2019）研究发现商事制度改革有助于促进外资流入。夏杰长和刘诚（2020）以工商登记改革时间、是否设立市场监管局两方面测度各地的商事改革，研发发现商事制度改革提升了城市创新水平。刘诚和杨继东（2020）采用同样的衡量方法，研究发现商事制度改革促进了专业化水平的提高。最近学者们开始研究商事制度改革对微观层面的影响，其主要目的在于深入了解商事制度改革对企业的影响。研究发现，商事制度改革能够通过降低企业制度成本和进入成本，增加企业研发时间和资金，从而提升企业创新水平（李小平和余东升，2021）。商事制度改革对企业全要素生产率的促进作用主要来自于制度性交易成本的降低（李慧等，2023）。截止到目前，尚未有关于商事制度改革影响微观企业 ESG 表现的相关研究文献。鉴于此，本书以商事制度改革为"准自然实验"，将手工收集的中国商事制度改革数据与 2011～2021 年 A 股上市公司企业数据匹配，采用双重差分模型实证检验了商事制度改革对企业 ESG 表现的影响。

本书的边际贡献主要有：第一，与以往围绕取消行政许可、行政审批改革为"准自然实验"对企业影响的文献不同，研究了新一轮的审批改革——商事制度改革如何影响微观上市企业的 ESG 表现。商事制度改革虽然与行政审批改革在某种说法上有重合之处，但是前者是对行政审批环节流程的优化和再造，具有新的内涵，更专注于微观企业的设立、经营与退出，放宽微观企业的约束和束缚，与微观企业的创业创新活动更加直接相关①。本书的研究对新发展阶段推进商事制度改革以及 ESG 体系建设，促进企业提升现代绿色治理水平具有重要的政策与现实指导意义。第二，创新性地以同时实施"注册资本认缴登记制""多证合一"以及"一照一码"商事制度改革措施作为"准自然实验"，采用 DID（双重差分）实证方法评估商事制度改革对上市企业 ESG 表现的影响。第三，深入剖析了商事制度改革对企业 ESG 表现的影响机制，还探讨了商事制度改革举措和政策效果在不同企业之间的异质性。这些研究对于推进商事制度改革以及提升企业 ESG 表现具有重要意义。

二、理论分析与研究假设

（一）商事制度改革与企业 ESG 表现

从资源依赖理论和利益相关者理论来看，企业需要从外部获取资源以求生存和发展，而企业 ESG 评级表现为企业保持行业竞争力的重要因素，其存在周期长、见效慢的特点，更需要企业在前期投入大量资源。从企业的环境责任表现来看，企业承担环境责任需要增加企业绿色研发投入，改进生产流程，提升绿色创新水平，为顾客提供更好的绿色环保产品。从企业的社会责任表现来看，好的营商环境有助于企业与各利益相关者建立紧密联系，增加投资者信心，缓解信息不对称的问题，进而获取企业 ESG 表现所需资源。商事制度改革是对行政审批改革的继承和发展，已成为中国社会主义市场经济体制和秩序的重要内容，对企业营商环境的改善以及促进企业社会贡献责任有着重要作用。商事制度改革是政府转向服务型的一次重要实践，降低了政府干预的力度，降低了企业进入门槛，减少企业制度交易成本，加速企业创业发展，能够有效拉动市场自由活力，改善市场营商环境，促进稳定融资环境的建设，有效降低了企业融资约束。商事制度改革引导和服务市场主体主动纠正修复违法失信行为以免造成融资限制，使得企业能够有充足的资金进行 ESG 责任实践活动。商事制度改革还能够促进企业的绿色技术创新，推动建设环境友好发展模式，提升企业 ESG 表现。基于上述分析内容，提出研究

---

① 自 2001 年以来，我国先后进行过 7 轮行政审批制度改革。行政审批制度改革主要是对此前实施的各类行政审批项目进行取消、整合或新立。由于此前的行政审批制度改革没有系统持续地推进，因此并没有完成真正的转型重构。而商事制度的前身是商事登记，是涉及商事主体设立、变更及终止等内容的法律制度。国家在工商行政管理部门转变政府职能的背景下和总结现代企业管理制度的基础上提出了商事制度改革。

假说1：

假说1：商事制度改革的实施有助于提升企业 ESG 表现。

（二）商事制度改革、融资约束与企业 ESG 表现

商事制度改革能够优化营商环境，促进地区金融市场的健康发展，畅通企业的融资渠道，降低企业的融资成本，营造公平稳定的融资环境，从而缓解企业的融资约束问题。营商环境的改善能够降低企业对内部现金流的依赖，降低企业融资约束（连俊华和于炳刚，2019）。金融生态环境越好，越能降低企业融资约束问题（李博勋，2021）。资金是企业发展的基础，而企业履行 ESG 责任需要大量资金支持。如果企业面临较低的融资约束，充足且低成本的资金将促进企业自觉贯彻 ESG 理念，提升 ESG 表现，获得更多社会责任资本和声誉资本，并促进企业全要素生产率的提升（陈玲芳和于海楠，2022）。相反，严重的融资约束会削弱企业履行 ESG 责任的积极性（钱明等，2017）。企业面临越大的融资约束，需要承担更高的融资成本，加大对 ESG 方面的投资会带来较高的财务和运营风险，可能会放弃一些有助于提升公司 ESG 表现的投资机会。而商事制度改革的进行降低了企业融资约束，企业融资获得更多资金进而促进企业 ESG 表现。

（三）商事制度改革、企业创新与企业 ESG 表现

商事制度改革简化登记注册流程，放宽工商登记条件，降低了企业开办和业务办理时间（黄亮雄等，2020），降低了企业交易成本（Fisman & Wang，2015；夏杰长和刘诚，2017；张莉等，2019）。伴随公司制度成本的降低，公司绿色研发与绿色创新水平会明显提升。随着商事制度改革的推进，企业用于业务办理、审批的时间会越少，企业非生产性的成本会缩减，研发创新的时间和投入会增加（张莉等，2019），从而有助于企业绿色创新水平的提升。企业绿色创新不仅是单纯的绿色技术创新，而且也是生产要素与生产条件之间新的组合，企业通过产品和技术等方面的绿色创新为提高企业 ESG 表现提供了必要的支撑。根据外部压力理论，企业不同的利益相关方会对企业施加不同程度的环境压力，为满足不同利益相关方的期望和诉求，企业会积极承担环境责任。而企业创新尤其是绿色创新是提升企业环境表现和获得可持续发展的重要战略工具，企业通过绿色产品和工艺创新，既满足环境保护要求，又能提升产品的差异化竞争优势，从而实现环境保护和企业全要素生产率提升双赢效果。可见，商事制度改革通过提升企业绿色创新与研

发投入来促进企业 ESG 表现。

（四）商事制度改革、企业进入与企业 ESG 表现

商事制度改革降低了企业进入门槛，新企业的不断加入，会加剧企业之间的竞争，企业面临被淘汰的危险，为了摆脱当下的竞争劣势，企业将借助增加创新支出，通过创新行为形成更高质量的差异化产品来使企业获得并保持竞争优势，而创新水平的提升通过上述过程又进一步促进企业 ESG 表现活动。产品市场竞争是影响企业战略和经营决策的重要外部环境，对企业具有一定的外部治理效应。一方面，从声誉假说来看，当市场竞争较为激烈时，为了规避或转嫁市场风险，企业会通过主动履行 ESG 责任来塑造良好的企业形象以便缓解市场竞争带来的风险和压力（陈志斌和王诗雨，2015）。另一方面，根据信号传递理论，企业积极履行 ESG 责任不仅能树立良好的企业形象，还能向外界传递企业经营状况良好的积极信号，从而有利于增强利益相关者的信任（杨丹和高明华，2014）。因此，为了缓解来自证券市场的外部监管压力，强竞争行业的企业倾向于通过提升企业的 ESG 表现获取持续的竞争优势。综上所述，商事制度改革通过降低企业融资约束，增加企业技术研发投入，降低企业进入门槛，促进企业进入，这三个渠道机制作用于企业 ESG 活动。基于上述分析内容，提出研究假说 2：

假说 2：商事制度改革可以通过降低企业融资约束、增加企业研发投入、扩大企业进入促进企业 ESG 表现。

三、模型构建、变量与数据

（一）模型构建

采用多期双重差分模型进行实证评估，具体模型构建如下：

$$ESG_{etc} = a_0 + a_1 policy_{ect} + \beta X_{ect} + \eta_e + \delta_c + \mu_t + \epsilon_{ect} \qquad (7-2)$$

式（7-2）中，下标 e 为 A 股上市企业，c 为城市，t 为年份，ESG_{etc} 为 A 股上市企业 ESG 表现变量，$policy_{ect}$ 为商事制度改革的虚拟变量，具体主要包含"一照一码"和"多证合一"，还有"注册资本登记制度改革"的公布时间。若某个城市某年开始实施商事制度改革，$policy_{ect}$ 赋值为 1；反之，$policy_{ect}$ 赋值为 0。X_{ect} 为城市和上市企业层面的控制变量，η_e 为企业固定效应，δ_c 为城市固定效应，μ_t 为年份固定效应，ϵ_{ect} 为扰动项。

(二) 变量选取

1. 被解释变量。采用彭博 ESG 指数在基准回归、稳健性回归和中介机制检验还有异质性分析中量化评估企业 ESG 表现情况。选用彭博 ESG 评分作为企业 ESG 表现的全要素生产率的原因有三个：一是其科学全面、数据来源可靠；二是与其他机构的评分相关性较强，提高了数据可靠性；三是样本量较大，覆盖 2011~2021 年的中国上市公司数据，比其他机构评分样本更多。以 2020 年为例，获得彭博 ESG 评级的中国上市公司达 1193 家，远超 MSCI 评分的 656 家。

2. 核心解释变量。参考（黄亮雄等，2020）的方法，以商事制度改革试点城市作为改革样本。将商事制度改革试点城市作为实验组；而其余城市为对照组。也就是式（7-2）policy 变量的设定为某城市在某年被选定为试点城市，则该城市在当年及其后年份赋值为 1；其余赋值为 0。此设定符合双重差分法的设定，而且较为清晰。

3. 控制变量。企业层面的控制变量：资产负债率（lev），借助公司期末负债总额占资产总额之比来衡量（王桂军和卢潇潇，2019）；企业资金周转能力（cashflow），借助运营活动形成的现金流量净额同总资产之比来衡量（毕青苗等，2018）；盈利能力（ROA），借助企业净利润占平均资产总额之比来评估（朱光顺等，2020）；董事规模（board），采用董事会总人数取自然对数来评估（李增福和冯柳华，2022）；独立董事比例（lndep），借助独立董事人数董事会总人数之比来衡量（罗进辉等，2023）；上市年限（listAge），采用公司上市年限加一再取自然对数来评估（胡洁等，2023）。城市层面的控制变量：外商直接投资（fdi），以实际利用外商直接投资取对数来评估（黄亮雄等，2020）；经济发展，使用各个城市人均 GDP（pgdp），并取对数来评估（黄亮雄等，2020）。

(三) 数据说明

所有数据的处理：（1）在各个城市工商局以及政府官网上，手动收集中国 286 个地级及以上城市在 2011~2021 年的商事制度改革数据，并整理与匹配上市企业所在城市实施商事制度改革的数据。（2）借鉴王桂军和卢潇潇（2019）的方法，对 2011~2021 年上市企业数据进行处理，删除了核心变量不完整以及金融类公司的样本，剔除财务异常值样本（包括总资产小于 0、净资产小于 0、资产负债率大于 1 和未正常经营样本）。（3）我们将地级及以上城市商事制度改革的相关数据与 A 股上市企业数据按上市企业所属地址相匹配，得到本书研究的实证数据。变量的描述性统计如表 7 – 10 所示。

表 7 – 10　　　　　　　　主要变量的描述性统计

变量	样本量	平均值	标准差	最小值	最大值
policy	9704	0.202	0.402	0	1
ESG	9704	28.06	7.916	9.909	68.92
lev	9704	0.481	0.199	0.0310	0.925
cashflow	9704	0.0580	0.0690	– 0.200	0.257
ROA	9704	0.0484	0.0643	– 0.398	0.254
board	9704	2.173	0.202	1.609	2.708
lndep	9704	0.376	0.0555	0.286	0.600
listAge	9704	2.487	0.673	0	3.367
fdi	9704	12.43	1.370	6.588	15.33
pgdp	9704	11.18	0.478	9.706	12.12

四、实证分析

（一）基准回归结果

计量模型中的固定效应设定会影响回归系数及其标准误（陈登科，2020）。一些情形下，在回归方程中控制不同固定效应甚至还会得到截然相反的结论。因此，为确保研究结论的可靠性，考察了不同固定效应设定对研究结论的影响，表 7 – 11 汇报了商事制度改革影响企业 ESG 的基准回归结果，其中因变量为企业 ESG，表 7 – 11 中，方程（1）~方程（3）为未考虑控制变量的估计结果；方程（4）~（6）为考虑控制变量的估计结果。其中方程（1）和方程（4）未控制个体和时间效应；方程（2）和方程（5）控制了城市与企业固定效应；方程（3）和方程（6）控制了年份、城市与企业固定效应。不难发现，无论是否加入控制变量，还是控制不同固定效应，商事制度改革（policy）的估计系数均显著为正，这说明商事制度改革的实施有助于企业开展 ESG 实践活动，提升了企业 ESG 评级指数，验证假说 1。这主要是因为：商事制度改革一方面能够促使企业开办、审批时间的减少，降低非生产性活动支出，将更多的支出配置到生产要素和科技研发上（张宽等，2023），从而有利于企业 ESG 实施动机与水平的提升；另一方面还降低了企业进入门槛，提高企业进入市场的几率，让在位企业面临更大的进入威胁和竞争压力，倒逼在位企业更新生产技术，积极开展研发创新活动（李小平和余东升，2021），并且淘汰低 ESG 的企业，最终推动企业 ESG 责任的实现。

表 7 - 11 基准回归结果

变量	(1) ESG	(2) ESG	(3) ESG	(4) ESG	(5) ESG	(6) ESG
policy	0.8748 *** (0.184)	8.3690 *** (0.289)	0.6428 ** (0.255)	0.3283 ** (0.163)	0.6912 ** (0.277)	0.6589 *** (0.256)
lev				- 2.9334 *** (0.388)	- 3.4823 *** (0.529)	- 1.8877 *** (0.472)
cashflow				16.4395 *** (1.126)	0.3818 (0.813)	0.0852 (0.722)
ROA				1.0334 (1.315)	4.8389 *** (1.017)	5.0138 *** (0.885)
board				4.5566 *** (0.397)	1.2776 ** (0.516)	1.5564 *** (0.458)
lndep				14.4864 *** (1.479)	5.1991 *** (1.548)	5.5440 *** (1.354)
listAge				1.8176 *** (0.111)	3.0839 *** (0.298)	0.4677 (0.293)
constant	27.8875 *** (0.092)	26.3548 *** (0.082)	28.1762 *** (0.062)	- 71.7540 *** (2.488)	- 153.3123 *** (4.146)	26.8880 *** (6.264)
城市控制变量	No	No	No	Yes	Yes	Yes
时间固定效应	No	No	Yes	No	No	Yes
城市固定效应	No	Yes	Yes	No	Yes	Yes
企业固定效应	No	Yes	Yes	No	Yes	Yes
R-squared	0.202	0.490	0.837	0.270	0.793	0.839
Observations	9704	9643	9643	9704	9643	9643

注：***、**、* 分别表示在 1%、5%、10% 的显著性水平，括号内数字代表城市层面聚类的稳健性标准误。

（二）稳健性检验

1. 平行趋势检验。为了保证研究结论可靠性，分别将商事制度改革的政策冲击时间提前一年、提前两年、滞后一年、滞后两年，表 7 – 12 报告了平行趋势检验回归结果。表 7 – 12 中，方程（1）~方程（3）为未考虑控制变量的估计结果；方程（4）~（6）为考虑控制变量的估计结果。其中方程（1）和方程（4）未控制个体和时间效应；方程（2）和方程（5）控制了城市与企业固定效应；方程（3）和方程（6）控制了年份、城市与企业固定效应。不难发现，无论是否加入控制变量，还是控制不同固定效应，在商事制度改革实施的前两年，$policy^{-2}$ 和 $policy^{-1}$ 的估计系数均在常规显著性水平下不显著，即平行趋势假设成立。而在商事制度改革实施的后两年，$policy^1$ 和 $policy^2$ 的估计系数均在 1% 显著性水平下显著，这说明企业 ESG 在商事制度改革实施后出现显著提升，不是由企业的事前差异引起的，本书基准回归模型中所得出的商事制度改革有助于提升企业 ESG 的结论是可信的。

表 7 –12　　　　　　　　　　　　　平行趋势检验

变量	(1) ESG	(2) ESG	(3) ESG	(4) ESG	(5) ESG	(6) ESG
$policy^{-2}$	0.3387 (0.380)	0.3268 (0.583)	0.1113 (0.435)	0.2410 (0.155)	0.4552 (0.489)	0.0214 (0.429)
$policy^{-1}$	0.2034 (0.181)	0.9815 (0.880)	0.2842 (0.349)	0.0009 (0.158)	0.2690 (0.363)	0.2495 (0.349)
$policy^1$	1.2989 *** (0.185)	8.6643 *** (0.265)	0.6302 *** (0.233)	0.6064 *** (0.165)	1.1014 *** (0.257)	0.6486 *** (0.233)
$policy^2$	1.7839 *** (0.187)	9.1220 *** (0.248)	0.6728 *** (0.222)	0.8979 *** (0.168)	1.6541 *** (0.243)	0.6673 *** (0.222)
控制变量	No	No	No	Yes	Yes	Yes
时间固定效应	No	No	Yes	No	No	Yes
城市固定效应	No	Yes	Yes	No	Yes	Yes
企业固定效应	No	Yes	Yes	No	Yes	Yes
Observations	9704	9643	9643	9704	9643	9643

注：*** 、 ** 、 * 分别表示在 1% 、 5% 、 10% 的显著性水平，括号内数字代表城市层面聚类的稳健性标准误。

　　2. 安慰剂检验。借鉴切蒂（Chetty et al. , 2009）和周茂等（2018）的方法，采用一个间接性的安慰剂检验：随机选择商事制度改革试点城市，从而对倍差项系数值产生一个错误的估计，再将这一过程重复 1000 次，也就相应地产生了 1000 个系数估计值。如果非观测因素对真实的商事制度改革"准自然实验"不存在显著影响，那么以上随机生成的"准自然实验"对企业 ESG 表现活动影响的倍差项系数值应该满足均值为 0。图 7-1 报告了 1000 次估计系数的安慰剂检验结果。不难发现，1000 次估计系数的估计值均值在 0 附近，且不超过真实值。因此，可以排除其他潜在的不可观测因素对本书企业 ESG 行为的影响，进一步证明我们的研究结论是稳健的。

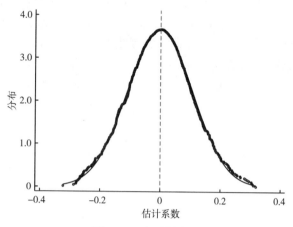

图 7-1　安慰剂检验

3. PSM-DID。为尽量剔除选择性偏差所产生的不利影响，利用 PSM 匹配方法，解决两组企业在个体特征上的系统性差异。采用一对一的有放回近邻匹配法对两组样本进行匹配，得到 Logit 的回归结果，发现实验组处理效应（ATT）的估计值为 0.4108，t 值为 3.71，在 1% 的显著性水平下显著，说明匹配后处理组和控制组之间的结果变量存在显著差异，间接表明商事制度改革能显著提升企业 ESG 水平。表 7-13 报告了 PSM-DID 的估计结果，表 7-13 中，方程（1）~方程（6）商事制度改革（policy）的估计系数均显著为正，与表 7-11 中与 DID 的估计结果并无显著差异，这说明在控制样本选择性偏差（即 PSM 匹配）后，商事制度改革的实施仍然有助于促进企业 ESG 表现活动，再次支持了基准回归中的结论。

表 7-13　　　　　　　　　　　**PSM-DID 回归结果**

变量	(1) *ESG*	(2) *ESG*	(3) *ESG*	(4) *ESG*	(5) *ESG*	(6) *ESG*
policy	0.8759 *** (0.184)	8.3690 *** (0.289)	0.6456 ** (0.255)	1.0033 *** (0.177)	2.1739 *** (0.333)	0.6307 ** (0.255)

续表

变量	（1） ESG	（2） ESG	（3） ESG	（4） ESG	（5） ESG	（6） ESG
lev				2.4381 *** （0.430）	−7.0928 *** （0.657）	−1.9770 *** （0.473）
cashflow				18.2521 *** （1.237）	2.3429 ** （0.947）	0.2920 （0.721）
ROA				1.6479 （1.362）	0.2992 （1.115）	4.4699 *** （0.841）
board				2.4349 *** （0.464）	0.4273 （0.633）	1.7150 *** （0.469）
lndep				15.9336 *** （1.795）	7.9211 *** （1.937）	6.1504 *** （1.404）
listAge				2.1207 *** （0.123）	13.8233 *** （0.253）	0.4706 （0.295）
constant	27.8864 *** （0.093）	26.3461 *** （0.083）	28.1769 *** （0.062）	9.0105 *** （1.476）	−7.5088 *** （2.090）	21.6842 *** （1.580）
城市控制变量	No	No	No	Yes	Yes	Yes
时间固定效应	No	No	Yes	No	No	Yes
城市固定效应	No	Yes	Yes	No	Yes	Yes
企业固定效应	No	Yes	Yes	No	Yes	Yes
ATT					0.4108 ［3.71］	
R-squared	0.213	0.491	0.837	0.271	0.714	0.839
Observations	9659	9597	9597	9659	9597	9597

注：***、**、*分别表示在1%、5%、10%的显著性水平，括号内数字代表城市层面聚类的稳健性标准误，方括号内数字代表 Z 值。

（三）内生性处理

为克服模型潜在的内生性问题，进一步采用工具变量法（IV）来缓解模型中的内生性问题。主要做法是地区互联网普及率（Internet）作为商事制度改革（policy）的工具变量。选取的理由有两点：第一，在互联网信息时代，地区的互联网普及率越高意味着信息在当地的传播速度更快，商事制度改革的一个重要举措是推动"电子政务"以及"无纸化办公"，地区互联网普及率越高，其商事制度改革的真正受惠面将更广。此外，从政府效率的角度，一个地区信息技术设施条件越好，其对微观经济主体的诉求与需求响应时间更短，商事制度改革效果越好。第二，地区互联网普及率是一个宏观层面的经济变量，主要用来反映地区通信基础设施状况，并不会直接影响微观企业 ESG 表现，满足工具变量外生性要求。利用两阶段最小二乘法对两组样本进行估计，估计结果见表 7 - 14。表 7 - 14 中 internet 为工具变量，第一阶段回归中的 internet 回归系数在 1% 的显著性水平下显著，说明地区互联网普及率越高企业所在城市的商事制度改革效果越好。表 7 - 14 中，最后两项 Wald 和 LM 统计量对应的 P 值均远小于 1%，这说明工具变量与原内生变量高度相关，且不存在不可识别和弱工具变量的问题。第二阶段回归中 policy 的系数在 1% 的显著性水平下显著为正，这表明在缓解了政策实施可能存在的内生性问题后，商事制度改革依然提升了企业 ESG。

表 7 - 14　　　　　　　　　　　内生性处理的估计结果

变量	第一阶段回归 （1） Policy	第二阶段回归 （2） ESG
internet	0.7355 *** (0.254)	
policy		0.6722 *** (0.221)
控制变量	Yes	Yes
R-squared	0.458	0.663
样本数	9704	9704
Kleibbergen-Paap Wald	867.39 *** [0.000]	
Kleibbergen-Paap LM	425.66 *** [0.000]	

注：***、**、* 分别表示在 1%、5%、10% 的显著性水平，括号内数字为稳健性标准误，方括号内数字为 P 值。

（四）影响机制检验

正如前文所分析的，商事制度改革将通过三个渠道来影响企业的创新。有鉴于此，借鉴王永进和冯笑（2018）的方法，构造中介效应检验模型来识别商事制度改革对企业 ESG 表现的作用机制，检验模型设计如下：

$$ESG_{etc} = a_0 + a_1 policy_{ect} + X_{ect} + \eta_1 + \delta_1 + \mu_1 + \epsilon_1$$

$$M_{etc} = \vartheta_0 + \vartheta_1 policy_{ect} + X_{ect} + \eta_2 + \delta_2 + \mu_2 + \epsilon_2 \qquad (7-3)$$

$$ESG_{etc} = \tau_0 + \tau_1 policy_{ect} + \tau_2 M_{etc} + X_{ect} + \eta_3 + \delta_3 + \mu_3 + \epsilon_3$$

其中，下标 e 为 A 股上市企业，c 为城市，t 为年份，ESG_{etc} 为 A 股上市企业 ESG 表现变量，$policy_{ect}$ 为商事制度改革的虚拟变量，若某个城市某年开始实施商事制度改革，$policy_{ect}$ 赋值为 1；反之，$policy_{ect}$ 赋值为 0。M_{etc} 表示中介机制变量，分别为融资约束、企业创新与企业进入变量。融资约束（KZ），采用的是由卡普兰和津加莱斯（Kaplan & Zingales，1997）提出的 KZ 指数，根据企业经营性净现金流、现金股利、现金持有、资产负债率和 Tobin's Q 等财务指标构建，得到学界的广泛认可①。企业创新（lnnov），使用企业研发投入来衡量。企业进入（entry），若企业在某年是新进入企业，则将企业进入变量定义为 1；反之则定义为 0。η_e 为企业固定效应，δ_c 为城市固定效应，μ_t 为年份固定效应，ϵ_{ect} 为扰动项。

表 7-15 报告了商事制度改革影响企业 ESG 表现的中间机制检验结果，表 7-15 中，方程（1）为基准回归结果，方程（2）中商事制度改革（policy）估计系数显著为负，这说明商事制度改革能够显著降低企业融资约束程度，方程（3）中融资约束（KZ）的估计系数也显著为负，这说明融资约束的降低能显著提升企业 ESG 水平。可见，商事制度改革的实施降低了企业融资约束，企业能够更多地获得资金来经营发展，也有更强的意愿实践 ESG 责任，进而体现出更好的企业 ESG 表现。方程（4）中商事制度改革（policy）估计系数显著为正，这说明商事制度改革显著促进了企业创新，方程（5）中企业创新（lnnov）的估计系数也显著为正，这说明企业创新水平的提升显著促进了企业 ESG 表现。这是因为商事制度改革降低了企业非生产性成本（李小平和余东升，2021），有助于扩大企业创新研发投入（张莉等，2019），从而促进企业 ESG 表现。方程（6）中商事制度改革（policy）估计系数显著为正，这说明商事制度改革显著促进了企业进入率的增加，方程（7）中企业进入（entry）的估计系数也显著为正，这说明企业进入率的增加显著促进了企业 ESG 表现。这是因为企业进入数量增加，企业之间竞争加剧倒逼企业

---

① WW 指数通过欧拉投资等式估计得出，较适用于发达国家的资本市场，而中国资本市场发展尚不成熟，该指数的有效性和适用性还有待考量。SA 指数仅以企业规模和成立年限计算得出，可能无法有效度量企业融资约束程度（Halock & Pierce，2010）。

在环境、社会方面责任投入加深以此获得社会、政府、消费者的认可，从而推动企业竞争能力提升，最终推动了企业在 ESG 方面的实践。综上所述，商事制度改革的实施有助于企业降低融资约束，增加研发投入，提高企业进入率，从而促进 ESG 水平的提升，验证假说 2。

表 7 – 15　　　　　　　　　　　　影响机制检验

变量	(1) ESG	(2) KZ	(3) ESG	(4) Innov	(5) ESG	(6) Entry	(7) ESG
policy	0.6589 *** (0.256)	– 0.0161 *** (0.023)	0.6595 *** (0.255)	0.3727 *** (0.139)	0.6750 *** (0.256)	0.0213 *** (0.003)	0.6578 ** (0.255)
KZ			– 0.0696 * (0.036)				
lnnov				0.0433 ** (0.020)			
entry							0.7884 *** (0.105)
lev	– 1.8877 *** (0.472)	6.0902 *** (0.178)	– 1.3614 *** (0.507)	– 1.9960 *** (0.586)	– 1.8012 *** (0.474)	0.0282 *** (0.008)	– 1.8655 *** (0.471)
cashflow	0.0852 (0.722)	– 13.1438 *** (0.236)	– 0.8158 (0.872)	– 0.7191 * (0.377)	0.1163 (0.723)	0.0023 (0.011)	0.0870 (0.722)
ROA	5.0138 *** (0.885)	– 5.9355 *** (0.349)	4.3833 *** (0.905)	– 6.6353 *** (0.870)	5.3012 *** (0.898)	0.0063 (0.015)	5.0187 *** (0.885)
board	1.5564 *** (0.458)	– 0.3068 ** (0.138)	1.5674 *** (0.460)	– 0.4725 * (0.243)	1.5768 *** (0.459)	– 0.0014 (0.007)	1.5552 *** (0.458)
lndep	5.5440 *** (1.354)	0.0537 (0.363)	5.4978 *** (1.354)	– 1.4345 ** (0.626)	5.6062 *** (1.353)	– 0.0079 (0.020)	5.5378 *** (1.353)
listAge	0.4677 (0.293)	1.1873 *** (0.084)	0.3729 (0.308)	– 0.2167 (0.153)	0.4771 (0.293)	– 0.1577 *** (0.019)	0.3434 (0.302)
constant	26.8880 *** (6.264)	– 6.6364 *** (1.815)	26.6395 *** (6.273)	8.6817 *** (2.984)	26.5119 *** (6.266)	0.4914 *** (0.096)	27.2754 *** (6.264)
城市控制变量	Yes	Yes	Yes	Yes	Yes	Yes	Yes
时间固定效应	Yes	Yes	Yes	Yes	Yes	Yes	Yes
城市固定效应	Yes	Yes	Yes	Yes	Yes	Yes	Yes
企业固定效应	Yes	Yes	Yes	Yes	Yes	Yes	Yes
R-squared	0.839	0.848	0.839	0.863	0.839	0.377	0.839
Observations	9643	9643	9643	9643	9643	9643	9643

注：***、**、* 分别表示在 1%、5%、10% 的显著性水平上，括号内数字代表城市层面聚类的稳健性标准误。

（五）异质性分析

1. 区分产权性质。表 7 - 16 报告了商事制度改革对国有企业和民营企业 ESG 分样本的异质性回归结果。表 7 - 16 中，方程（1）和方程（2）是国有企业的估计结果，商事制度改革（policy）的估计系数均显著为正，这说明商事制度改革促进了国有企业 ESG 表现。方程（3）和方程（4）是民营企业的估计结果，商事制度改革的估计系数为正，但均不显著，这说明商事制度改革对民营企业 ESG 的正向影响不显著。这主要的原因可能是：一方面，国有企业与政府之间存在紧密的联系，具有一定的政府背景和资源优势，在某种程度上可以获得政府的关注和支持，并且更容易获得政府给予的资金、资源等方面的优惠，这些优势可以让国有企业比民营企业更加容易地参与环保和社会责任投入。另一方面，国有企业的治理结构相对比较完善，管理制度比较规范严谨，随着商事制度改革的深入推进，国有企业透明度逐渐提升，信息披露也越来越广泛，这使得国有企业的 ESG 实践活动相较民营企业能够得到更多的外界认可和支持。

表 7 - 16　　　　　　　　　**区分产权性质的异质性估计结果**

变量	(1) 国有 ESG	(2) 国有 ESG	(3) 民营 ESG	(4) 民营 ESG
policy	8.8937 ***	1.1609 ***	0.2913	0.2820
	(0.354)	(0.331)	(0.482)	(0.465)
lev		- 3.7786 ***		- 2.7902 ***
		(0.809)		(0.753)
cashflow		2.9701 **		- 1.2884
		(1.177)		(1.137)
ROA		0.9218		5.8973 ***
		(1.817)		(1.244)
board		1.6697 **		1.1211
		(0.668)		(0.852)
lndep		6.6674 ***		2.5240
		(1.894)		(2.662)
listAge		4.8899 ***		2.3224 ***
		(0.568)		(0.366)

变量	(1) 国有 *ESG*	(2) 国有 *ESG*	(3) 民营 *ESG*	(4) 民营 *ESG*
constant	27. 3639 *** (0. 105)	– 147. 7431 *** (5. 515)	25. 5820 *** (0. 139)	– 156. 3268 *** (6. 702)
城市控制变量	No	Yes	No	Yes
时间固定效应	Yes	Yes	Yes	Yes
城市固定效应	Yes	Yes	Yes	Yes
企业固定效应	Yes	Yes	Yes	Yes
R-squared	0. 511	0. 816	0. 494	0. 774
Observations	4731	4731	4912	4912

注：*** 、** 、* 分别表示在 1% 、5% 、10% 的显著性水平上，括号内数字代表城市层面聚类的稳健性标准误。

2. 区分行业技术差异。进一步借鉴李小平和余东升（2021）的方法，将上市企业样本分为高技术行业企业和低技术行业企业，考察商事制度改革对高、低技术企业 ESG 表现行为的异质性影响。其异质性估计结果见表 7 – 17。表 7 – 17 中，方程（1）和方程（2）是高技术行业的估计结果，商事制度改革（*policy*）的估计系数均显著为正，这说明商事制度改革促进了高技术行业企业 ESG 表现。方程（3）和方程（4）是低技术行业的估计结果，商事制度改革的估计系数为正，但均不显著，这说明商事制度改革对低技术行业企业 ESG 的正向影响不显著。这主要是因为：对于高技术行业企业而言，其研发投入相对较大，且会涉及知识产权等法律问题，商事制度改革能够降低高技术行业企业在知识产权保护、合同执行等方面的交易成本，提高市场竞争能力，同时也有利于企业更好地管理内部治理和社会责任，促进可持续发展和环保措施的落实。然而，对于低技术行业企业而言，低技术行业企业的产品或服务往往价格较低，市场竞争较为激烈，企业利润空间较小，使得在落实 ESG 方面的投入相对有限。因此，商事制度改革对低技术行业企业 ESG 表现的正向推动作用还未显现。

表7-17 区分行业技术差异的估计结果

变量	（1） 高技术 *ESG*	（2） 高技术 *ESG*	（3） 低技术 *ESG*	（4） 低技术 *ESG*
policy	8.0850 *** (0.590)	1.0358 ** (0.511)	0.4848 (0.371)	0.4121 (0.370)
lev		-2.8331 *** (0.956)		-4.1136 *** (0.694)
cashflow		-1.6812 (1.581)		1.2593 (0.990)
ROA		4.2502 ** (1.675)		4.1904 *** (1.417)
board		-1.2968 (1.130)		1.7086 *** (0.622)
lndep		2.6408 (3.460)		5.4245 *** (1.846)
listAge		2.9288 *** (0.487)		3.0215 *** (0.434)
constant	25.6649 *** (0.166)	-141.0341 *** (8.539)	27.0292 *** (0.102)	-156.0471 *** (5.103)
城市控制变量	No	Yes	No	Yes
时间固定效应	Yes	Yes	Yes	Yes
城市固定效应	Yes	Yes	Yes	Yes
企业固定效应	Yes	Yes	Yes	Yes
R-squared	0.518	0.787	0.546	0.818
Observations	3832	3832	5811	5811

注：***、**、*分别表示在1%、5%、10%的显著性水平上，括号内数字代表城市层面聚类的稳健性标准误。

3. 区分行业污染程度差异。进一步根据中国证监会2012年修订的《上市公司行业分类指引》为标准，将上市企业样本区分高污染行业企业与低污染行业企业，考察商事制度改革对高、低污染行业企业ESG表现行为的异质性影响，估计结果见表7-18。表7-18中，方程（1）和（2）是高污染行业的估计结果，商事制度改革（*policy*）的估计系数均显著为正，这说明商事制度改革促进了高污染行业企业 ESG 表现。方程（3）和（4）是低污染行业的估计结果，商事制度改革的估计系数为正，但均不显著，这说明商事制度改革对低污染行业企业 ESG 的正向影响不显著。这主要是因为：一方面，低污染行业企业相较高污染行业企业面临的环境压力和社会责任要求相对较少，在环保、社会责任等方面需要投入的资源相对较少，因此，商事制度改革对低污染行业企业 ESG 的促进作用相对较小。另一方面，低污染行业企业相较高污染行业企业面临危险或可能被政府惩罚的风险水平较低（包括经济、环境、政策等方面）。因此，对企业进行管理和约束的需要就比较低，使得商事制度改革对其 ESG 实践活动的促进作用也相对较小。

表 7 - 18　　　　　　　　　区分行业污染程度差异的估计结果

变量	(1) 高污染 ESG	(2) 高污染 ESG	(3) 低污染 ESG	(4) 低污染 ESG
policy	9. 4937 *** (0. 442)	1. 2583 *** (0. 441)	0. 3258 (0. 372)	0. 3472 (0. 351)
lev		− 4. 3790 *** (0. 928)		− 2. 8922 *** (0. 641)
cashflow		− 0. 9927 (1. 624)		0. 9069 (0. 928)
ROA		5. 8638 *** (1. 827)		3. 9949 *** (1. 233)
board		1. 3456 (0. 985)		1. 2544 ** (0. 588)
lndep		5. 2860 * (2. 848)		5. 0767 *** (1. 796)
listAge		3. 4906 *** (0. 544)		3. 0027 *** (0. 357)
constant	26. 8728 *** (0. 129)	− 161. 3903 *** (7. 304)	26. 1439 *** (0. 107)	− 147. 4181 *** (5. 014)
城市控制变量	No	Yes	No	Yes
时间固定效应	Yes	Yes	Yes	Yes
城市固定效应	Yes	Yes	Yes	Yes
企业固定效应	Yes	Yes	Yes	Yes
R-squared	0. 486	0. 799	0. 493	0. 790
Observations	3239	3239	6404	6404

注：***、**、*分别表示在1%、5%、10%的显著性水平上，括号内数字代表城市层面聚类的稳健性标准误。

五、结论与政策启示

鲜有文献对新一轮的审批改革——商事制度改革的企业微观经济效应进行定量分析。鉴于此，以商事制度改革为"准自然实验"，在手工收集的中国商事制度改革数据与2011～2021年A股上市公司企业数据的基础上，深入考察了商事制度改革对企业ESG表现的影响。研究发现，商事制度改革的实施有助于提升企业ESG表现。在缓解非平行趋势、控制样本选择偏差、安慰剂检验、内生性处理之后，本书的研究结论依然不变。其次，商事制度改革的实施有助于企业降低融资约束，增加研发投入，提高企业进入率，从而促进ESG水平的提升。最后，商事制度改革对企业ESG表现的政策效果存在异质性。具体表现为，商事制度改革对国有企业、高技术行业企业以及高污染行业企业的ESG表现的促进作用更大。

根据研究结论，得到以下几点政策启示：（1）持续深化商事制度改革，加强政府权力清单制度等改革的互补性，最大限度地减少政府对市场的干预，进一步释放制度活力，增强企业社会责任心，提升企业ESG表现。（2）加快推进ESG体系建设，持续为企业提供更为优越与公平公正的营商与准入环境，深化金融企业改革，完善融资支持、财税优惠等配套措施，拓宽企业融资渠道，切实降低企业负担，促进企业进入几率，优化企业运营模式和生产工艺，提高产品和服务的环保性和社会责任性，不断追求实现更加广泛的社会价值，促进企业提升现代绿色治理水平。（3）商事制度改革的推进要紧密结合企业异质性，分类施策、精准发力。鉴于民营企业与低污染行业企业ESG对商事制度改革不敏感，政府部门应该采取透明、公正、公平的商业环境作为商事制度改革的基础，从而为所有企业提供更加公正的商业环境。具体来说，政府一方面应该加大对民营企业的监管和约束力度，防止出现失信等情况，推动民营企业履行其社会责任；另一方面可以与低污染行业企业签署合作协议，鼓励企业参与环保和社会责任项目，并提供相关的技术支持和资金支持，提升企业ESG水平。对于高技术企业而言，应进一步减少技术审批程序，降低制度性交易成本，减少企业ESG表现的压力。

第八章

主要结论与思考

本章对上述研究内容进行梳理，归纳和概括出本书的主要研究结论，在此基础上，联系当前中国民营企业发展面临较高制度性交易成本的实际，提出相应的思考与建议。

第一节　主要结论

制度性交易成本的高低是阻碍企业进入退出与发展的关键因素，民营企业对制度性交易成本的作用最为敏感，制度性交易成本的降低决定着未来民营企业经济发展的潜力释放，消除制度障碍大力发展民营企业，是转换经济增长动力的重要举措。本书从区域和行业两个层面分别研究了制度性交易成本对企业进入退出的影响，然后以民营企业为例，说明制度性交易成本对民营企业全要素生产率及民营企业创新的影响及作用机制，旨在研究不同区域间与不同行业间的制度性交易成本差异导致的民营企业全要素生产率和创新水平的差异。首先，从理论上阐释产生制度性交易成本的主要原因是经济发展中特殊制度的存在。特殊制度对于经济中的不同群体具有不同的适用性，使企业在进入退出和发展过程中面临着有限准入社会秩序与竞争非中性问题，增加了企业的交易成本，从而产生制度性交易成本。总结制度性交易成本的概念，并构建指标进行地区和行业层面制度性交易成本的测度。其次，构建理论框架，分析制度性交易成本通过影响企业进入退出行为从而影响企业全要素生产率和创新的具体理论机制。再次，构建计量模型进行实证验证分析，检验制度性交易成本影响企业进入退出行为，并以民营企业为例，研究制度性交易成本对民营企业高质量发展的影响及作用机制，并解释不同区域和不同行业间制度性交易成本对民营企业高质量发展的作用机制和影响差异。最后，在上述理论分析和实证结论的基础上，探讨降低制度性交易成本以及真正促进民营企业高质量发展的制度改革路径，并提出未来进一步研究动向。

本书得出的主要结论如下：

第一，通过对制度性交易成本的概念界定，参考以往主流评价体系，从区域层面构建指标测度了 2002～2017 年中国 30 个省份的制度性交易成本及全国总体的制度性交易成本。纵观全国与各地区的制度性交易成本变化趋势，可以发现，2008 年以前制度性交易成本下降较快；2008 年之后制度性交易成本难以下降，甚至还有轻微上升，大致保持在固定的水平。具体而言，我国制度性交易成本主要在公共设施成本方面的下降幅度较大，而在政府干预程度方面的制度性交易成本较高，下降较困难，同时在要素市场干预、知识产权保护以及法治水平方面仍有很大的改善空间。从地区发展来看，我国的制度性交易成本存在地区间差异。东部地区制度性交易成本较低，且下降幅度较大；中部地区制度性交易成本适中；而在经济欠发达的西部地区和东北地区制度性交易成本较高，其中西部地区的下降幅度最大，东北地区的制度性交易成本下降幅度最小。

从行业层面对制度性交易成本进行测度，总体上看，2012～2017 年，我国行业制度性交易成本得到大幅下降，呈下降趋势；但从 2015 年开始，行业制度性交易成本下降缓慢，较为固定。从不同行业来看，我国不同行业间的制度性交易成本存在较大差异。高制度性交易成本行业主要是一些资源垄断性行业和涉及意识形态、国家安全的政府管控较多的行业；低制度性交易成本较多是属于竞争性领域的行业，例如一些传统的竞争性行业和新兴服务业。从不同行业制度性交易成本的变化趋势来看，可以发现，信息传输、软件和信息技术服务业，制造业，批发和零售业这三类行业自身的制度性交易成本较低，制度性交易成本的下降幅度也较大；教育，农、林、牧、渔业，水利、环境和公共设施管理业这三类行业本身制度性交易成本较高，而下降幅度却都较小。

第二，地区和行业制度性交易成本均显著负向影响企业的进入退出，制度性交易成本的存在，扭曲了优胜劣汰的竞争机制，阻碍企业的自由进入和退出。制度性交易成本对企业进入退出的影响具有区域差异。在东部、中部和东北三个区域中，制度性交易成本显著负向影响企业进入率，而在西部地区影响不显著；只有在东部地区，制度性交易成本对企业退出率的影响显著为负。制度性交易成本对企业进入退出的影响具有行业差异。在高制度性交易成本的行业，制度性交易成本对企业进入率影响不显著，而在低制度性交易成本的行业中，制度性交易成本对企业进入率具有显著负向影响；不管是在高制度性交易成本的行业还是在低制度性交易成本的行业，制度性交易成本对企业退出率的影响都显著为负，同时低制度性交易成本行业对企业退出率的影响要大于高制度性交易成本行业。

第三，地区和行业制度性交易成本均对民营企业全要素生产率具有显著负向影响。

首先，分区域来看，东部、西部和东北地区制度性交易成本对民营企业全要素生产率存在显著负向影响；东北地区制度性交易成本对民营企业全要素生产率的影响为负，但不显著。地区制度性交易成本对不同全要素生产率民营企业的影响具有差异性，地区制度性交易成本显著负向影响高生产率民营企业的全要素生产率，对低生产率民营企业的影响不显著，降低地区制度性交易成本能使高生产率的民营企业将资本更多地投入到科技研发中，从而提高民营企业全要素生产率。在地区制度性交易成本影响民营企业全要素生产率的过程中，民营企业进入发挥部分中介效应。降低地区制度性交易成本，可以促进民营企业进入，从而加剧市场竞争，促进民营企业全要素生产率的提高。而分地区异质性的研究中，只有东部地区和中部地区，存在地区制度性交易成本通过影响民营企业进入从而影响民营企业全要素生产率的中介机制；在西部地区和东北地区民营企业进入的中介机制不存在，地区制度性交易成本可能通过其他机制影响民营企业全要素生产率。

然后，行业制度性交易成本对民营企业全要素生产率具有显著负向影响。制度性交易成本对民营企业全要素生产率的影响具有行业差异，制度性交易成本对低制度性交易成本行业的民营企业全要素生产率的影响大于高制度性交易成本行业的民营企业全要素生产率的影响。行业制度性交易成本对低全要素生产率的民营企业全要素生产率的影响大于高全要素生产率的民营企业全要素生产率的影响。全部样本结果显示，存在行业制度性交易成本通过影响民营企业进入从而影响民营企业全要素生产率的中介机制。分行业异质性的检验证明，在制度性交易成本高的行业中，民营企业进入中介效应不存在，制度性交易成本可能通过其他机制影响民营企业全要素生产率；而在制度性交易成本较低的行业中，民营企业发挥部分中介效应，降低行业制度性交易成本，可以促进民营企业进入，从而加剧市场竞争，促进低制度性交易成本行业中民营企业全要素生产率的提高。

第四，地区和行业制度性交易成本均显著负向影响民营企业创新。

首先，地区制度性交易成本对民营企业创新具有显著的负向影响，地区层面的制度性交易成本越高，越不利于民营企业创新水平的提高。中介机制检验表明，制度性交易成本通过促进民营企业进入而促进民营企业创新水平的提升。制度性交易成本影响民营企业创新发展具有区域差异，东部、中部地区制度性交易成本对民营企业创新存在显著负向影响；西部和东北地区制度性交易成本对民营企业创新的影响为负，但不显著。制度性交易成本对不同融资约束民营企业研发创新会的影响也不同，制度性交易成本对高融资约束民营企业研发创新存在显著的负向影响；对低融资约束民营企业研发创新的影响不明显。制度性交易成本对不同类型的申请专利的影响具有差异，制度性交易成本对实用型专利和外观设计专利存在显著的负向影响；而对发明专利的影响作用不明显。

然后，行业制度性交易成本对民营企业创新具有显著的负向影响。中介机制检验表明制度性交易成本通过民营企业进入这一中介机制来影响民营企业创新。制度性交易成本对民营企业创新水平的影响具有行业差异，高技术行业制度性交易成本对民营企业创新存在显著负向影响；低技术行业制度性交易成本对民营企业创新的影响为负，但不显著。行业制度性交易成本对不同融资约束民营企业研发创新的影响具有差异，行业制度性交易成本对高融资约束民营企业研发创新存在显著的负向影响；对低融资约束民营企业研发创新的影响不明显。

第五，商事制度改革是降低制度性交易成本的重要举措，本书以具体的商事制度改革为例进行分析。首先，研究了商事制度改革对企业全要素生产率的影响，结果表明商事制度改革有助于企业全要生产率水平的提升。中介机制表明商事制度改革对企业全要素生产率的促进作用主要来源于制度性交易成本的降低。商事制度改革对企业全要素生产率的政策效果存在异质性，对中小微型企业和高融资约束企业的促进作用更大。然后，考察了商事制度改革对企业 ESG 表现的影响。研究发现，商事制度改革的实施有助于提升企业 ESG 表现。商事制度改革的实施有助于企业降低融资约束，增加研发投入，提高企业进入率，从而促进 ESG 水平的提升。商事制度改革对企业 ESG 表现的政策效果存在异质性，具体表现为，商事制度改革对国有企业、高技术行业企业以及高污染行业企业的 ESG 表现的促进作用更大。

第二节　思考与建议

本书前六章内容进行了制度性交易成本的界定、测度和经济效应分析。

在理论分析和实证结论的基础上，探讨降低制度性交易成本以及真正促进民营企业发展的制度改革路径。

制度性交易成本是因为制度供给的特殊性造成的，而政府制度供给背后的逻辑在于政府制度供给者在经济人假设之下的逐利行为。假设，政府官员是追求自身利益最大化的理性经济人，他们会本能地追求权力、地位、选票和预算拨款等。政府制度供给主体是一个人或一种少数个人的特权组织，在缺乏竞争以及没有第三方权力监督情况下，必然会存在政府与市场关系边界不清、政府权力缺乏制约、机会主义行为泛滥等问题，政府在市场运行过程中表现出不当干预的"越位""错位"与"缺位"现象，产生特殊制度，增加制度性交易成本。政府权力太大就无法做到对私有产权的有效保护，而能对私有产权进行有效保护的政府一方面权力必须受到限制；另一方面权力又不能太小，必须能够提供足够的公共产品和司法保护。政府与市场的边界是否清楚，决定了政府在市场经济中发挥的作用是否恰当，是产生特殊制度还是普遍制度，制度性交易成本是高还是低。制度性交易成本反映了政府与市场的关系，是一种非市场交易成本。当政府权力没有受到限制例如法治未能约束政府、政府规模不断扩大、政府实施寻租腐败等"掠夺之手"行为时，就会产生建立在人格化交易基础上适用于特殊人群的制度，这类特殊制度所产生的成本就是制度性交易成本；而政府权力受到限制时的政府与市场的关系会产生建立在非人格化交易基础上对所有人都适用的普遍制度，制度性交易成本可以忽略不计。普遍制度与特殊制度的制度性质分类可以将制度对交易成本的影响纳入一个分析框架，能降低交易成本的制度是普遍制度；而特殊制度却会增加交易成本，从而产生制度性交易成本。新制度经济学理论中提到的制度能降低交易费用是建立在成熟的市场经济国家基础之上的，其中能降低交易费用的制度是普遍制度；而我国的改革是渐进式的改革，政府与市场的关系尚未厘清，政府权力没有受到限制，所以特殊制度较多，制度性交易成本较高。

我国经济发展中特殊制度的存在是造成企业制度性交易成本过高的原因，尤其是在企业准入、要素市场、产权保护等方面存在着大量的特殊制度。制度性交易成本体现在企业进入、经营发展和退出过程的整个生命周期内所面临的不合理或不公平的外部制度环境中，如过高的准入壁垒、过多的要素市场管制、不公平的产权保护等制度。这些制度都属于特殊制度，对于经济中的不同群体具有不同的适用性，尤其是民营企业在进入市场、获取发展所需要的生产要素、获取公平的产权和法律保障时，面临着有限准入社会秩序与竞争非中性问题。这将会给企业带来巨大的交易成本，也就是过高的制度性交易成本。一方面包括这些特殊制度本身所带来的交易成本；另一方面包括为突破这些制度约束障碍向制度实施主体贿赂而增加的额外交易成本。例如，企业在进入市场中面临制度限制时所花费的排队时间和成本；企业因为产权和法律保障不足而增加的产权保护成本、界定和实施契约的成本以及信息搜寻成本等；企业增加支出与政府打交道以获取政策上的便利而造成的"影子"交易成本。制度性交易成本给企业发展造成了额外的负担，高制度性交易成本使许多潜在的企业无法真正进入市场，也扭曲了市场竞争机制，不利于企业的退出。制度性交易成本是约束民营企业发展的重要因素，高制度性交易成本不利于民营企业高质量发展即民营企业全要素生产率和创新水平的提高，并且通过影响民营企业进入来影响其全要素生产率和创新水平。

在当前打通国内经济大循环的背景下，突破供给约束、扩大内需显得尤为重要。供给侧结构性改革提出降低制度性交易成本是中国特色社会主义政治经济学的一大贡献。制度性交易成本这一范畴不同于交易成本，是西方交易成本概念与中国改革实践相结合的产物，是中国供给侧结构性改革中的理论创新。研究制度性交易成本的产生及其影响民营企业发展的经济效应，有利于从根本上寻找促进民营企业发展的制度因素与改革路径。发展民营企业最重要的是优化制约民营经济发展的制度环境，降低制度性交易成本。制度性交易成本给企业和经济发展造成了额外的负担，是应予以降低和消除的成本。制度性交易成本是因为制度供给的特殊性而造成的，是特殊制度引起的交易成本。

降低制度性交易成本的对策可以从特殊制度的产生和特殊制度向普遍制度的转变这两方面思路来思考。降低制度性交易成本必须要厘清政府和市场的边界，更好地发挥有限、有效的政府在市场经济中的作用。有限、有效的政府对于有效制度的供给以及经济长期发展至关重要，有效的制度就是能客观公正地适用于所有经济主体的普遍制度，能保护并促进与生产创新紧密相关的私人产权的制度。因此，制度性交易成本的降低主要有赖于政府转变职能，简政放权，实施公共制度的改革与创新，将特殊制度逐渐转向普遍制度，为更多企业的生产和经营创造更加公平、更加安全的制度和保障。降低制度性交易成本实质上就是约束政府权力，优化政府与市场的关系，使特殊制度转向普遍制度，以实现制度的有效供给。降低制度性交易成本可以根据"优化制度性交易主体（政府机构）——改革制度性交易行为（政府规制）——深化制度性交易环境（市场体系）"这一思路来寻求具体对策。本章主要从商事制度改革、法治政府建设、要素市场化改革、实施竞争中性原则这四方面进行分析。

具体可以从以下几方面提出降低制度性交易成本的对策：

一、简政放权，推进"放管服"改革，进一步深化商事制度改革

制度性交易成本降低的前提在于简政放权、加强"放管服"改革、减少竞争型企业间的行政审批事项，削减不必要的行政负担。要做到权力下放，需要不断推进放管服改革，优化行政审批程序，放管结合、简政放权、简化审批环节、优化服务改革、减少企业行政审批事项。健全权力下放的督查、检查机制，做好权力下放、对接与利用的第三方评估。构建全过程、开放型、现代化的政府监管体制，创新监管方式，加强对放权事项的监管。建立起服务型政府，需要通过深化行政审批制度改革、行政管理制度改革等，转变地方政府职能，减少因越位、缺位、补位等现象发生。围绕补位和升级，优化公共服务、加快为市场主体创造公平竞争秩序，大幅降低企业制度性交易成本。

要做到简化行政审批事项，一是全面加大"放管服"改革的力度，进一步提升体制改革的协调性，综合提升政府的服务能力，为社会公众提供便捷的服务。通过简政放权等相关制度改革帮助促进市场的有序运转，以政府服务能力的提升转化为制度性交易成本的降低，解决现实中出现的越位、缺位等相关现象，为企业创设良好的制度营商环境。二是深层推进行政审批等相关制度改革，取消和减少当前制约企业发展、市场经济活力的行政审批事项，以便对市场和企业简政放权。针对当前出现的市场准入难度较大、民间投资下降等相关问题，有必要健全企业监管、项目投资等相关制度，建立一套企业投资项目清单。降低民营企业的市场准入难度系数，在以能源、电力为代表的公用事业和基础设施建设相关领域，允许民营社会资本进入这一类公共服务领域。

不断推进"放管服"改革与商事制度改革，继续简政放权，优化政府职能。对行政审批环节进行流程优化和再造，不断推进针对工商登记注册制度、市场监管和市场退出的改革，更好地厘清政府、市场和社会权利边界。对市场主体资格和登记类的审批进行放权，压缩申请开办企业的行政审批时间，降低市场准入门槛。同时，不断推进资本市场注册制改革，缩减企业上市程序和时间，降低企业上市门槛。不断优化政府职能，使全能政府、不受约束

型政府和审批型政府转向有限政府、法治型政府和服务型政府。政府在法律约束范围内行使权利，赋予市场主体自主权，政府主要承担为市场提供公共品的作用。法治能约束市场主体与政府行为，包括产权界定、合同与法律的执行、公平裁判、维护市场公平竞争等，确定市场与政府的边界，明确市场与政府的权责范围。不断推进"放管服"改革与商事制度改革，简政放权，优化政府职能，建设法治政府，有利于营造市场化、法治化的营商环境。这将有助于理顺政府与市场的关系，减少企业在进入市场、获取要素、寻求产权保护和法治过程中面临的不公平的特殊制度，为民营企业提供开放、公平的竞争秩序和市场环境，缓解政府与企业之间的信息不对称，降低企业制度性交易成本，从而促进民营企业高质量发展，实现宏观经济的健康持续发展。

近年来，全国工商和市场监管部门凝心聚力、攻坚克难，推动商事制度改革逐步深化，商事制度改革取得显著成效，市场准入更加便捷，市场监管机制不断完善，市场主体繁荣发展，营商环境大幅改善。但在商事制度改革推进过程中，还存在一些问题和困难。从全国范围看，商事制度改革政策落地执行效果有限，"准入不准营"现象依然存在，宽进严管、协同共治能力仍需强化，企业简易注销存在登记适用范围有限、公告时间过长、登记流程容错率低等问题。2018年国务院办公厅印发《关于进一步压缩企业开办时间的意见》，进一步简化企业从设立到具备一般性经营条件所必须办理的环节，压缩办理时间。2018年的全国"两会"提出了"六个一"的改革目标①，并强调要深化商事制度改革，进一步压缩企业开办时间。以广东省商事制度改革为例的研究表明，商事制度改革降低了企业约18%的开办时间，即制度性交易成本，但与政府提出开办时间降低一半的目标仍有明显差距②。进一步简政放权，推动商事制度改革政策落地执行，大幅度降低企业的制度性交易成本是未来商事制度改革仍需努力的方向。持续推进和深化商事制度改革，不断改革政府自身，简政放权，强调政府各项政策措施的落实，从过去注重事前审批转变为加强事中和事后监管，清理和减轻企业现在所承担的各类不必要的税与非税的负担，减低企业各种显性的、隐性的成本，将不断激发微观经济的活力，维持经济高速增长。商事制度改革的最终目标就是审批事项应减尽减，审批流程和环节应简尽简，最大限

---

① 即"企业开办时间再减一半；项目审批时间再砍一半；政务服务一网办通；企业和群众办事力争只进一扇门；最多跑一次；凡是没有法律法规依据的证明一律取消"。

② 张莉、陈邱惠、毕青苗．商事制度改革与企业制度性成本［J］．中山大学学报（社会科学版），2019，59（06）：167–177。

度地减少政府管制，缩减市场准入负面清单，推动"非禁即入"普遍落实，把不该管的事项交给市场，由市场配置资源。2020 年 9 月，国务院办公厅印发《关于深化商事制度改革进一步为企业松绑减负激发企业活力的通知》，是商事制度改革的又一延续。未来进一步深化商事制度改革的重点应包含以下方面：

（一）进一步推进企业开办全程网上办理

全面推广企业开办"一网通办"，持续提升企业开办服务能力，进一步压减企业开办时间至 4 个工作日内或更少，利用数字化技术简化程序，比从环节上优化更能帮助企业节约时间、减少负担。

（二）进一步优化商事登记注册制度

加大住所与经营场所登记制度改革力度，开展住所与经营场所分离登记试点。提升企业名称自主申报系统核名智能化水平，运用大数据、人工智能等技术手段，依法规范企业名称登记管理工作，加强知名企业名称字号保护，建立名称争议处理机制。这将使商事注册登记制度改革取得大突破，并利用大数据等新技术来简化程序，节省企业时间和负担，改善营商环境。进一步推行企业简易注销登记改革。拓展简易注销登记适用范围，将简易注销登记的适用范围拓展至未发生债权债务或已将债权债务清偿完结的市场主体；实施个体工商户简易注销登记；压缩简易注销登记公示时间，将简易注销登记的公示时间由 45 天压缩为 20 天；建立简易注销登记容错机制；优化注销平台功能流程。

（三）进一步深化"证照分离"改革，推进"证照分离"改革区域和事项全覆盖

区域全覆盖，就是从原来的 18 个自贸区试点扩大到全国，2021 年要在全国范围内实施涉企经营许可事项全覆盖清单管理，大幅提高市场主体办事的便利度和可预期性。事项全覆盖，就是既包括中央事项，又包括地方事项。要出台全国版清单，把在自贸区试行的改革举措在全国复制推广。要研究自贸试验区版清单，要有新的举措，要更有力度。大力推动"照后减证"，大幅减少行政审批，着力解决"准入不准营"问题。按照直接取消审批、审批改为备案、实行告知承诺、优化审批服务等四种方式分类推进审批制度改革，建立简约高效、公正透明、宽进严管的行业准营规则。

（四）进一步落实简政放权，简化市场监管部门的企业生产经营和审批条件

下放许可证审批层级，降低企业时间成本，提高企业申请许可证效率，通过加大质量安全监管力度，强化企业质量的主体责任。推动工业产品生产许可证制度改革，将建筑用钢筋等 5 类产品审批下放至省级市场监管部门，推动化肥产品由后置现场审查调整为告知承诺；完善强制性产品认证制度，实施强制性产品目录动态调整，简化出口转内销产品认证程序；深化检验检测机构资质认定改革，将疫情防控期间远程评审等应急措施长效化，2021 年在全国范围内推行检验检测机构资质认定告知承诺制，全面推行检验检测机构资质认定网上审批系统；推动第三方评价机构发布一批企业标准排行榜，形成 2020 年度企业标准"领跑者"名单。

（五）进一步强化事中事后监管

加强企业信息公示，健全失信惩戒机制，推进实施智慧监管，进一步完善以"双随机、一公开"监管为基本手段、以重点监管为补充、以信用监管为基础的新型监管机制。健全完善缺陷产品召回制度。规范平台经济监管行为，引导平台经济有序竞争，依法查处电子商务违法行为，维护公平有序的市场秩序。"双随机、一公开"监管是指在政府部门日常监管工作中随机抽取检查对象，随机选派执法检查人员，抽查检查的结果及时向社会公开的新型监管方式。"双随机、一公开"监管是政府监管理念和监管方式的重大转变，是减轻企业负担、优化营商环境的有力举措，同时也是加快社会信用体系建设、创新事中事后监管的一项重要内容。

二、提高法治化程度，建设法治政府与法治化的营商环境

随着我国商事制度改革的推进，营商环境有所改善，然而在市场经济发展中仍存在着法律缺失的问题，法治政府建设以及法治化营商环境的建设尚有很大的改善空间。我国市场经济体制不完善的主要方面表现为法治化的滞后，无论是从对我国社会主义市场经济运行实践来看还是从对法治评估来看，我国距离建设法治化的市场经济仍然有较大的差距。

一是法治化滞后表现为对政府权力缺乏限制和约束，存在权力滥用现象，资源配置由政府权力实行，市场配置资源的作用远远没有发挥出来。我国市

场经济体制的不完善，从根本上讲就是因为没有处理好政府与市场之间的关系。政府职能存在"错位"问题，既有"越位"现象，又有"不到位"现象，处于转型中的市场经济，政府作用仍然较大，政府拥有较大权力，政府与市场的边界仍不够清晰。

二是法治化滞后表现为我国的法律体系还不完善，尤其是信用制度、产权保护制度、现代企业制度、司法制度等关键性制度还有待完善。我国立法及法治建设的速度远远赶不上市场经济对法律及法治的需求。习近平总书记指出，要加快形成完备的法律规范体系、高效的法治实施体系、严密的法治监督体系、有力的法治保障体系、完善的党内法规体系。

三是法治化滞后还表现为法律实施方面仍然存在一些问题。

社会主义市场经济法治化不仅要建立相应的法律制度，而且要保障法律的有效实施。在法律实施方面仍然存在一些问题，例如法治程序和法治精神不足，导致一些看似矛盾的现象出现：（1）认同法治的重要性，但又不自愿承受法治的结果，市场主体还没有适应规则之治带来的某些"不便"。（2）重视法律，是因为市场经济活动的每个环节都离不开法律，因此市场主体学法、用法的态度是积极的，但不能依法执法，经济活动中不讲诚信的问题突出。（3）积极寻求司法救济，但又不尊重司法权威，不尊重依照司法程序作出的裁判，不认可其终局性①。

法治精神的核心是社会自觉遵法守法。法治精神不足导致有法不依、法律执行"缺位"和"失守"、违法不究等现象经常发生，增加了法治成本，蔑视了法律制度的权威和尊严，使有法律但无法治成为一种普遍现象。因此，推进社会主义市场经济法治化，不仅要注重法律的建设，更要注重法治精神的培育。

新时期下社会主义市场经济法治化建设需要从以下几方面进行：

一是坚持全面依法治国。

全面依法治国是中国特色社会主义的本质要求和重要保障。必须把党的领导贯彻落实到依法治国全过程和各方面，坚定不移走中国特色社会主义法治道路，完善以宪法为核心的中国特色社会主义法律体系，建设中国特色社会主义法治体系。建设社会主义法治国家，发展中国特色社会主义法治理论，坚持依法治国、依法执政、依法行政共同推进。

二是现代化经济体系的关键是社会主义市场经济法治化建设。

---

① 庄永廉. 建设市场经济 法治不能缺席［N/OL］. 检察日报，2015－12－21.

市场经济是法治经济，要适应经济发展的新常态，必须要推进市场经济法治化，保证市场经济的效率与公平。完善社会主义市场经济体制改革，必须要建立与之相适应的、健全完善的法律体系，完善社会主义市场经济法律体系，实现社会主义市场经济法治化。发达的市场经济以法治为基础，政府权力受到法律约束，市场主体具有自主权，政府主要为市场提供公共品，普遍制度占主导地位，制度性交易成本较低，能实现经济的持续发展。今后继续深化经济体制改革，需要完善产权保护制度，完善要素市场。经济体制改革的根本要求就是法治，法治约束了市场主体与政府行为，包括产权界定、合同与法律的执行、公平裁判、维护市场公平竞争等，明确市场与政府的权责范围，有利于营造市场化、法治化的营商环境，降低制度性交易成本。推进社会主义市场经济法治化，关键在于法治政府的建设，在于政府的转型，从全能政府转向有限政府，从不受约束型政府转向法治型政府，从审批型政府转向服务型政府。

三是坚持法治国家、法治政府、法治社会一体建设。

2012 年 12 月，习近平总书记第一次提出"法治国家、法治政府和法治社会一体建设"的命题，在此后党的十八届三中、四中和五中全会中一再强调坚持法治国家、法治政府和法治社会建设。2017 年 10 月，党的十九大明确提出了"三位一体"法治建设的两阶段目标，是全面深化依法治国实践的新命题。全面深化依法治国需要推进法治国家、法治政府和法治社会"三位一体"的法治建设。

党的十八届三中全会审议并通过了《中共中央关于全面深化改革若干重大问题的决定》，首次在中央文件中提出"推进国家治理体系和治理能力现代化"。随后党的十九大，将法治化政府建设、推进依法行政作为全面改革的核心要义。政府在国家治理体系中既是制定者又是执行者，在国家治理体系中居于核心位置，乃是整个现代化治理体系的前提。规范政府的行为应有相对完善的制度安排以及在法律制度框架内行使权力，法治化政府建设要求把权力关进制度的笼子里，按照法律规则行使权力，尊重法律的权威，不容超越法律之外的权力发生。从设立监察委以及其他部门监督执法，再到放管服等相关各级政府权力清单，全面推进依法行政、建设法治服务型政府，将法治服务型政府建设纳入公共服务轨道。

从立法看，随着营商环境改革深入，迫切需要对相关法律法规进行"立改废"，使改革于法有据，例如证照分离改革、告知承诺制、建立信用体系等，都涉及到法律问题，由于有关立法相对滞后，对推进改革形成制约。再如，一些地方习惯于以政府决定、暂行办法、"红头文件"等形式推进改革，经常发生变动反复，缺乏规范性和稳定性。从执法看，执法不公、多头执法、选择性执法等问题依然存在，例如一些地方对不同类型企业、不同属地企业采取不同的执法标准，处罚尺度不一，自由裁量权过大，一些地方流行运动式执法，在专项整治、应对上级检查等活动中，采取行业性或区域性停产停业，给企业正常生产经营造成困扰和损失。从司法看，存在着企业合法权益保护不够、公信力不强等问题，例如有的地方利用行政权力干预司法审判，使相关企业受到不公正对待；有的司法部门对涉及地方政府失信违约问题，借故不予受理立案，使受损企业投诉无门；有的涉企司法诉讼程序繁杂时间漫长，缺乏效率；有的被侵权企业即使胜诉，但执行起来困难重重，造成企业维权成本过高。

法治是最好的营商环境。建立法治化的营商环境可以有效增强营商环境的公正性、稳定性和可预期性，形成不可逆的改革成果，为市场主体投资兴业提供坚实的法治保障。国务院于 2019 年 10 月 22 日发布《优化营商环境条例》，其目的是通过优化调整商事关系的法律规范或创制新的商法规范，简化行政执法程序，提高执法效率，从而促进营商环境的优化。《优化营商环境条例》这一行政立法创举的重大意义在于，将近年来各地区、各部门旨在优化营商环境的诸多行之有效的政策和经验系统化、规范化，上升为法规集中宣示，从而增强其权威性、时效性和法律约束力。

建立法治化的营商环境，在立法上，应以实施《优化营商环境条例》为契机，加快相关法律法规的"立改废"，并将听取市场主体诉求作为立法的必经程序，对不符合《优化营商环境条例》的法规、规章、规范性文件进行清理和修订，对不适应改革需要的规定应改尽改，对成熟定型、行之有效的改革措施以立法形式出台，统一实施。在执法上，要坚持依法行政，公正执法，健全权责清单制度和监管执法制度，防止出现自由裁量权过大、"见客下单"、选择性执法、多头重复检查等情况，对监管执法中发现的违法侵权、制售假冒等损害市场公平竞争的行为，要加大处罚力度，建立惩罚和赔偿机制，使违法者得不偿失。在司法上，加大对企业合法权益司法保护的力度，重点是提升司法审判的公正性和便利性，杜绝权力干预司法、地方保护、涉企诉讼漫长、投诉无门等现象，使司法成为维护公平正义的坚实防线。

曼瑟·奥尔森（2018）提到能够带来繁荣的社会规划型市场经济中，仅当社会中某些制度得以稳固时才能形成。也就是说，只有把开放的一些政策和做法制度化，财产权和合同执行严格可靠，重要的投资和交易活动才会发生，源于市场的收益才会形成。因此，需要不断完善我国市场经济法律体系，提高法治化程度。改革开放以来，中国努力推动经济立法与市场经济体制和国际经贸规则接轨，目前正处于由商品和要素流动型向规则等制度型开放转变的阶段。这个阶段应对标国际经贸规则，完善保障公平竞争和市场经济有效运作的法律体系与制度规则，加强法律和经济手段作用，最大限度收缩行政手段，实现国有企业、民营企业和外资企业等各类经济主体享有同等的营商环境。在经济贸易领域，需要更多采取法律手段，用法律和制度这种稳固、不以人的意志为转移、可预期的规则取代受权力人的偏好影响的制度，减少行政机构的自由裁量空间，为市场主体提供确定的行为规范。

三、让市场发挥决定作用，进一步推动要素市场改革

我国商品市场较为完善，而要素市场相对不成熟，要素市场化配置程度较低。我国包括土地、资本、劳动力在内的要素市场中都存在着大量的特殊制度，要素市场存在有限准入秩序，对于特殊制度所针对的特定群体之外的其他成员具有较多限制，是一种人格化交易。不同要素的市场配置程度不同。

总体上，市场配置自然资源要素例如土地要素的程度较低，主要依靠行政配置。土地要素的行政配置，产生了大量的寻租腐败及资源错配现象，增加了企业获取土地要素的制度性交易成本。要素市场化取决于完善的产权制度和严格的产权保护，产权制度是实现要素市场化配置的核心制度。推动土地要素市场化改革，需要不断完善土地产权制度，不断推动农村土地确权改革，促进土地流转，使土地特殊产权制度逐渐转向普遍产权制度，从而减少制度性交易成本。完善土地市场改革，推进农村土地确权改革，促进土地流转市场发展，实现土地的有效利用和流转。通过政策支持和法律保障，鼓励农村集体经济组织和农民将土地经营权、使用权入市交易，提高土地资源的流动性和使用效率。同时，逐步放开城市土地市场，允许更多的非公有制经济参与土地的投资和开发，通过竞争降低企业获取土地的成本。

在资本市场中，仍需要不断推进注册制改革，减少行政力量在资本市场中的干预，不断缩减企业上市程序和时间，降低企业上市的门槛，推动资本市场特殊制度转向普遍制度，赋予资本市场更多的选择自由，赋予所有企业公平上市的机会，降低民营企业上市和融资的制度性交易成本，由市场将资金配置到更需要、更具成长性的民营企业中。深化资本市场改革：推进资本市场开放和多层次资本市场体系建设，实施注册制改革，简化企业上市流程，

降低企业融资门槛。通过优化证券市场结构，提高直接融资比重，为创新型小微企业提供更为便捷的融资渠道。并且加强金融监管，保护投资者权益，维护资本市场稳定，增强市场的吸引力和竞争力。

同时，进一步推动金融市场改革，打破金融市场垄断，拓宽企业获取信贷资金的途径，为更多的民营企业提供公平的信贷环境，弱化民营企业在获取信贷资金过程中的身份歧视，降低获取信贷资金的制度性交易成本。我国金融最大的问题其实就是一个产权制度问题。我国融资的主体主要是商业银行，而商业银行也是国有控股为主的银行。金融制度改革最为关键的是真正推进混合所有制改革，让市场决定资源配置在金融领域落到实处。我国金融的供给侧结构性改革就是要从金融体制入手，这也是我国要素市场制度建设最为关键的领域之一。产权与金融的发展是密切相关的，没有现代产权制度作基础，现代金融体制难以建立。金融体系的供给侧结构性改革就是要解决金融供给制度与实体经济制度的冲突问题，解决这种冲突的关键在于产权及制度的改革。

在劳动力市场中，要进一步推动户籍制度改革和养老金制度改革，缩小不同地域和不同行业的权利差异，打破劳动力在不同区域和不同行业的流动限制，降低劳动力流动成本，由市场进行劳动力资源的配置，提高劳动力资源的配置效率。加大对职业教育和继续教育的投入，提升劳动力的技能和素质，满足经济转型升级的需要。

在制度方面，强化产权制度和保护机制并建立健全的产权制度和强有力的产权保护机制，是要素市场化配置的基石。明确产权界限，加强产权保护，提高侵权成本，为企业投资、创新提供稳定的预期和法律保障。特别是在知识产权保护方面，需要加大法律执行力度，打击侵权行为，激励创新和技术进步。再者，通过建立公平开放的市场准入机制优化市场准入和退出机制，降低企业尤其是中小微企业的准入门槛。通过落实"非禁即入"的原则，清理废除不合理的准入限制，为所有类型的市场主体提供平等的竞争条件。同时，完善企业退出机制，提高市场的动态调整能力，通过市场竞争淘汰落后产能，优化资源配置。通过这些具体对策的实施，可以有效推动要素市场的深化改革，促进资源在更加开放、公平、有序的市场环境中高效配置，进而降低制度性交易成本，激发市场活力，推动经济高质量发展。

让市场发挥决定性作用是降低制度性交易成本的关键。降低制度性交易成本的主要目的在于减少政府对企业的干预，减少市场资源配置的体制下障碍约束带来的制度租金。造成制度性交易成本较高的深层原因在于欠发达地区相关特定的制度，致使各类要素市场交易成本的上升，这也是各区域间成本差异的原因。在社会并行下的市场与政府关系下，市场越是完善，政府同样越有效率，两者共同构成了现代化市场经济体系。政府对市场的掌控程度决定着资源的配置效率和企业的转型升级程度，当政府对市场管控得过多、管理过滥的话，就会产生额外的制度性交易成本，不利于资源配置效率的提升和企业的转型升级，从而影响企业高质量发展。

此外，还有新要素市场的发展。党的十九届四中全会审议通过的《中共中央关于坚持和完善中国特色社会主义制度　推进国家治理体系和治理能力现代化若干重大问题的决定》强调了"知识、技术、管理、数据"作为生产要素。这些新要素产权制度的建立和完善对于我国创新驱动和高质量发展意义极为重大，而健全知识产权制度是新要素市场发展的关键。

在加强知识产权保护方面首先需要完善知识产权法律法规，修订和完善知识产权相关的法律法规，提高知识产权侵权的法律成本，保护创新者的合法权益。其次是加大执法力度，增加知识产权执法的人员和资金投入，提高执法效率和效力，对知识产权侵权行为进行严厉打击。再次，推动知识产权快速审批和争议解决机制，简化知识产权申请和审批流程，提高审批效率。同时，建立快速、高效的知识产权争议解决机制，减少企业因知识产权争议带来的经济损失。巩固知识产权国际合作，加强与国际知识产权组织的合作，促进知识产权的国际保护，为企业海外扩张提供法律支持。通过媒体、网络、公共讲座等多种渠道，加强对公众的知识产权保护教育，提高公众对知识产权重要性的认识和尊重，形成全社会共同维护知识产权的良好氛围。政府应通过财政支持、税收优惠等政策，鼓励企业进行技术创新和知识产权创造，提高企业的核心竞争力。同时，支持知识产权密集型产业的发展，推动经济结构升级。

健全的知识产权制度是促进创新的关键。我国企业基础研究不足与知识产权保护不够密切相关。中国的 R&D 投入中基础研究、应用研究与试验发展经费长年维持在 5%、10%、85% 左右的比例上，尤其是试验发展经费多年居高不下。这与创新中的产权保护不够是有关的。在知识产权保护不力下，企业进行模仿创新的风险小、收益快，但自主创新投入大、风险大，所以原始创新必须建立在严格的知识产权保护制度基础之上，否则谁也不愿意让自己投资的研发费打水漂。

惩罚性赔偿制度的建立。党的十九届四中全会报告中提出建立知识产权侵权惩罚性赔偿制度。惩罚性赔偿制度是与补偿性赔偿制度相对应的赔偿制度。《布莱克法律大词典》中解释，惩罚性赔偿，是指被告因从事暴力、压迫、恶意、欺诈、漠视他人权益以及不道德行为等严重不法行为，而判决被告向原告支付的超过仅仅补偿原告财产损失的损害赔偿金，目的是慰藉原告精神上的痛苦、情感上的创伤、羞辱感、人格受损或者因不法行为导致的其他严重后果，或者是因被告的恶意行为而对其进行惩罚，或者是对被告做出一定的行为示范。基于以上原因，这种损害赔偿也被称为惩罚性赔偿或报复性赔偿。建立知识产权侵权惩罚性赔偿制度是我国加大知识产权保护力度的制度规定，必将有利于我国创新驱动发展。

不断建立和完善鼓励与促进创新的新制度，如设计专利和版权保护体系，还拥有其他旨在鼓励参与者承受探索未来不确定性的制度，有限责任制度、在企业失败时对债权人和所有人的保护，以及保护经理人免受股东诉讼的制度等①。这些制度在我国都有待建立和完善。

制定具有普遍性的知识产权保护制度。产权保护制度中存在特殊产权保护问题，阻碍了产权保护功能发挥。比如知识产权的保护，如果甲地企业侵犯了乙地企业的知识产权，甲地地方政府不一定有动力来保护乙地的知识产权，在这种情况下，地方竞争不但不会解决这个问题，甚至还会加剧问题。地方之间的竞争应该朝着全面改善营商环境的方向去发展，这不仅需要地方政府的努力，也需要有一些更好的顶层设计，例如制定全国普适的知识产权保护法律法规，保证其强有力地实施，让地方利益不再起阻碍作用。制度环境普遍改善是一件很困难的事，因为在制度环境中，很多部门都会从自身角度出发制定法律法规，可能造成部门间制度冲突或意见不一致，甚至互相推诿。

四、实施竞争中性原则，健全公平竞争市场环境

竞争中性实质上就是非人格化交易。竞争非中性就是人格化交易，会严重制约我国民营经济的发展。竞争中性原则是处理公有制经济与非公有制经济关系的基本规则。实施竞争中性原则能深化市场体系改革，重塑制度性交易环境，使市场交易制度从具有人格化交易特征的特殊制度转向具有非人格化交易特征的普遍制度，实现开放准入秩序，真正实现国民待遇均等化，从而降低民营企业的制度性交易成本，提升民营企业全要素生产率与创新水平，

① （美）埃德蒙·费尔普斯. 大繁荣［M］. 北京：中信出版社，2013.

促进民营企业与经济的健康持续发展。因此，应不断推动从人格化交易制度转向非人格化交易制度，即特殊制度转向普遍制度，大力发展开放准入秩序原则，实施竞争中性原则。

有限准入秩序最明显的特征是交易制度人格化、特权普遍存在、社会等级分明、贸易准入严格以及产权得不到保障等，有限准入秩序下的人格化交易制度就是特殊制度。而开放准入秩序最明显的特征是普及的非人格化的社会关系，包括法治、产权保护、公正和平等，即平等对待所有人的一切方面，开放准入秩序下的非人格化交易制度就是普遍制度。显然，我国作为转型中的发展中国家，目前还无法达到开放准入秩序的程度，以我国的企业所有制为例，国有企业和民营企业理论上受到的待遇应该一致，但实际存在着很大差异。因此我国还处于有限准入秩序阶段，经济社会中存在着大量的特殊制度，有限准入秩序下的制度性交易成本远远高于开放准入秩序下的制度性交易成本，这是因为围绕市场准入的限制与反限制必然导致制度性交易成本的上升。高的交易成本使许多潜在的交易不能转化成现实的交易，同理，高的制度性交易成本使得许多潜在进入的企业无法真正进入市场。当民营企业试图进入新的行业、领域甚至少数垄断领域时，一方面市场准入限制抬高了进入壁垒；另一方面高昂的制度性交易成本降低了企业的进入意愿。因此过多的市场准入限制使得制度性交易成本上升，且不利于民营企业的进入。

缺乏竞争中性大大地制约了我国民营经济的发展。在中国公有制经济与非公有制经济的关系中主要涉及两大问题：一是竞争中性问题（所有制歧视）；二是有限准入秩序还是开放准入秩序问题。民营企业进入和发展过程中面临的竞争非中性及有限准入秩序问题，是企业制度性交易成本尤其是民营企业制度性交易成本过高的原因所在。

（一）民营企业进入过程中的竞争非中性及有限准入秩序

在民营企业进入市场过程中的竞争非中性及有限准入秩序问题，具体表现为进入区域市场与产业市场的竞争非中性及有限准入秩序。

民营企业进入方面的所有制歧视虽然有所改善，但是民营企业在进入某些市场方面仍然举步维艰，尤其是在"国计民生"的经济领域和相关市场，国企投资市场准入的优势不言而喻。地方保护主义也限制了民营企业进入。政府控制较多的领域成本容易上升，提高了制度性交易成本。

我国的第二产业是开放准入秩序，而第一、第三产业是有限准入秩序，这大大地制约了民营经济的发展。制造业实施了开放准入秩序，对于外资和非公有制经济进行最大的开放幅度,因此,我国第二产业发展迅速且绩效最好。而第三产业是有限准入秩序,民营企业在进入第三产业时面临着较多的限制。在服务业领域中存在着严重的国企垄断和开放不足,服务业国有比重高达70%～80%,效率低下,竞争力差。我国的垄断行业大多数是一种行政垄断,而不是在市场竞争过程中形成的垄断。当民营企业试图进入新的行业、领域甚至少数垄断领域时,市场准入限制过高使得制度性交易成本上升,不利于民营企业的进入。尽管面对很高的管制性壁垒的限制,民营企业还是想方设法地通过各种策略例如政治关联、贿赂等进入这些政府管制行业,以在垄断行业的超额利润中分得"一杯羹",这些策略增加了民营企业的投入,产生较高的制度性交易成本。

(二) 民营企业发展过程中的竞争非中性及有限准入秩序

民营企业在发展过程中的竞争非中性及有限准入秩序问题,包括要素市场有限准入、产权保护和司法不公平等。

我国要素市场是有限准入秩序,对于非公有制企业具有较多限制,是竞争非中性的。我国资源要素的行政性配置导致的资源错配、低效配置、结构性扭曲及创新不足等成为我国经济下行的重要原因。我国天然气、电、物流成本、融资成本、土地成本等的上升从表面看其成本高是一个市场问题,但从深层次看,这些成本的推高是一个制度的问题,这些成本的推高主要是行政性配置要素的结果。一些国有企业长期垄断着石油、银行、电信、铁路、盐业等领域,这些行政垄断不仅带来巨大的效率损失,而且存在着不公正的财富再分配。在有限准入秩序里,掌握要素行政性配置的企业主要是国有企业,政府部门与国有企业可以更好地配合。国有企业在垄断和没有竞争的情况下,必然导致低效,从而导致成本和价格也随之上涨。

缺乏竞争中性原则,就会使社会产生大量的特殊产权制度。我国的公有制经济是普遍产权,而非公有制经济是特殊产权。产权保护不公平导致民营企业增加了产权保护成本、界定和实施契约的成本、信息搜寻成本等。一方面,民营企业产权保护不足,对民营企业产权造成侵害,增加了产权保护成本。在特殊产权制度下,人们的财产权利是不稳定的,为获取公平的产权保护机会以防止财产受到侵害,往往需要付出更多努力,因此制度性交易成本较高。国家对非公有产权及其企业保护的法律框架不健全,缺少相当明确有效的维护私有产权及其企业的法律条款,资产所有者的不确定因素多,保护财产不受侵害所付出的交易成本高。由于担心国家或国家机关的机会主义行为，投资者对未来不具有稳定的预期，影响了民营企业投资。另一方面，竞争非中性导致民营企业政治关联不稳定，并产生较高的寻租制度性交易成本。由于产权制度是特殊产权制度，产权保护实施人际化，一些民营企业在资源获得、条件许可、贷款取得、产业进入等方面受到限制，往往利用政府关联支出而获得特权和机会，同时也可获得政府利益关联者的特殊保护。这种人际化的特殊产权赋予的保护机制，会造成不公平竞争，产生寻租分租现象，也使民营企业产生较高的制度性交易成本，造成社会生产资源的浪费，损害经济的长期增长。

竞争非中性对非公有制经济产生选择性司法，增加了制度性交易成本。中共中央、国务院发布的《关于完善产权保护制度依法保护产权的意见》中提到，充分考虑非公有制经济特点，严格区分经济纠纷与经济犯罪的界限、企业正当融资与非法集资的界限、民营企业参与国有企业兼并重组中涉及的经济纠纷与恶意侵占国有资产的界限，准确把握经济违法行为入刑标准，准确认定经济纠纷和经济犯罪的性质，防范刑事执法介入经济纠纷，防止选择性司法①。如果没有对所有企业的竞争中性原则，那么上述各种界限模糊的地方就很容易产生选择性司法，不利于民营企业的发展。

因此，竞争非中性原则下的有限准入秩序，产生了大量的特殊产权制度，增加了制度性交易成本，不利于民营企业发展。实施竞争中性必须加快完善产权保护制度，将特殊产权制度转变为普遍产权制度，依法有效保护各种所有制经济组织和公民财产权，保护合同的有效实施。只有这样才能增强人民群众财产财富安全感，使市场主体形成良好预期，增强各类经济主体创业创新动力，保持经济社会持续健康发展。

为降低制度性交易成本，实施竞争中性原则，需实施普遍的市场准入制度，同时规范市场秩序，健全公平竞争的市场环境，具体来看：

第一，减少准入限制，实施普遍的市场准入制度。市场准入制度的普遍性与特殊性，关系市场主体进入市场的可能性和便利程度，是影响竞争中性的重要因素。具有歧视性质的市场准入特殊制度，提高了一些企业市场准入成本，限制其参与竞争的能力，并使享受准入优待的企业获得不合理的成本优势。这种源于市场准入制度性质导致的相对成本差异，为特定企业维持和加强市场势力、实施反竞争行为提供可能，进而损害社会福利。竞争中性要

---

① 中共中央、国务院. 关于完善产权保护制度依法保护产权的意见［N］. 人民日报，2016 - 11 - 28.

求实施普遍的市场准入制度，平等对待各类市场主体，确保国有企业与非国有企业、外资企业与国内企业享有同等的市场准入规定和便利程度。

中国正在全面实施全国统一的市场准入负面清单制度和动态调整机制，对外商投资实行准入前国民待遇加负面清单的管理制度，不再限定企业组织形式、经营活动等内容，外资企业享受与内资企业同等的市场准入管理。外国投资者可以在没有国内合作者的情况下建立独资企业，也可以直接收购现存的国内企业。下一步应按竞争中性要求，进一步缩减和更具体地界定负面清单领域，以权利公平、机会公平、规则公平保障公平准入，加强负面清单管理制度的实施机制建设，不断缩减清单事项，推动"非禁即入"普遍落实。负面清单以外的领域向各类市场主体开放，民营企业、国有企业和外资企业享有同等准入条件，确保任何市场主体不受歧视性对待。

从地区和行业层面来看，应打破地域分割和行业垄断，健全公平的竞争市场环境。我国的地域分割不利于形成统一的现代市场体系，提高了企业制度性交易成本。各地区保护政策行为等特殊制度只适用于当地的特定群体，企业跨区经营需要突破这种特殊制度壁垒，使生产要素和生产资料难以在不同区域之间自由地流动，增加了企业市场准入、流通与要素获取成本，这些都是由特殊制度导致的地区分割所引起的制度性交易成本。打破使各地区产生地域分割的各种隐性限制和干预，建设统一的现代市场体系，能降低企业的进入、流通和经营成本，降低由地域分割导致的制度性交易成本。同时，民营企业也难以进入众多垄断性行业，在市场准入、审批许可、经营运行、招投标等方面面临着各种各样的限制，存在着有限准入秩序和竞争非中性问题，这增加了民营企业的制度性交易成本。加快垄断行业类制度改革，破除各种形式的行政垄断，打破民营企业在进入特定行业过程中面临的各种特殊制度限制，让市场发挥决定性的作用，建立公平、规范、有序的市场环境，能从根本上降低企业制度性交易成本，吸引民营企业进入和民间资本投资，激发民营企业市场活力。

因此，应打破地域分割和行业垄断，不断建立和健全全国统一的市场准入负面清单制度，推动"非禁即入"普遍落实，使各类市场主体皆可依法平等进入市场准入负面清单以外的行业、领域、业务等，清理废除影响统一市场形成的限制性规定，规范设置投资准入门槛，建立公平开放透明的规则，为各类市场主体提供公平竞争的市场环境。

第二，规范市场秩序，维护市场公平竞争。坚持对各类市场主体一视同仁、同等对待，稳定市场主体预期。强化公平竞争审查刚性约束，建立举报处理和回应机制，定期公布审查结果。着力清理取消企业在资质资格获取、招投标、政府采购、权益保护等方面存在的差别化待遇，防止滥用行政权力通过划分企业等级、增设证明事项、设立项目库、注册、认证、认定等形式排除和限制竞争的行为。建立招标计划提前发布制度，推进招投标全流程电子化改革。加强和改进反垄断与反不正当竞争执法。清理规范涉企收费，健全遏制乱收费、乱摊派的长效机制，着力纠正各类中介垄断经营、强制服务等行为。

同时，以社会信用体系建设和知识产权保护为重点规范市场秩序。信用是市场经济的基石，加强社会信用体系建设，能真正减少企业的搜寻和信息成本、议价和决策成本以及监督和执行成本，规范市场秩序，降低企业的制度性交易成本，更好地激发市场主体活力。加强知识产权保护能降低企业维权成本，从而降低企业的制度性交易成本。同时，加强知识产权保护能激发企业进行创新投资的积极性，提高企业的科技创新水平，促进企业转型升级，从而促进经济的高质量发展。以健全社会信用体系和加强知识产权保护为重点规范市场秩序，有利于优化营商环境，降低企业的制度性交易成本，推动民营企业和经济的高质量发展。

参考文献

［1］阿尔伯特·赫希曼.退出、呼吁与忠诚——对企业、组织和国家衰退的回应［M］.卢昌崇译.北京：经济科学出版社，2000.

［2］阿西莫格鲁·D.，罗宾逊·J.A.国家为什么会失败［M］.李增刚，徐彬译.长沙：湖南科学技术出版社，2015.

［3］毕青苗，陈希路，徐现祥等.行政审批改革与企业进入［J］.经济研究，2018，53（02）：140－155.

［4］蔡海静，周臻颖.市场化环境规制政策与 ESG 信息披露质量［J］.财会月刊，2022（24）：62－70.

［5］常耀中.交易制度与转型升级的关系和实证分析［J］.经济与管理，2017（06）：52－57.

［6］常耀中.企业制度性交易成本的内涵与实证分析［J］.现代经济探讨，2016（08）：48－52.

［7］常耀中.主体视角的交易费用理论研究［J］.合作经济与技术，2016（01）：82－87.

［8］陈登科.贸易壁垒下降与环境污染改善——来自中国企业污染数据的新证据［J］.经济研究，2020，55（12）：98－114.

［9］陈海疆.厦门商事登记制度改革的实践与思考［J］.中国行政管理，2014（09）：31－33.

［10］陈晖.商事制度改革成效与完善对策——以珠海横琴新区为例［J］.经济纵横，2017（02）：10－16.

［11］陈丽姗，傅元海.融资约束条件下技术创新影响企业全要素生产率的动态特征［J］.中国软科学，2019（12）：108－128.

［12］陈玲芳，于海楠.ESG 表现、融资约束与企业全要素生产率［J］.会计之友，2022，694（22）：24－30.

［13］陈艳莹，原毅军，游闽.中国服务业进入退出的影响因素——地区和行业面板数据的实证研究［J］.中国工业经济，2008（10）：75－84.

[14] 陈宇琼, 钟太洋. 土地审批制度改革对建设占用耕地的影响——基于 1995－2013 年省级面板数据的实证研究 [J]. 资源科学, 2016, 38 (09): 1692－1701.

[15] 陈钊, 陆铭, 佐藤宏. 谁进入了高收入行业? ——关系、户籍与生产率的作用 [J]. 经济研究, 2009, 44 (10): 121－132.

[16] 陈昭, 刘映曼. 政府补贴、企业创新与制造业企业全要素生产率 [J]. 改革, 2019 (08): 140－151.

[17] 陈志斌, 王诗雨. 产品市场竞争对企业现金流风险影响研究——基于行业竞争程度和企业竞争地位的双重考量 [J]. 中国工业经济, 2015, 324 (03): 96－108.

[18] 程波辉, 奇飞云. 供给侧结构性改革背景下降低制度性交易成本书——分析框架的建构 [J]. 学术研究, 2017 (08): 43－48.

[19] 程波辉. 降低企业制度性交易成本: 内涵、阻力与路径 [J]. 湖北社会科学, 2017 (06): 80－85.

[20] 邓悦, 郑汉林, 郅若平. "放管服" 改革对企业经营全要素生产率的影响——来自中国企业－劳动力匹配调查 (CEES) 的经验证据 [J]. 改革, 2019 (08): 128－139.

[21] 杜传忠, 郭树龙. 中国服务业进入退出影响因素的实证分析 [J]. 中国工业经济, 2010 (10): 75－84.

[22] 杜创. 声誉、竞争与企业的边界——兼论全要素生产率背景下的国有企业重组 [J]. 经济研究, 2020, 55 (08): 153－170.

[23] 范玉仙, 张占军. 混合所有制股权结构、公司治理效应与企业全要素生产率 [J]. 当代经济研究, 2021 (03): 71－81, 112.

[24] 高培勇, 袁富华, 胡怀国, 刘霞辉. 全要素生产率的动力、机制与治理 [J]. 经济研究, 2020, 55 (04): 4－19.

[25] 郭淑芬, 郭金花. "综改区" 设立、产业多元化与资源型地区全要素生产率 [J]. 产业经济研究, 2019 (01): 87－98.

[26] 郭涛, 孙玉阳. 环境规制对企业全要素生产率作用之谜——基于异质性企业与全要素生产率分解视角 [J]. 暨南学报 (哲学社会科学版), 2021, 43 (03): 102－118.

[27] 郭小年, 邵宜航. 行政审批制度改革与企业生产率分布演变 [J]. 财贸经济, 2019, 40 (10): 142－160.

[28] 国家发改委产业经济与技术研究所课题组. 降低我国制造业成本

的关键点和难点研究 [J]. 经济纵横, 2017 (03): 15 - 30.

[29] 国家发展改革委宏观经济研究课题组. 降低实体经济企业成本书 [J]. 宏观经济研究, 2017 (07): 3 - 18.

[30] 韩永辉, 黄亮雄, 王贤彬. 产业政策推动地方产业结构升级了吗? ——基于发展型地方政府的理论解释与实证检验 [J]. 经济研究, 2017, 52 (08): 33 - 48.

[31] 何伟. 经济发展、劳动力市场转型与农民工分化 [J]. 经济学动态, 2021 (03): 93 - 112.

[32] 何晓斌, 柳建坤, 张云亮. 行政审批制度改革与企业创新投入 [J]. 科研管理, 2021, 42 (07): 40 - 49.

[33] 何轩, 马骏, 朱丽娜等. 腐败对企业家活动配置的扭曲 [J]. 中国工业经济, 2016 (12): 106 - 122.

[34] 赫尔南多·德·索托. 资本的秘密 [M]. 南京: 江苏人民出版社, 2001: 20, 29, 47.

[35] 胡洁, 韩一鸣, 钟咏. 企业数字化转型如何影响企业 ESG 表现——来自中国上市公司的证据 [J]. 产业经济评论, 2023, 54 (01): 105 - 123.

[36] 胡凯, 周鹏. 非市场交易费用的测度及其应用: 研究综述和展望 [J]. 制度经济学研究, 2011 (02): 203 - 227.

[37] 黄勃, 李海彤, 刘俊岐等. 数字技术创新与中国企业全要素生产率——来自企业数字专利的证据 [J]. 经济研究, 2023, 58 (03): 97 - 115.

[38] 黄钞, 胡馨予. ESG 表现、绿色技术创新与企业全要素生产率 [J]. 绿色财会, 2023 (02): 21 - 27.

[39] 黄亮雄, 孙湘湘, 王贤彬. 商事制度改革有效激发创业了吗? ——来自地级市的证据 [J]. 财经研究, 2020, 46 (02): 142 - 155.

[40] 黄亮雄, 孙湘湘, 王贤彬. 商事制度改革与外商直接投资 [J]. 中山大学学报 (社会科学版), 2019, 59 (06): 178 - 190.

[41] 黄速建, 肖红军, 王欣. 论国有企业全要素生产率 [J]. 中国工业经济, 2018 (10): 19 - 41.

[42] 简泽, 干春晖, 余典范. 银行部门的市场化、信贷配置与工业重构 [J]. 经济研究, 2013, 48 (05): 112 - 127.

[43] 金碚. 关于 "全要素生产率" 的经济学研究 [J]. 中国工业经济, 2018 (04): 5 - 18.

[44] 金玉国, 崔友平. 基于协整方法和 VAR 模型的中国行政管理成本

变动分析 [J]. 统计研究，2006（08）：57－62.

[45] 金玉国. 中国政治型交易费用的规模测算与成因分解——一个基于分位数回归模型的实证研究 [J]. 统计研究，2008（12）：46－52.

[46] 科斯，诺思，威廉姆森等. 制度、契约与组织 [M]. 北京：经济科学出版社，2003.

[47] 科斯，王宁. 变革中国——市场经济的中国之路 [M]. 北京：中信出版社，2013.

[48] 孔祥贞，覃彬雍，刘梓轩. 融资约束与中国制造业企业出口产品质量升级 [J]. 世界经济研究，2020（04）：17－29.

[49] 黎日荣. 企业融资约束、退出与资源误配 [J]. 财贸研究，2016，27（03）：126－137.

[50] 李炳堃. 制度性交易成本、宏观交易费用与政府改革目标 [J]. 山西财经大学学报，2018（06）：15－29.

[51] 李博勋. 金融生态环境与商贸流通企业创新能力的相关性分析——基于融资约束视角 [J]. 商业经济研究，2021，834（23）：9－12.

[52] 李春梅. 中国制造业发展质量的评价及其影响因素分析——来自制造业行业面板数据的实证 [J]. 经济问题，2019（08）：44－53.

[53] 李慧，卢现祥. 特殊制度、制度性交易成本与经济增长质量 [J]. 学术界，2021（10）：75－86.

[54] 李慧，余东升，余娟娟. 商事制度改革与企业全要素生产率——来自准自然实验的证据 [J]. 科研管理，2023，44（03）：151－157.

[55] 李俊青，刘帅光，刘鹏飞. 金融契约执行效率、企业进入与产品市场竞争 [J]. 经济研究，2017，52（03）：136－150.

[56] 李兰冰，商圆月，阎丽. 行政审批制度改革、制度成本与民营企业成长 [J]. 经济与管理研究，2021，42（05）：29－49.

[57] 李莉，高洪利，顾春霞等. 政治关联视角的民营企业行业进入选择与全要素生产率研究：基于2005－2010年民营上市企业的实证检验 [J]. 南开管理评论，2013，16（04）：94－105.

[58] 李粮. 同事关系与企业全要素生产率——基于非正式制度视角的研究 [J]. 经济问题，2021（09）：83－96.

[59] 李梅. 金融发展、对外直接投资与母国生产率增长 [J]. 中国软科学，2014（11）：170－182.

[60] 李平，简泽，江飞涛. 进入退出、竞争与中国工业部门的生产

率——开放竞争作为一个效率增进过程 [J]. 数量经济技术经济研究, 2012, 29 (09): 3 - 21.

[61] 李青原, 肖泽华. 异质性环境规制工具与企业绿色创新激励——来自上市企业绿色专利的证据 [J]. 经济研究, 2020, 55 (09): 192 - 208.

[62] 李实, 吴彬彬. 中国外出农民工经济状况研究 [J]. 社会科学战线, 2020 (05): 36 - 52.

[63] 李涛, 朱俊兵, 伏霖. 聪明人更愿意创业吗?——来自中国的经验发现 [J]. 经济研究, 2017, 52 (03): 91 - 105.

[64] 李小平, 余东升. 商事制度改革对企业创新的影响 [J]. 经济学动态, 2021 (07): 116 - 131.

[65] 李小青, 何玮萱. 数字化创新、营商环境与企业全要素生产率: 基于新一代信息技术产业上市公司的经验证据 [J]. 科学学与科学技术管理, 2022, 43 (11): 56 - 77.

[66] 李雄飞. 经济政策不确定性对民营企业全要素生产率的影响 [J]. 经济问题, 2023 (03): 94 - 101.

[67] 李永乐, 舒帮荣, 吴群. 中国城市土地利用效率: 时空特征、地区差距与影响因素 [J]. 经济地理, 2014, 34 (01): 133 - 139.

[68] 李永友, 严岑. 服务业 "营改增" 能带动制造业升级吗? [J]. 经济研究, 2018, 53 (04): 18 - 31.

[69] 李玉红, 王皓, 郑玉歆. 企业演化: 中国工业生产率增长的重要途径 [J]. 经济研究, 2008 (06): 12 - 24.

[70] 李增福, 冯柳华. 企业 ESG 表现与商业信用获取 [J]. 财经研究, 2022, 48 (12): 151 - 165.

[71] 李志军. 中国城市营商环境评价 [M]. 北京: 中国发展出版社, 2019.

[72] 连俊华, 于炳刚. 企业营商环境对融资约束的影响研究 [J]. 价格理论与实践, 2019, 422 (08): 88 - 91.

[73] 林火灿. 制度性交易成本 [N]. 经济日报, 2015 - 12 - 23 (03).

[74] 刘诚, 杨继东. 商事制度改革与产业专业化 [J]. 中国工业经济, 2020 (04): 135 - 153.

[75] 刘艳霞. 数字经济赋能企业全要素生产率——基于企业全要素生产率的经验证据 [J]. 改革, 2022 (09): 35 - 53.

[76] 刘勇政, 冯海波. 腐败、公共支出效率与长期经济增长 [J]. 经

济研究，2011（09）：17 - 28.

[77] 刘友金，周健. "换道超车"：新时代经济全要素生产率路径创新 [J]. 湖南科技大学学报（社会科学版），2018（01）：49 - 57.

[78] 刘志彪. 理解全要素生产率：基本特征、支撑要素与当前重点问题 [J]. 学术月刊，2018，50（07）：39 - 45，59.

[79] 卢峰，姚洋. 金融压抑下的法治、金融发展和经济增长 [J]. 中国社会科学，2004（01）：42 - 55，206.

[80] 卢现祥，李小平. 制度转型、经济增长和交易费用——来自中国各省市的经验分析 [J]. 经济学家，2008（03）：56 - 64.

[81] 卢现祥，朱迪. 中国制度性交易成本测算及其区域差异比较 [J]. 江汉论坛，2019（10）：31 - 40.

[82] 卢现祥，李慧. 自然资源资产产权制度改革：理论依据、基本特征与制度效应 [J]. 改革，2021（02）：14 - 28.

[83] 卢现祥，徐俊武. 制度环境评估指标体系研究——兼评湖北省的制度环境 [J]. 中南财经政法大学学报，2004（03）：44 - 53.

[84] 卢现祥. 从三个制度维度探讨我国民营经济发展 [J]. 学术界，2019（08）：52 - 65.

[85] 卢现祥. 供给侧结构性改革：从资源重新配置追赶型经济转向创新驱动型经济 [J]. 人文杂志，2017（01）：1 - 13.

[86] 卢现祥. 我国要素市场发展中的交易成本与产权问题 [J]. 贵州财经学院学报，2004（01）：32 - 36.

[87] 卢现祥. 转变制度供给方式，降低制度性交易成本 [J]. 学术界，2017（10）：36 - 49.

[88] 鲁桐，党印. 投资者保护、行政环境与技术创新：跨国经验证据 [J]. 世界经济，2015（10）：99 - 124.

[89] 陆铭，陈钊. 分割市场的经济增长——为什么经济开放可能加剧地方保护？ [J]. 经济研究，2009，44（03）：42 - 52.

[90] 陆铭. 不能高估农民工市民化的成本 [N]. 北京日报，2017 - 02 - 27（018）.

[91] 陆铭. 建设用地使用权跨区域再配置：中国经济增长的新动力 [J]. 世界经济，2011，34（01）：107 - 125.

[92] 罗党论，刘晓龙. 政治关系、进入壁垒与企业全要素生产率——来自中国民营上市公司的经验证据 [J]. 管理世界，2009（05）：97 - 106.

[93] 罗进辉，王雨婷，刘海潮. ESG 表现与家族企业长期导向 [J]. 财贸研究，2023，34（02）：78 – 96.

[94] 吕越，田琳，吕云龙. 市场分割会抑制企业高质量创新吗？[J]. 宏观质量研究，2021，9（01）：29 – 44.

[95] 马光荣，李力行. 金融契约效率、企业退出与资源误置 [J]. 世界经济，2014，37（10）：77 – 103.

[96] 马宗国，曹璐. 制造企业全要素生产率评价体系构建与测度——2015 – 2018 年 1881 家上市公司数据分析 [J]. 科技进步与对策，2020，37（17）：126 – 133.

[97] 毛其淋，盛斌. 中国制造业企业的进入退出与生产率动态演化 [J]. 经济研究，2013，48（04）：16 – 29.

[98] 缪仁炳，陈志昂. 中国交易费用的测度与经济增长 [J]. 统计研究，2002（08）：14 – 21.

[99] 聂辉华，韩冬临，马亮等. 中国城市政商关系排行榜 2018 [R]. 北京：人大国发院政企关系与产业发展研究中心，2019.

[100] 诺思，瓦利斯，温格斯特. 暴力的阴影：政治、经济与发展问题 [M]. 刘波译. 北京：中信出版社，2018.

[101] 欧阳慧，李智，李爱民. 进一步推动 1 亿非户籍人口在城市落户的政策建议——基于江苏、浙江的调研 [J]. 中国发展观察，2019（23）：66 – 67.

[102] 彭向刚，周雪峰. 企业制度性交易成本：概念谱系的分析 [J]. 学术研究，2017（08）：37 – 42.

[103] 钱明，徐光华，沈弋等. 民营企业自愿性社会责任信息披露与融资约束之动态关系研究 [J]. 管理评论，2017，29（12）：163 – 174.

[104] 任保平，李禹墨. 新时代我国全要素生产率评判体系的构建及其转型路径 [J]. 陕西师范大学学报（哲学社会科学版），2018（03）：105 – 113.

[105] 任保平，文丰安. 新时代中国全要素生产率的判断标准、决定因素与实现途径 [J]. 改革，2018（04）：5 – 16.

[106] 任保平. 我国全要素生产率的目标要求和重点 [J]. 红旗文稿，2018（24）：21 – 23.

[107] 任保平. 新时代中国经济从高速增长转向全要素生产率：理论阐释与实践取向 [J]. 学术月刊，2018（03）：66 – 74，86.

[108] 邵传林. 地区营商环境与民营企业全要素生产率：来自中国的经

验证据［J］. 经济与管理研究，2021，42（09）：42 - 61.

［109］沈伯平，陈怡. 政府转型、制度创新与制度性交易成本［J］. 经济问题探索，2019（03）：173 - 180.

［110］师博，张冰瑶. 新时代、新动能、新经济：当前中国经济全要素生产率解析［J］. 上海经济研究，2018（05）：25 - 33.

［111］施本植，汤海滨. 什么样的杠杆率有利于企业全要素生产率［J］. 财经科学，2019（07）：80 - 94.

［112］史宇鹏，张维迎，周黎安. 放权与管制的政治经济学分析——来自中国的证据［D］. 北京：北京大学，2007.

［113］世界银行集团，中国社会科学院. 2008 中国营商环境报告［M］. 北京：社会科学文献出版社，2008.

［114］宋林霖，何成祥. 优化营商环境视阈下放管服改革的逻辑与推进路径——基于世界银行营商环境指标体系的分析［J］. 中国行政管理，2018（04）：67 - 72.

［115］宋扬. 户籍制度改革的成本收益研究——基于劳动力市场模型的模拟分析［J］. 经济学（季刊），2019，18（03）：813 - 832.

［116］孙文浩，张杰. 中美贸易战何以影响制造业全要素生产率［J］. 科学学研究，2020（09）：1559 - 1569.

［117］孙裕增. 制度性交易成本演变与改革路径［J］. 浙江经济，2016（23）：10 - 12.

［118］唐红祥，张祥祯，吴艳等. 中国制造业发展质量与国际竞争力提升研究［J］. 中国软科学，2019（02）：128 - 142.

［119］汪同三. 全要素生产率最根本的是要体现以人为本［J］. 中国经济报告，2021（04）：111 - 113.

［120］王桂军，卢潇潇. "一带一路" 倡议可以促进中国企业创新吗？［J］. 财经研究，2019，45（01）：19 - 34.

［121］王桂军，卢潇潇. "一带一路" 倡议与中国企业升级［J］. 中国工业经济，2019（03）：43 - 61.

［122］王海杰，宋姗姗. 河南商事制度改革的调查与思考［J］. 宏观经济管理，2016（12）：69 - 71.

［123］王磊，张肇中. 国内市场分割与生产率损失：基于企业进入退出视角的理论与实证研究［J］. 经济社会体制比较，2019（04）：30 - 42.

［124］王文涛，曹丹丹. 互联网资本与民营经济全要素生产率：基于企

业创新驱动路径视角 [J]. 统计研究, 2020, 37 (03): 72 - 84.

[125] 王贤彬, 黄亮雄. 商事制度改革的经济学逻辑 [J]. 人文杂志, 2019 (07): 47 - 56.

[126] 王小鲁, 樊纲, 胡李鹏. 中国分省份市场化指数报告 (2018) [M]. 北京: 社会科学文献出版社, 2019.

[127] 王小鲁, 樊纲, 余静文. 中国分省份市场化指数报告 [M]. 北京: 社会科学文献出版社, 2016.

[128] 王小鲁, 余静文, 樊纲. 中国分省企业经营环境指数 2013 年报告 [M]. 北京: 中信出版社, 2013.

[129] 王小鲁. 中国分省份市场化指数报告 [M]. 北京: 社会科学文献出版社, 2019.

[130] 王业斌, 许雪芳. 减税降费与经济全要素生产率——来自小微企业的微观证据 [J]. 税务研究, 2019 (12): 16 - 21.

[131] 王一鸣. 百年大变局、全要素生产率与构建新发展格局 [J]. 管理世界, 2020, 36 (12): 1 - 13.

[132] 王永进, 冯笑. 行政审批制度改革与企业生产率 [J]. 中国工业经济, 2018 (02): 24 - 42.

[133] 王永进, 冯笑. 行政审批制度改革与企业创新 [J]. 中国工业经济, 2018 (02): 24 - 42.

[134] 王治, 彭百川, 郭晶晶, 谭欢. 低碳转型能否提升企业环境 - 社会 - 治理表现?——基于"低碳城市试点"的准自然实验 [J]. 财经理论与实践, 2023, 44 (01): 139 - 145.

[135] 威廉姆森. 资本主义经济制度 [M]. 北京: 商务印书馆, 2004.

[136] 吴彬彬, 章莉, 孟凡强. 就业机会户籍歧视对收入差距的影响 [J]. 中国人口科学, 2020 (06): 100 - 111, 128.

[137] 吴超鹏, 唐菂. 知识产权保护执法力度、技术创新与企业全要素生产率——来自中国上市公司的证据 [J]. 经济研究, 2016, 51 (11): 125 - 139.

[138] 吴成颂, 程茹枫. 董事网络与制造业企业全要素生产率——基于金融发展门槛效应的实证分析 [J]. 安徽大学学报 (哲学社会科学版), 2021, 45 (04): 144 - 156.

[139] 吴文锋, 吴冲锋, 刘晓薇. 中国民营上市公司高管的政府背景与公司价值 [J]. 经济研究, 2008 (07): 130 - 141.

[140] 武靖州. 企业制度性交易成本的表现、成因及其治理 [J]. 财务

与金融，2017（06）：62-68.

[141] 武靖州. 振兴东北应从优化营商环境做起 [J]. 经济纵横，2017（01）：31-35.

[142] 夏后学，谭清美，白俊红. 营商环境、企业寻租与市场创新——来自中国企业营商环境调查的经验证据 [J]. 经济研究，2019，54（04）：84-98.

[143] 夏杰长，刘诚. 契约精神、商事改革与创新水平 [J]. 管理世界，2020，36（06）：26-36，48，242.

[144] 夏杰长，刘诚. 行政审批改革、交易费用与中国经济增长 [J]. 管理世界，2017（04）：47-59.

[145] 肖曙光，彭文浩，黄晓凤. 当前制造业企业的融资约束是过度抑或不足——基于全要素生产率要求的审视与评判 [J]. 南开管理评论，2020（02）：85-97.

[146] 肖土盛，吴雨珊，亓文韬. 数字化的翅膀能否助力企业全要素生产率——来自企业创新的经验证据 [J]. 经济管理，2022，44（05）：41-62.

[147] 谢红军，吕雪. 负责任的国际投资：ESG 与中国 OFDI [J]. 经济研究，2022，57（03）：83-99.

[148] 徐成贤，甘斌，宋艳伟. 法治水平与私营企业发展 [J]. 经济体制改革，2010（04）：30-35.

[149] 徐现祥，马晶. 商事制度改革与市场主体进入率——数量竞争还是质量竞争 [J]. 中山大学学报（社会科学版），2019，59（06）：191-202.

[150] 杨丹，高明华. 交叉上市与信息披露水平提升——源于国际融资动机还是监管环境 [J]. 现代财经（天津财经大学学报），2014，34（10）：55-69.

[151] 杨林，沈春蕾. 减税降费赋能中小企业全要素生产率了吗？——基于中小板和创业板上市公司的实证研究 [J]. 经济体制改革，2021（02）：194-200.

[152] 杨汝岱. 中国制造业企业全要素生产率研究 [J]. 经济研究，2015，50（02）：61-74.

[153] 杨天宇，张蕾. 中国制造业企业进入和退出行为的影响因素分析 [J]. 管理世界，2009（06）：82-90.

[154] 杨先明，李波. 土地出让市场化能否影响企业退出和资源配置效率？ [J]. 经济管理，2018，40（11）：55-72.

[155] 杨艳, 车明. 行政审批改革与制度性交易成本——基于效率评价的视角 [J]. 经济体制改革, 2020 (01): 13 - 20.

[156] 杨志勇. 制度性交易成本怎么降 [N]. 时代周报, 2016 - 5 - 17.

[157] 易信. 降低实体经济企业成本的成效、问题和建议 [J]. 宏观经济管理, 2017 (09): 19 - 24.

[158] 余龙, 王小龙, 张陈. 行政审批制度改革、市场竞争与企业全要素生产率 [J]. 经济社会体制比较, 2021 (01): 149 - 160.

[159] 臧成伟. 市场化有助于提高淘汰落后产能效率吗?——基于企业进入退出与相对生产率差异的分析 [J]. 财经研究, 2017, 43 (02): 135 - 146.

[160] 詹新宇, 王一欢. 行政审批改革与企业全要素生产率——基于行政审批中心设立的准自然实验 [J]. 中山大学学报 (社会科学版), 2020, 60 (5): 195 - 207.

[161] 张超, 钟昌标, 杨佳妮. 数字金融对实体企业全要素生产率的影响研究——基于浙江的实证 [J]. 华东经济管理, 2022, 36 (03): 63 - 71.

[162] 张广胜, 孟茂源. 内部控制、媒体关注与制造业企业全要素生产率 [J]. 现代经济探讨, 2020 (05): 81 - 87.

[163] 张杰, 宋志刚. 供给侧结构性改革中"降成本"的战略内涵与具体途径 [J]. 经济体制改革, 2016 (06): 5 - 11.

[164] 张景华, 刘畅. 简政放权对企业创新研发的引致效应 [J]. 财经科学, 2021 (06): 81 - 91.

[165] 张军扩, 侯永志, 刘培林等. 全要素生产率的目标要求和战略路径 [J]. 管理世界, 2019, 35 (07): 1 - 7.

[166] 张宽, 雷卓骏, 李后建. 市场准入管制与企业全要素生产率: 来自负面清单的证据 [J]. 世界经济, 2023, 46 (05): 152 - 176.

[167] 张莉, 陈邱惠, 毕青苗. 商事制度改革与企业制度性成本 [J]. 中山大学学报 (社会科学版), 2019, 59 (06): 167 - 177.

[168] 张龙鹏, 蒋为, 周立群. 行政审批对创业的影响研究——基于企业家才能的视角 [J]. 中国工业经济, 2016 (04): 47 - 59.

[169] 张培丽. 中小企业全要素生产率的困境与出路探析 [J]. 中国特色社会主义研究, 2019 (05): 25 - 31.

[170] 张倩肖, 李佳霖, 董嘉昌. 金融发展、企业主营业务与企业发展质量提升 [J]. 当代经济科学, 2021, 43 (06): 89 - 98.

[171] 张维迎, 周黎安, 顾全林. 经济转型中的企业退出机制——关于

北京市中关村科技园区的一项经验研究 [J]. 经济研究，2003（10）：3 - 14，90.

[172] 张五常. 交易费用的范式 [J]. 社会科学战线，1999（01）：1 - 9.

[173] 张五常. 经济解释 [M]. 北京：商务印书馆，2000.

[174] 张兆国，徐雅琴，成娟. 营商环境、创新活跃度与企业全要素生产率 [J]. 中国软科学，2024（01）：130 - 138.

[175] 章莉，李实，William A. , Darity Jr, Rhonda Vonshay Sharpe. 中国劳动力市场上工资收入的户籍歧视 [J]. 管理世界，2014（11）：35 - 46.

[176] 赵剑波，史丹，邓洲. 全要素生产率的内涵研究 [J]. 经济与管理研究，2019，40（11）：15 - 31.

[177] 中国财政科学研究院 2018 年降成本调研综合组. 降成本：2018 年的调查与分析 [J]. 财政研究，2018（10）：1 - 43.

[178] 中国财政科学院"降成本"课题组. 降成本：2017 年的调查与分析 [J]. 财政研究，2017（10）：2 - 29.

[179] 周开国，闫润宇，杨海生. 供给侧结构性改革背景下企业的退出与进入政府和市场的作用 [J]. 经济研究，2018（11）：81 - 98.

[180] 周茂，陆毅，杜艳，姚星. 开发区设立与地区制造业升级 [J]. 中国工业经济，2018（03）：62 - 79.

[181] 周其仁. 体制成本与中国经济 [J]. 经济学（季刊），2017，16（03）：859 - 876.

[182] 周天勇. 以重大改革和发展举措稳经济 [EB/OL]. http://opinion. caixin. com/2019 - 12 - 16/101494490. html.

[183] 朱光顺，张莉，徐现祥. 行政审批改革与经济发展质量 [J]. 经济学（季刊），2020，19（03）：1059 - 1080.

[184] Acemoglu D. , Johnson S. , Robinson J. A. Institutions as a Fundamental Cause of Long-Run Growth [J]. Handbook of Economic Growth, 2005, 1（06）：385 - 472.

[185] Acemoglu D. , Johnson S. The Colonial Origins of Comparative Development：An Empirical Investigation [J]. American Economic Review, 2001, 91（05）：13 - 69.

[186] Acemoglu D. , Johnson S. Unbundling Institutions [J]. Journal of Political Economy, 2005, 113（05）：949 - 995.

[187] Acemoglu D. , Robinson J. A. Why Nations Fail：The Origins of Pow-

er, Prosperity and Poverty [M]. New York: Crown Publisher, 2012.

[188] Aghion P. et al. Competition and innovation: an inverted u relationship [J]. Quarterly Journal of Economics, 2005, 120 (02): 701 –728.

[189] Aghion P. et al. The effects of entry on incumbent innovation and productivity [J]. Review of Economics and Statistics, 2009, 91 (01): 20 –32.

[190] Aghion P. et al. Innovation and institutional ownership [J]. American Economic Review, 2013, 103 (01): 277 –304.

[191] Amici M. , Giacomelli S. , Manaresi F. et al. Red tape reduction and firm entry: New evidence from an Italian reform [J]. Economics Letters, 2016, 146 (09): 24 –27.

[192] Anton J. , G. Hillary and Y. Dennis. Policy Implications of Weak Patent Rights [J]. Innovation Policy and the Economy, 2006, (06): 1 –26.

[193] Arrow K. The Organization of Economic Activity: Issues Pertinent to the Choice of Market Versus Nonmarket Allocation [R]. USA Joint Economic Committee, 1969 (01): 59 –73.

[194] Asteriou D. and K. Spanos. The Relationship between Financial Development and Economic Growth during the Recent Crisis: Evidence from the EU [J]. Finance Research Letters, 2019, 28: 238 –245.

[195] Atta Mills E. F. E. , Baafi M. A. , Liu F. et al. Dynamic operating efficiency and its determining factors of listed real-estate companies in China: A hierarchical slack-based DEA-OLS approach [J]. International Journal of Finance & Economics, 2021, 26 (03): 3352 –3376.

[196] Baily M. N. , Hulten C. , Campbell D. Productivity Dynamics in Manufacturing Plants [R]. Brookings Papers on Economic Activity, 1992: 187 –267.

[197] Baker E. D. , Boulton T. J. , Braga-Alves M. V. et al. ESG government risk and international IPO underpricing [J]. Journal of Corporate Finance, 2021, 67: 101913.

[198] Baldwin J. R. , Gu W. Plant Turnover and Productivity Growth in Canadian Manufacturing [R]. Analytical Studies Branch Research Paper, 2003.

[199] Barbosa N. and A. P. Faria. Innovation across Europe: How Important are Institutional Differences [J]. Research Policy, 2011, 40 (09): 1157 –1169.

[200] Bartelsman E. J. , Haltiwanger J. , Scarpetta S. Microeconomic Evidence of Creative Destruction in Industrial and Developing Countries [J]. World

Bank Policy Research Working Paper, 2004: 34 – 64.

[201] Bartelsman E. , Haltiwanger J. , Scarpetta S. Cross-country differences in productivity: The role of allocation and selection [J]. American Economic Review, 2013, 103 (01): 305 – 334.

[202] Baumol W. J. Entrepreneurship: Productive, unproductive, and destructive [J]. Journal of Business Venturing, 1996.

[203] Bertrand M. , Kramarz F. , Schoar A. et al. Politically Connected CEOs and Corporate Outcomes: Evidence from France [J]. NBER Working Paper, 2004.

[204] Borghesi R. , Houston J. F. , Naranjo A. Corporate socially responsible investments: CEO altruism, reputation, and shareholder interests [J]. Journal of Corporate Finance, 2014, 26: 164 – 181.

[205] Bosco B. D. , Misani N. The effect of cross-listing on the environmental, social, and governance performance of firms [J]. Journal of World Business, 2016, 51 (06): 977 – 990.

[206] Boubakri N. , El Ghoul S. , Wang H. Cross-listing and corporate social responsibility [J]. Journal of Corporate Finance, 2016, 41: 123 – 138.

[207] Brandt L. , Biesebroeck J. V. , Zhang Y. Creative Accounting or Creative Destruction? Firm-level Productivity Growth in Chinese Manufacturing [J]. Journal of Development Economics, 2012, 97 (02): 339 – 351.

[208] Branstetter L. et al. Do entry regulations deter entrepreneurship and job creation? evidence from recent reforms in Portugal [J]. The Economic Journal, 2014, 124 (05): 805 – 832.

[209] Bripi F. The Role of Regulation on Entry: Evidence from the Italian Provinces [R]. World Bank PolicyResearch Working Paper, 2016.

[210] Cai Y. , Pan C. H. , Statman M. Why do countries matter so much in corporate social performance? [J]. Journal of Corporate Finance, 2016, 41: 591 – 609.

[211] Chetty R. , Looney A. , Kroft K. Salience and Taxation: Theory and Evidence [J]. American Economic Re view, 2009, 99 (03): 1145 – 1177.

[212] Chowdhury R. H. and M. Maung. Financial Market Development and the Effectiveness of R&D: Evidencefrom Developed and Emerging Countries [J]. Research in International Business and Finance, 2012, 26 (02): 285 – 272.

[213] Clark T. , Loina F. Political Leadership and Urban Fiscal Policy

[M]. Beverly Hills: Sage Publication, 1981.

[214] Coase R. H. The Firm, the Market, and the Law [M]. Chicago: University of Chicago Press, 1988.

[215] Coase R. H. The Nature of the Firm [J]. Economica, 1937, 4 (16): 386 – 405.

[216] Colby B. G. Transactions Costs and Efficiency in Western Water Allocation [J]. American Journal of Agricultural Economics, 1990, 72 (05): 1184 – 1192.

[217] David S. , Kaplan et al. Entry regulation and business start-ups: Evidence from Mexico [J]. Journal of Public Economics, 2011.

[218] Demirbag M. , Glaister K. W. , Tatoglu E. Institutional and transaction cost influences on MNEs' ownership strategies of their affiliates: Evidence from an emerging market [J]. Journal of World Business, 2007, 42 (04): 418 – 434.

[219] Demsetz H. Economics, Legal, and Political Dimensions of Competition [J]. UCLA Economics Working Papers 209, 1981.

[220] Desoto H. The Other Path: The Invisible Revolution in the Third World [M]. New York: Harper and Row, 1990: 403 – 405.

[221] Dhaliwal D. S. et al. Product market competition and conditional conservatism [J]. Review of Accounting Studies, 2013, 19 (04): 1309 – 1345.

[222] Dhar B. K. , Sarkar S. M. , Ayittey F. K. Impact of social responsibility disclosure between implementation of green accounting and sustainable development: A study on heavily polluting companies in Bangladesh [J]. Corporate Social Responsibility and Environmental Management, 2022, 29 (01): 71 – 78.

[223] Diamond R. The Determinants and Welfare Implications of US Workers' Diverging Location Choices by Skill: 1980—2000 [J]. American Economic Review, 2016, 106 (03): 479 – 524.

[224] Directions for Future Research [M]. Beverly Hills: Sage Publication, 1981.

[225] Disney R. , Jonathan H. , Ylva H. Restructuring and productivity growth in UK manufacturing [J]. Economic Journal, 2010 (489): 666 – 694.

[226] Djankov S. R. , Ganser T. , Liesh M. C. et al. The Effect of Corporatetaxes on Investment and Entrepreneurship [R]. Journal of Comparative Economics, NBER Working Paper, 2008: 1 – 67.

[227] Djankov S. , Porta R. L. , Shleifer L. The Regulation of Entry [J]. Quarterly Journal of Economics, 2002, 117 (01): 1 – 37.

[228] Dreher A. & M. Gassebner. Greasing the wheels? The impact of regulations and corruption on firm entry [J]. Public Choice, 2013, 155 (03): 413 – 432.

[229] Faccio M. Politically Connected Firms [J]. American Economic Review, 2006, 96 (01): 369 – 386.

[230] Fan J. , Wong T. J. , Zhang T. Politically Connected CEOs, Corporate Governance and Post-IPO Performance of China's Newly Partially Privatized Firms [J]. Journal of Financial Economics, 2007, 84: 324 – 353.

[231] Fisman R. , Wang Y. The mortality cost of political connections [J]. Review of Economic Studies, 2015, 82 (04): 1346 – 1382.

[232] Foster L. , Haltiwanger J. C. , Krizan C. J. Aggregate Productivity Growth: Lessons from Microeconomic Evidence [J]. NBER Working Paper, 2001: 6803.

[233] Giuli A. D. , Kostovetsky L. Are red or blue companies more likely to go green? Politics and corporate social responsibility [J]. Journal of Financial Economics, 2014, 111 (01): 158 – 180.

[234] Guo D. , Guo Y. , Jiang K. Government – subsidized R&D and firm innovation: Evidence from China [J]. Research policy, 2016, 45 (06): 1129 – 1144.

[235] Hadlock C. , Pierce J. New Evidence on Measuring Financial Constraints: Moving Beyond the KZ Index [J]. Review of Financial Studies, 2010, 23 (05): 1909 – 1940.

[236] Hahn C. H. Entry, Exit, and Aggregate Productivity Growth: Micro Evidence on Korean Manufacturing [R]. OECD Economics Department Working Papers, 2000: 1 – 6.

[237] Hays R. D. Directions for future research [J]. Quality of Life Research, 1995, 4 (02): 179 – 180.

[238] Hirschowitz R. The Other Path: The Invisible Revolution in the Third World [J]. South African Journal of Economics, 2010, 57 (4): 266 – 272.

[239] Hopenhayn H. A. Entry, Exit, and Firm dynamics in long run equilibrium [J]. Econometrica, 1992, 60 (05): 1127 – 1150.

[240] Ioannou I. , Serafeim G. What drives corporate social performance?

The role of nation-level institutions [J]. Journal of International Business Studies, 2012, 43 (09): 834-864.

[241] Jiang F., Kim K. A., Nofsinger J. R. et al. Product market competition and corporate investment: Evidence from China [J]. Journal of Corporate Finance, 2015, 35: 196-210.

[242] Jiang Y., Guo C., Wu Y. Can environmental information disclosure promote the high-quality development of enterprises? The mediating effect of intellectual capital [J]. Environmental Science and Pollution Research, 2021, 28: 30743-30757.

[243] Jovanovic B. Selection and the Evolution of Industry [J]. Econometrica, 1982, 50 (03): 649-670.

[244] Kaplan S. N., Zingales L. Do Investment-Cash Flow Sensitivities Provide Useful Measures of Financing Constraints? [J]. Quarterly Journal of Economics, 1997, 112 (01): 169-215.

[245] Katz M. and C. Shapiro. R&D Rivalry with Licensing or Imitation [J]. The American Economic Review, 1987, 77 (03): 402-420.

[246] Khan R. H., Jarrell K. A. International strategic alliances: integration of the transaction cost and institutional perspectives. [J]. Journal of International Business & Economics, 2008.

[247] King R. and R. Levine. Finance and Growth: Schumpeter Might be Right [J]. Quarterly Journal of Economics, 1993, 108 (03): 717-737.

[248] Kovac M., Spruk R. Institutional development, transaction costs and economic growth: evidence from a cross-country investigation [J]. Journal of Institutional Economics, 2016, 12 (01): 129-159.

[249] Lee C. C., He Z. W., Xiao F. How does information and communication technology affect renewable energy technology innovation? International evidence [J]. Renewable Energy, 2022, 200: 546-557.

[250] Liang H., Renneboog L. On the foundations of corporate social responsibility [J]. Journal of Finance, 2016, 72 (02): 853-910.

[251] Mao Q., Sheng B. The Impact of Tariff Reductions on Firm Dynamics and Productivity in China: Does Market-oriented Transition Matter? [J]. China Economic Review, 2017, 45, (09): 168-194.

[252] Mccann L., Easter K. W. Transaction Cost Measurement for Evalua-

ting Environmental Policies [J]. Ecoligical Economics, 2005, 52: 527 –542.

[253] Meltiz M. The Impact of Trade on Intra-Industry Reallocations and Aggregate Industry Productivity [J]. Econometrica, 2003, 71 (06): 1695 –1725.

[254] Morales M. Financial Intermediation in a Model of Growth through Creative Destruction [J]. Macroeconomic Dynamics, 2003, 7 (03): 363 –393.

[255] Moser P. , Voena A. Compulsory Licensing: Evidence from the Trading with the Enemy Act [J]. Discussion Papers, 2010, 102 (01): 396 –427.

[256] North D. C. , Wallis J. J. , Weingast B. R. A Conceptual Framework for Interpreting Recorded Human History [J]. NBER Working Papers 12795, 2006.

[257] North D. C. , Wallis J. J. , Weingast B. R. Violence and social orders: a conceptual framework for interpreting recorded human history [M]. Cambridge: Cambridge University Press, 2009.

[258] North D. C. Institutions, Institutional Change and Economic Performance [M]. Cambridge: Cambridge University Press, 1990.

[259] Peng M. W. , Wang D. Y. , Jiang Y. An Institution-Based View of International Business Strategy: A Focus on Emerging Economies [J]. Journal of International Business Studies, 2008 (39): 920 –936.

[260] Rauch J. Modelling the Informal Sector Formally [J]. Journal of Development Economics, 1991, 5 (01): 33 –47.

[261] Raymond F. , Wang Y. The Mortality Cost of Political Connections [J]. Review of Economic Studies, 2018 (04): 4.

[262] Scully, Gerald W. The Institutation Framework and Economic Development [J]. Journal of Political Economy, 1988, 96 (03): 652 –662.

[263] Sheilagh Ogilvie, Carus A. W. Institutions and Economic Growth in Historical Perspective [M]. Amsterdam: Elsevier, 2014.

[264] Sobel R. S. Gert Tinggaard Svendsen, The Political Economy of the European Union: Institutions, Policy, and Economic Growth [J]. Public Choice, 2004, 120 (03): 465 –468.

[265] Stamer R. T. Reducing Costs of Exchange by Combating Corruption in Procurement [R]. ISNIE Conference at Boulder, Colorado, 2006 (10): 21 –24.

[266] Stigler G. J. The Organizition of industry [M]. Irwin: Homewood, IL: Richard D. , 1968.

[267] Stigler G. J. The Theory of Economic Regulation [J]. Bell Journal of Economics, 1971, 2 (01): 3 –21.

[268] Thompson D. B. Beyond Benefit-ost analysis: Institutional Transaction Costs and the Regulation of Water Quality [J]. Nat Resoure, 1999, 39: 517 –541.

[269] Thompson D. B. The Institutional Transaction Costs Framework for Public Policy Analysis [J]. Electronic Journal, 1998, 4: 1 –32.

[270] Tsang E. Can Guanxi Be a Source of Sustained Competitive Advantage for Doing Business in China? [J]. Academy of Management Executive, 1998, 12 (02): 64 –73.

[271] Weizsacker C. Barriers To Entry: A Theoretical Treatment [J]. Lecture Notes in Economics & Mathematical Systems, 1980, 94 (02): 461 – 465 (5).

[272] Yu P. Y. , Luu B. V. International variations in ESG disclosure-Do cross-listed companies care more? [J]. International Review of Financial Analysis, 2021 (75).

[273] Zhang F. , Tan H. , Zhao P. et al. What was the spatiotemporal evolution characteristics of high-quality development in China? A case study of the Yangtze River economic belt based on the ICGOS-SBM model [J]. Ecological Indicators, 2022, 145: 109593.

[274] Zhu Z. , Hendrikse G. W. J. , Krug B. Rational Entrepreneurship in Local China: Exit Plus Voice for Preferential Tax Treatments [R]. Erasmus Research Institute of Management Research Paper, 2006.